원페이지 인문학

하루 5분이면 충분한
실천 인문학

원 페이지 인문학

One Page
Humanities

김익한

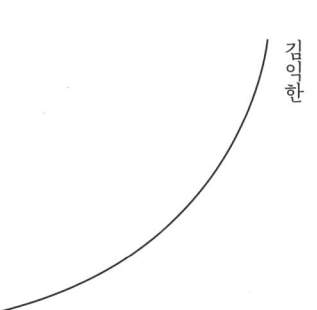

21세기북스

Prologue 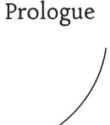   인문학은 '지식'이 아니라 '습관'입니다

"교수님은 어떻게 매번 그렇게 세 가지로 딱 나누어 말씀하세요?"

제 유튜브 채널 〈김교수의 세 가지〉를 통해 많은 분과 소통하며 자주 듣는 질문입니다. 이런 질문을 들을 때마다 저는 선뜻 대답하지 못하고 머뭇거렸습니다. "평생 학문의 삶을 살아온 전문가니까요"라는, 어쩌면 당연한 답을 내놓기가 망설여졌지요. 그런 대답은 자칫 '당신은 교수고, 나는 아니지 않은가'라는 보이지 않는 벽을 만들까 봐 염려되었습니다.

우리는 지금 방향 상실의 시대를 살고 있습니다. 빠름과 효율성만 좇다 정작 '나'를 잃어버렸지요. 정보는 홍수처럼 넘쳐나지만, '어떻게 살 것인가'라는 근원적 물음 앞에서는 불안하기만 합니다. 아마도 많은 분이 제게서 '세 가지'라는 답의 형식이 아니라, 혼란스러운 세상 속 명쾌한 '삶의 기준'을 구하고 싶었으리라 생각합니다.

그러던 중 작년에 출간한 『하루 한 장, 작지만 큰 변화의 힘』을 통해 '스몰빅체인지클럽' 독자분들과 매일 한 쪽의 글을 읽고 독서 카드로 요약하는 모임 활동을 진행했습니다. 얼마 지나지 않아, 몇몇 분이

제게 귀띔해주셨습니다.

"제 생각 방식이 완전히 달라졌어요."
"매일 깊이 생각하고 그것을 나의 언어로 정리해보니, 세상을 보는 관점 자체가 달라졌다는 것을 깨달았습니다."

그 이야기를 듣는 순간, 저는 비로소 오래 묵은 질문의 답을 찾았습니다. 인문학은 '지식'이 아니라 '습관'이라는 것을요. 매사를 인문학적으로 사유하는 능력은, 어려운 책 몇 권을 읽는다고 단번에 주어지는 것이 아니었습니다. 삶으로 이어지지 못하는 '박제된 공부'가 아니라, 매일의 작은 실천으로 '생각의 습관'이 먼저 몸에 붙을 때 비로소 가능한 것이었습니다. 제가 세 가지로 명쾌하게 정리할 수 있었던 것도 인문학 덕분이며, 그 인문학은 저 역시 오랫동안 매일 실천해온 '습관처럼 몸에 붙은 공부'였습니다. 이 답을 이제는 진심으로 말씀드릴 수 있을 것 같습니다.

그래서 『하루 한 장, 작지만 큰 변화의 힘』의 개정 증보판을 내기로 결심했습니다. 365일, 하루 한 장의 실천이 가진, 작지만 큰 변화의 힘을 독자 여러분과 제대로 나누고 싶었지요. 이 책 한 권으로 독자 모두가 인문학적 사유가 가능한 사람으로 거듭나기를 바랐습니다.

이 책은 12개의 주제로 구성되어 있습니다. '작은 시작', '아름다운 태도', '관계', '세상 읽기', '단단함', '기록의 습관'처럼, 자기 계발에서 다루는 여러 삶의 지혜를 주제로 삼았습니다. 그리고 주제마다 30개 전후의 인문학적 사유의 결과를 담아냈습니다. 기존의 글을 다듬고 60여 편의 글을 새로 더했으며, 제 주특기인 '세 가지로 말하기'를 통해 내용의 깊이, 생각의 선명성, 그리고 삶의 실천성을 동시에 담고자 노력했습니다.

이 책을 통해 저는 인문학의 개념을 두 가지 방향으로 전환해보고 싶었습니다.

첫째, '실용적 인문학'입니다. 저는 오래전부터 '실천 인문학'을 외쳐왔습니다. 사변적이고 불명확한 언어로 우리를 혼란스럽게 하는 인문학이 아니라, 모두가 그 원리를 이해하고 자기 상황에 맞춰 재해석하며 실천 과제로 삼는 인문학 말입니다. 안타깝게도 그간의 자기 계발은 너무 기술 위주로 흘렀고, 인문학은 너무 사유 위주로 맴돌았습니다. 이 책은 그 둘을 잇는 다리입니다. 365개의 구체적인 삶의 질문들에 대해, 탄탄한 이론에 기반한 인문학적 성찰과 실천의 답을 동시에 제시하려 했습니다.

둘째, '원 데이, 원 페이지 인문학'입니다. 인문학은 결국 생각의 습관입니다. 이 책은 그 습관을 만드는 가장 효과적인 훈련 도구입니다. 여러분은 매일 한 쪽의 글을 읽으며, 그 안에 농축된 저의 방대한 인문학 독서의 결과물을 자연스럽게 경험하게 될 것입니다.

이번 개정 증보판에서 새롭게 구성한 '나를 위한 오늘의 질문'에 꼭 답해보시기를 권합니다. 대한민국 1호 기록학자로서 제언합니다. 생각을 읽고, 질문에 답하며, 그 답을 단 한 줄이라도 '기록'하는 행위 자체가 최고의 인문학적 실천입니다.

이 책은 단순한 지식의 나열이 아닙니다. 365일간 매일 스스로에게 질문하고 답하며, 아는 것 knowing 이 아닌 '되어가는 것 becoming'을 위한 실천의 도구입니다. 이 책과 함께하는 365일이, 여러분의 삶에 다음의 네 가지 선물을 가져다주리라 믿습니다.

첫째, 세상을 바라보는 '나만의 시선'.

둘째, 흔들리는 마음을 붙잡아주는 '내면의 단단함'.

셋째, 휩쓸리는 삶이 아닌 '일상의 주관자'로서의 삶.

넷째, 과거의 후회와 미래의 불안이 아닌 '가장 빛나는 현재'를 사는 지혜.

매일 한 페이지의 인문학을 땔감 삼아 여러분의 생각 근육이 단단해지기를, 그리하여 삶의 모든 순간을 주체적으로 사유하고 실천하며 나아가시기를 응원합니다.

2025년 11월
김익한

Contents

- **Chapter 1**   작은 시작에서 비롯되는 큰 변화   010
- **Chapter 2**   당신의 매일을 빛내줄 아름다운 태도   044
- **Chapter 3**   관계의 씨앗을 심는 시간   076
- **Chapter 4**   나만의 시선으로 세상 읽기   110
- **Chapter 5**   빠름보다 단단함 선택하기   144
- **Chapter 6**   평범한 하루도 특별하게   178
- **Chapter 7**   흔들리는 마음을 붙잡아줄 기록의 습관   212
- **Chapter 8**   삶에 지친 몸과 마음의 균형   246
- **Chapter 9**   익숙함을 넘어 새로운 나로   280
- **Chapter 10**   비울수록 단단해지는 삶   314
- **Chapter 11**   서로를 비추는 거울이 되어   348
- **Chapter 12**   가장 빛나는 순간은 지금, 여기   382

1

작은 시작에서 비롯되는 큰 변화

조급함을 극복하는 지혜

#조급함 #심호흡 #조망 #전략적 사고 #루틴

우리는 왜 그리 조급해할까요? 그 진짜 이유는 남들보다 뒤떨어지는 것을 못 참기 때문입니다. 어떻게든 앞서려는 갈급의 마음이 오히려 삶을 지치게 하고 정체하게 만들곤 해요. 단계적으로 성장해가면 되는데도 이미 잘하는 사람을 부러워하고 우왕좌왕하며, 심지어 아무것도 하지 않는 자신을 자책합니다. 조급한 마음을 내려놓고 새로 시작하기 위한 세 가지 방법입니다.

첫째, 나 자신과 거리를 두고 내 삶을 조망합니다. 시선을 높이면 지금 집중해야 할 핵심 요인이 눈에 들어오면서 전략적 사고가 가능해집니다.

둘째, 모든 일의 결과를 수용합니다. 현재 능력으로 할 수 있는 것만큼만 하고, 힘들면 다른 사람의 도움을 받습니다. 조급한 사람은 자신에게만 몰두해서 타인을 경쟁자로 보지만, 여유를 가지면 협업과 위임이 자연스러워집니다. 함께의 힘으로 멀리 갈 수 있음을 깨닫는 것이지요.

셋째, 조급함의 원인인 나의 부족한 역량은 단계적으로 키워갑니다. 단기·중기·장기 계획을 루틴으로 만들어 나만의 재능을 품고 틔우고 펼치는 것이지요. 루틴으로 조급함의 벽을 넘는 것, 그것이 바로 성장입니다.

・ **나를 위한 오늘의 질문** ・
나는 지금 누구와 무엇을 비교하면서 조급해하나요?

첫걸음의 무게를 덜어내는 법

#시작 #두려움 #작은 성공 #스토아 철학

왜 우리는 시작 앞에서 망설일까요? 완벽한 결과를 내지 못할 것이라는 두려움, 실패에 대한 걱정 때문입니다. 스토아 철학자들은 우리가 통제할 수 있는 것과 없는 것을 구분하는 지혜를 강조했지요. 시작은 우리의 몫이지만, 결과는 온전히 우리의 통제 아래 있지 않습니다. 이 사실을 받아들이는 것만으로도 첫걸음은 한결 가벼워집니다. 시작의 부담을 덜어내는 세 가지 방법입니다.

첫째, 결과를 향한 기대를 내려놓습니다. '잘하는 것'이 아니라 '그냥 하는 것'에 집중하는 겁니다.

둘째, 실패해도 괜찮은 아주 작은 목표를 세웁니다. '책 한 권 읽기'가 아니라 '책 한 쪽 읽기'처럼 말이지요.

셋째, 그 작은 성공을 즉시 기록하고 스스로를 칭찬합니다. 이 작은 성취감이 다음 걸음을 내딛게 할 동력이 되어줄 것입니다.

・ 나를 위한 오늘의 질문 ・
새로운 시작을 망설이게 하는 나만의 이유는 무엇인가요?

망설임 극복하기

#미루기 #완벽주의 #실패 #계획 #실행

습관적 미루기는 실패에 대한 두려움과 완벽주의에서 비롯됩니다. 목표를 달성하지 못하면 자책하곤 하지요. 하지만 일의 결과가 곧 '나'는 아닙니다. 실패해도 나는 괜찮은 사람입니다. 시작을 주저하는 습관에서 벗어나 자신감 있게 행동하는 3단계입니다.

첫째, 생각을 메모하여 명쾌하게 정리합니다.
둘째, 간단하게 계획을 세웁니다.
셋째, '퍽' 하고 즉시 실행합니다. 그 배경에는 실패해도 괜찮다는 수용적 태도가 필요해요.

인간관계에서 감정적으로 대립하는 상황을 예로 들어볼까요? 첫째, 갈등이 시작된 원인과 직접적인 계기를 정리해봅니다. 둘째, 문제 해결 방법을 1안·2안·3안으로 계획합니다. 셋째, 그 계획을 '퍽' 하고 실행에 옮깁니다. 관계의 갈등뿐만 아니라 내면의 소란도 실천적 행위로 해소할 수 있습니다.

미래에 대한 불안한 마음이 들면 생각에 생각이 꼬리를 물기 마련입니다. 이때 생각을 멈추고, 시행착오를 각오하고, 단순한 계획을 세워 행동하세요. 이렇게 생각, 계획, 실행을 빠르게 반복하는 것이 곧 망설임을 극복하는 방법입니다.

• 나를 위한 오늘의 질문 •
지금 5분 안에 메모→계획→'퍽' 실행으로 옮길 수 있는 가장 작은 일은 무엇인가요?

실패에 밀리지 마세요

#실패 #두려움 #불안 #수용 #비커밍

어떤 일의 결과가 실패일 것으로 예상될 때가 있습니다. 준비가 덜 되었거나 결과물이 좋지 않아 실패임을 자인한 순간, 우리는 두려움과 불안에 사로잡힙니다. 이런 상황에서 어떻게 해야 실패에 지지 않을 수 있을까요?

첫째, 현재 상태에서 최선을 다합니다. 먼저 실패를 수용하고 상황이 더 악화되지 않도록 해야 합니다. 지금이라는 제한된 시간과 자원으로 할 수 있는 일을 해내는 것이지요.

둘째, 비평과 지적을 수용합니다. 변명으로 스스로를 위안하거나 자기방어적 태도로 비굴해지지 않고, 실패와 실수에서 배우는 길을 선택합니다.

셋째, 성숙한 마음을 갖춥니다. 실패를 받아들이고 극복하는 것이 곧 성숙한 태도입니다. 비록 어떤 일에 실패했더라도 그 일을 수행하느라 수고한 나 자신을 보듬어주세요.

실패에 밀리지 않으려면 실수하고 실패하는 나를 수용하는 용기가 필요합니다. 실패가 보이는 길 위에서 '비커밍^{becoming}'을 외쳐봅니다. 우리는 되어가는 존재이고, 나는 계속 한 발 더 나아갈 것입니다. 단 한 걸음만 내디뎌도 두려움은 사라집니다.

・ 나를 위한 오늘의 질문 ・
두려움을 줄이기 위해 오늘 내디딜 구체적인 한 걸음은 무엇인가요?

마음의 저항 극복하기

#매너리즘 #탐진치 삼독 #환기 #구상 기록

해야 하는 줄 알면서도 하기 싫을 때가 있습니다. 하기 싫은 일들의 공통점은 성취가 눈에 띄지 않고 강제되지 않는 일이라는 것입니다. 이로 인해 게으름이나 매너리즘에 빠지기 쉽지요.

불교에서는 '탐진치 삼독貪瞋癡 三毒'을 우리 삶을 방해하는 마음의 저항으로 보고, 이를 경계합니다. 탐욕과 성냄과 어리석음을 뜻하는 이 세 가지 저항 중에서도 사리 분별하지 못하는 어리석음을 가장 큰 장애로 봅니다. 하기 싫은 마음이 이에 속하겠습니다.

이와 같은 마음의 저항을 극복하는 처방으로 환기 요법을 권합니다. 우선 일주일 단위로 구체적인 계획을 세워 지금 집중할 일을 선명하게 정합니다. 삼독이 들어설 여지를 없애는 거예요. 그리고 장소를 이동해 환기를 합니다. 이동할 수 없다면 화분이나 의자 등 물건의 위치를 바꿈으로써 이동 효과를 얻을 수 있어요. 평소에 내가 가고 싶은 장소를 찜해뒀다가 하기 싫은 마음이 들 때 가서 기분 전환을 하고 일을 시작합니다. 또 하나의 환기 방법은 구상 기록입니다. 목적을 알고 있더라도 메모하고 프로세스, 아웃풋을 반드시 작성합니다.

마음과 몸 그리고 공간을 환기하면 하기 싫은 마음의 저항을 극복할 수 있습니다.

• 나를 위한 오늘의 질문 •
나의 저항은 탐·진·치 중 무엇에 가깝고, 그것을 흐트러뜨릴 환기는 무엇인가요?

집중력을 회복하는 '끊기'

#끊기 #고갈 #쉼 #과부하 #전환

글이 잘 안 써질 때, 일이 잘 안 풀릴 때, 독서의 진도가 잘 안 나갈 때가 있어요. 이때는 끈기가 아닌 '끊기'를 선택합니다. 집중 '일시 해제'를 선언하고 분위기를 전환해봅니다.

첫째, 글이 잘 안 써질 때, 하루는 읽기만 하고 다음 날은 쓰기만 해봅니다. 글이 안 써지는 원인은 소재가 고갈됐기 때문입니다. 그럴 때는 책, 논문, 블로그 등 인풋을 다양하게 확장해봅니다. 휴지기 동안 새로운 영감을 획득하면 글쓰기에 속도가 붙을 거예요.

둘째, 일이 잘 안 풀릴 때는 쉼과 능력 키우기가 필요합니다. 속도가 느리고 지지부진한 원인을 분석해서 에너지 고갈이 문제인지, 능력의 한계인지 생각해봅니다. 낮은 에너지는 몸과 마음의 휴식으로 환기하고, 능력의 장벽은 6개월 정도 시간을 들여 지식과 기술을 쌓아 뛰어넘습니다.

셋째, 독서가 잘 안 될 때는 뇌가 과부하로 지친 상태일 테니, 잠시 산책을 하거나 요리를 하는 등 행위를 전환합니다.

주기적인 환기를 통해 일을 전체적으로 조망해야 삶의 방향이 뚜렷해집니다. 가끔은 미련하게 버티는 끈기보다 확실하게 떨치는 '끊기'가 도움이 됩니다.

• 나를 위한 오늘의 질문 •
지금 멈추고 전환할 10분짜리 '끊기' 행동은 무엇인가요?

 ## 완벽주의의 덫에서 벗어나기

#완벽주의 #불신 #성실함 #노력 #디딤돌

완벽주의를 흔히 높은 기준으로 생각하곤 합니다. 하지만 그 본질은 나를 향한 불신이 만든 채찍질이지요. 스스로를 믿지 못해 끊임없이 다그치는 마음, 그 마음이 우리를 얼마나 지치게 만드는지요. 결국에는 아무것도 시작하지 못하게 우리를 붙잡는 족쇄가 되기도 합니다.

이제 기준을 바꾸어야 해요. 타인의 시선에 맞춘 흠 없는 결과물이 기준이 아니랍니다. 지금 나의 상황에서 할 수 있는 최선의 성실함이 새로운 기준이 되어야 하지요. 중요한 것은 결과 자체가 아니라, 그 안에 담긴 나만의 노력과 태도입니다.

스스로를 다그치지 마세요. 서툴고 부족한 나를 따뜻하게 보듬는 연습이 필요해요. 실수는 완전한 실패가 아니에요. 더 나은 방향으로 나아가기 위한 과정의 일부일 뿐입니다. 미완의 결과물은 부끄러움이 아니라 다음 걸음을 위한 디딤돌이거든요. 그 사실을 온전히 받아들일 때, 우리는 비로소 완벽이라는 감옥에서 걸어 나올 수 있습니다.

• 나를 위한 오늘의 질문 •
타인의 기준 대신 내가 지킬 '최선의 성실함' 한 가지는 무엇인가요?

의지보다 환경이 강하다

#환경 설계 #행동 유도 #시스템 #정리 습관

우리는 종종 계획이 실패하면 '의지박약'이라며 스스로를 탓하곤 합니다. 하지만 행동 심리학자 제임스 클리어James Clear는 『아주 작은 습관의 힘』에서 의지보다 환경의 힘이 훨씬 강력하다고 말했지요. 좋은 습관을 원한다면 그것을 '보이게, 매력적으로, 하기 쉽게' 만들라는 겁니다. 행동을 유발하는 환경 설계가 의지보다 중요한 이유입니다.

 가장 강력한 환경 설계는 '정리'입니다. 잘 정돈된 책상은 우리를 일로 이끌고, 어지러운 공간은 우리의 집중력을 흩트립니다. 이처럼 의지에 기대기보다 시스템으로 행동을 이끌어야 합니다. 내일 읽을 책을 미리 책상 위에 꺼내두거나, 아침에 입을 운동복을 머리맡에 두는 작은 시도가 우리를 움직이게 합니다. 자책은 자신을 부정하는 습관일 뿐입니다. 환경을 설계하는 사람은 자신을 긍정하는 전략가입니다.

・ 나를 위한 오늘의 질문 ・
원하는 목표를 달성하기 위해 어떤 환경 설계를 해볼 수 있을까요?

나를 칭찬하는 습관

#칭찬 #긍정성 #분류 #분석 #변화

내 모습과 내가 가진 것에 감사하고 만족하는 삶을 살고 있나요? 낮은 자존감으로 인한 실행력 저하와 그에 따라오는 낮은 성과의 악순환은 우리를 힘들고 지치게 합니다. 나 자신을 칭찬해줘야 하는 이유이지요. 학습된 무기력에서 벗어나 스스로를 '장점이 많은 나'로 바라보는 순간, 밝은 기운이 실행력을 향상시켜 '해내는 나', '이루며 되어가는 나'로 나아가게 됩니다.

첫째, 무조건 나를 칭찬하는 메모를 합니다. 적다 보면 미소가 번지고 기분이 좋아집니다. 매일 쌓이는 칭찬 기록은 나를 고양시켜 나의 긍정성을 높여줍니다.

둘째, 자기 칭찬을 패턴별로 분류해봅니다. 내가 잘하는 것을 유형화해서 적어보는 겁니다. 개인, 관계, 일 영역으로 분류하면 내가 잘하는 일이 확실히 드러나지요. 마치 보석을 발견한 것처럼 기분이 좋아지고 어깨가 올라간답니다.

셋째, 칭찬을 종합 분석해서 그것을 장점으로 인식합니다. 스스로 자랑스러워하는 일을 곧 나의 가치로 만드는 거예요.

자신을 칭찬하는 습관이야말로 자존감 향상의 일등 공신입니다. 칭찬 한마디면 고래도 춤을 춘다는데, 나를 북돋우면 내 안의 긍정성이 더욱 빛을 발할 거예요.

· 나를 위한 오늘의 질문 ·
오늘 나에게 어떤 칭찬을 해줄 수 있을까요?

나를 위한 파이팅

#서열 사회 #신뢰 #기초 근력 #지적 용기

왜 우리는 스스로를 훌륭하다고 생각하지 않는 걸까요? 우리가 사는 세상이 서열로 이루어져 있기 때문일 거예요. 어릴 때는 성적에, 어른이 되면 연봉, 직장, 자산 등으로 줄 세우는 사회에서 우리는 자신의 자리가 맨 뒤에 있다고 생각합니다.

내가 지금껏 한 일과 앞으로 할 일을 신뢰하지 못하며, 삶의 기초 근력을 탄탄히 만드는 일에 정성을 들이지 않는 탓이기도 합니다. 이 기초 근력에는 책을 읽고 생각하고 말과 글로 풀어내는 능력, 이루고 싶은 바를 계획하고 실행하고 점검하는 능력, 기록하고 메모하며 나의 콘텐츠를 쌓아가는 능력 등이 해당합니다.

그렇다면 내가 훌륭해지는 길은 간단합니다. 서열 사회를 과감히 거부하고 나 자신을 신뢰하며, 기초 근력을 탄탄히 하면 됩니다. 모두 당장 가능한 일이지요. 우리가 지닌 고유의 절대적 가치를 인정하고, 나다움을 회복하고, 아름답게 실현하는 일. 그 일을 향해 지금 바로 '지적 용기'를 내봅니다.

누구나 높아질 수 있어요. 스멀스멀 올라오는 내면의 부정적 소리와 나를 깔보는 세상의 잣대를 단호히 떨치고, 당당히 바로 선 채로 외쳐보세요. "온 우주가 나를 응원해! 나는 그 누구도 아닌 바로 나!"

• 나를 위한 오늘의 질문 •
서열의 잣대를 내려놓기 위해 선언할 나만의 한 문장은 무엇인가요?

낮은 자신감 탈출하기

#자신감 #이데아 #비커밍 #탈출 #집중

낮은 자신감에서 탈출하려면 어떻게 해야 할까요? 먼저 원인을 제대로 알아야 합니다. 플라톤의 이데아적 사고방식에 따라 이상향을 좇는 존재로서 늘 타인과 비교당하며 자란 우리는 자신감이 낮을 수밖에 없어요. 하지만 이제는 다릅니다. '변화만이 진리다'라는 '비커밍'의 사고방식을 우리는 알고 있지요. 나는 변화하는 존재임을 스스로 믿고, 단계적으로 한 걸음씩 나아가며 자신감을 회복할 수 있어요.

첫째, 관계와 모임에서의 자신감을 찾습니다. 열 명이 모인 자리에서는 '긴장되어도 할 말은 모두 끝낼 거야'라고 계획을 세우고, 다섯 명이 모인 자리에서는 '떨림을 참고 2분 이상 말할 거야'처럼 구체화하는 거예요. 한 걸음씩 반복을 통해 스스로에 대한 믿음을 키웁니다.

둘째, 일에서의 자신감을 찾습니다. 능력보다 높은 수준의 결과를 요구받을 때 우리는 자신감이 낮아집니다. 결과를 책임지겠다는 각오로 자기만의 목표를 설정하고 나아갑니다.

셋째, 인생에서의 자신감을 찾습니다. '되어가는' 존재로서 우리에겐 성공보다 성장이 더 중요합니다. 그냥 지금 할 수 있는 일에 정성껏 집중하다 보면, 어느새 자신감이 우뚝 설 것입니다.

· 나를 위한 오늘의 질문 ·
자신감 회복을 위해 나 자신에게 할 수 있는 구체적인 약속은 무엇인가요?

자기 수용이 끌어오는 성장

#자기 수용 #나다움 #성장 #개성

프리드리히 니체Friedrich Nietzsche는 뭇사람이 유독 성공한 이만을 추종하는 일을 경계하면서 "인생에서 정해진 길이란 없다. 오직 자신만의 길이 있을 뿐이다"라고 강조했습니다. 자기 수용이 변화의 출발점이라는 말이지요. 나다움을 수용하면서 성장과 변화를 지향할 때, 우리는 오직 '자신만의 길'을 갈 수 있습니다.

자기 수용이란 스스로의 존재적 특성에 대한 명확한 이해입니다. '나'는 태어날 때부터 유전적으로 지닌 생래적 특성과 후천적으로 획득한 형성적 특성 그리고 환경과 문화적 특성이 함께 어우러져 이루어진 존재입니다. 이러한 나의 현재 모습을 일단 수용하는 것이 중요해요. 나라는 지극히 가치 있는 하나의 꽃을 사랑하고 받아들이며, 더 아름답게 키우는 것이 성장과 발전의 핵심입니다.

자기 수용을 전제로 우리는 안과 밖의 성장을 추구해야 합니다. 외면의 성장은 보이는 모습을 사랑스럽게 발전시키는 것이고, 내면의 성장은 나만의 고유한 특성을 창발적으로 특화시키는 일입니다. 먼저 나의 존엄을 인정하고 스스로 멋지게 가꾸어야 밖으로도 더 당당한 사람이 될 수 있지요. 자기 수용이 끌어오는 성장은 이렇듯 찬란한 일이랍니다.

· 나를 위한 오늘의 질문 ·
나의 모습 중 있는 그대로 인정할 고유한 특성 한 가지는 무엇인가요?

내 안의 가장 다정한 친구 되기

#내면의 비판자 #다정한 지지자 #자기 대화 #자기 자비

우리 내면에는 늘 두 개의 목소리가 공존합니다. 사소한 실수에도 가혹하게 질책하는 '내면의 비판자'와 그럼에도 괜찮다고 다독여주는 '다정한 지지자'이지요. 심리학자 크리스틴 네프 Kristin Neff는 자신을 대하는 태도가 행복에 결정적이라며, 실패했을 때 비난 대신 친구를 대하듯 따뜻하게 대하는 '자기 자비'의 중요성을 강조했습니다.

결국 핵심은 '내면의 대화'입니다. 비판자의 목소리를 알아차리고, 의식적으로 다정한 친구의 목소리를 내세우는 연습이 필요합니다.

첫째, 비판의 목소리가 들릴 때 일단 멈추고 알아차립니다.

둘째, 친구라면 어떤 말을 해줄지 상상하며 스스로에게 그 말을 건네봅니다.

셋째, 손을 가슴에 얹는 등 따뜻한 신체 접촉으로 스스로를 위로합니다.

이 다정한 대화가 쌓일 때, 우리는 비로소 굳건히 바로 설 수 있습니다.

・ 나를 위한 오늘의 질문 ・
지금 내게 건넬 따뜻한 한마디는 무엇인가요?

마음에는 평화, 얼굴에는 미소

#뒤센의 미소 #웃음 #수용 #환대

'뒤센의 미소Duchenne Smile'라고 들어봤나요? 미국의 인류학자 폴 애크만Paul Ekman이 환하게 웃는 사람의 표정을 지칭한 말입니다. '입술이 위로 당겨지고 두 눈이 약간 안쪽으로 모아지면서 눈가에 주름이 지고, 양 뺨의 상부가 올라가며 눈가 괄약근이 수축하는 웃음'이라는군요.

진심 어린 기쁨과 즐거움을 표현하는 뒤센의 미소는 타인에게 긍정적인 인상을 전해서 원활한 의사소통을 도와주며, 강한 운을 부르는 힘이 있다고 합니다.

어떻게 하면 우리도 뒤센의 미소를 지을 수 있을까요? 어느 날 아침 문득 깨달았습니다. 비 오는 바쁜 출근길에 부정적 감정이 불쑥 올라오는 순간, 그것을 알아차리고 먼저 미소를 지으니 마음이 고요해지더군요. 지금 내 앞에 펼쳐진 이 순간을 허용하고 수용하는 것이 참된 미소의 힘입니다.

미소는 나를 힘들게 하는 타인과 매일 쓰러지는 자신을 수용하겠다는 의식적 결단이기도 합니다. 삶이 당연하지 않고 유한하다는 것을 절실히 느낀다면 마음에서 우러나오는 미소가 저절로 피어날 것입니다. 틱낫한Thich Nhat Hanh 스님도 말했지요. "마음에는 평화, 얼굴에는 미소"라고요. 타인과 나를 환대하는 미소의 힘, 잊지 마세요.

・ 나를 위한 오늘의 질문 ・
오늘 미소로 받아들일 수 있는 장면이 있었다면, 어떤 상황이었나요?

 | # 내 안의 비판자를 잠재우는 법

#가짜 비판자 #건강한 조언자 #의식적 거리두기

우리 안에는 종종 지나치게 가혹한 비판자가 살고 있습니다. 그 목소리는 나의 본질이 아닐 때가 많아요. 사회가 주입한 규범, 타인의 성공 공식, 현재의 나와 맞지 않는 과도한 기대 같은 '내가 아닌 것들'의 집합일 수 있습니다.

우선 이 '가짜 비판자'를 구별해야 해요. 나의 고유한 욕구와 현재 수준을 무시한 채 무조건 비난만 쏟아낸다면, 그것은 건강한 성찰이 아닙니다. 그저 나와 무관한 외부의 소음일 뿐이지요. 그런 목소리로부터 의식적으로 거리를 두는 연습이 필요합니다.

그다음, 나를 가장 잘 아는 '건강한 조언자'를 내 안에 세우는 거예요. 무조건 비난하는 대신, 따뜻한 질문을 던지는 목소리이지요. 외부의 소음을 줄이고 내면의 건강한 목소리에 귀 기울일 때, 우리는 불필요한 자책에서 벗어나 진짜 나를 마주할 수 있습니다.

· 나를 위한 오늘의 질문 ·
내면의 건강한 조언자가 내게 던질 따뜻한 질문은 무엇인가요?

성장을 위한 벽돌 쌓기

#성장 #자기 계발 #수용 #계획 #루틴화

제가 가장 좋아하는 단어는 성공이 아닌 '성장'입니다. 성장은 타인과 비교하지 않고 오직 어제의 나보다 조금씩 앞으로 나아감을 일컫습니다. 성장을 목표로 한 자기 계발에서 꼭 명심해야 할 것이 있습니다. 바로 조급함을 버리는 거예요. 옛 현자들은 바쁠수록 돌아가라는 금언을 실천하고자 일부러 거칠고 우원한 길을 택해 스스로를 단련하기도 했습니다. 성장을 위한 벽돌을 차근차근 쌓는 세 가지 방법입니다.

첫째, 현재의 나를 수용하고, 스스로에게 따뜻하고 성실한 응원을 보내줍니다.

둘째, 내 능력의 최대치 또는 최대치보다 조금 낮은 수준을 목표로 하고, 내게 주어진 일을 담담하게 해내는 데 집중합니다.

셋째, 장기 기대에 맞추어 내 능력을 한 층씩 쌓아갑니다. 장기적으로 능력을 키우다 보면 내가 해낼 수 있는 일도 점차 많아진답니다.

결국 우리는 성장하고 나아갈 것입니다. 현재 자신을 수용하고, 미래의 큰 그림을 그리고, 꼼꼼하게 계획을 세우고, 그것을 루틴화하여 매일 지속적으로 연습하는 것. 성장을 위한 벽돌 쌓기는 모든 자기 계발의 핵심입니다.

・ 나를 위한 오늘의 질문 ・
오늘 쌓을 '벽돌' 한 장은 무엇을 위한 것인가요?

DAY 17 지금 이 순간의 주인 되기

#집중 #멈춤 #계획 #실행 #감정

해야 하는 일을 눈앞에 두고도 유튜브나 인스타그램에 빠지는 이유는 재미라는 유혹, 스트레스 등이 무의식적으로 작동한 탓입니다. 이러한 부정적 에너지를 끊고 '지금 이 순간'에 집중하는 방법으로 'S-P-D-F'를 제안합니다.

1단계 Stop. 스마트폰과 한 몸이 된 자신을 일으켜 세울 용기는 알아차림에서 시작됩니다. 내 의도와 상관없는 행동이나 생각에 빠져들 때 그 순간을 인식하고 멈춥니다.

2단계 Plan. 바로 실행 가능한 단위 행동을 계획합니다. 단위 행동의 전제는 '5초 이내에 바로 시작하기'입니다. 약 10분 이내에 완성할 수 있는 것으로 계획해보세요.

3단계 Do. '벌떡' 실행합니다. 단, 초집중 상태로 실행합니다. 일을 마친 뒤의 개운함을 기대하고 집중하다 보면 10분은 금세 지나갈 거예요.

4단계 Feel. 감정 잔고에 긍정의 기억과 기분을 누적합니다. 좋은 감정은 행동의 동기 부여로 활용될 수 있지요.

S-P-D-F가 충실히 반복되면 순간의 주인이 되는 기쁨이 삶에 알차게 쌓입니다. 또한 긍정적인 에너지로 하루 전체를 온전히 내 것으로 만들 수 있습니다.

· 나를 위한 오늘의 질문 ·

바로 5초 안에 착수할 10분짜리 단위 계획은 무엇인가요?

삶의 주인이 되는 생각 습관

#생각 습관 #되뇌기 #구상 기록 #생각 이음

생각은 행동을 이끌고 그 결과를 기억에 남게 합니다. 열심히 행동하는 것만으로는 부족하며, 그 후 생각을 통해 정리하고 내 존재에 각인해야 합니다. 삶의 주인이 되는 생각 습관을 어떻게 안착시킬 수 있을까요?

첫째, 행한 것에 대해 반복적으로 되뇌어 봅니다. 일상 기록을 통해 바둑을 복기하듯이 하루를 되돌아보는 거예요. 점심과 저녁 식사 전, 잠자기 전. 이렇게 딱 세 번, 이전 시간을 영화 보듯이 되돌려봅니다.

둘째, 장면을 행위 단위로 나누어 정리해서 생각합니다. 행위를 끝냈을 때 반드시 그 행위 단위로 다시 한번 생각합니다. 생각 끝에는 나의 바람이 무엇인지, 계획이 무엇이었는지를 비교합니다. 구상 기록과 생각 이음으로 실천할 수 있습니다.

셋째, 앞의 두 가지 생각이 장면에 대한 것이라면, 이번에는 내용을 생각합니다. 행위나 공부를 통해 얻은 경험은 구체적인 내용을 떠올려야 그 의미가 몸에 스며듭니다. 이를 통해 행위와 깨달음 그리고 지식의 수용이 존재화됩니다. 정녕 습관의 총화가 운명이라면, 생각하는 습관을 갖춰야만 주인으로서의 운명을 살 수 있습니다.

・ 나를 위한 오늘의 질문 ・
방금 한 행위와 연결해 남길 구상 기록의 핵심 문장은 무엇인가요?

모멘텀, 시작의 관성을 만드는 기술

#모멘텀 #관성 #벌떡 습관 #시작

'벌떡 습관'이 일단 시작하는 힘이라면, '모멘텀momentum, 운동량'은 그 시작의 힘을 다음 행동으로 이어지게 하는 관성의 기술입니다. 뉴턴이 말했듯, 움직이는 물체는 계속 움직이려 하는 성질이 있지요. 우리의 행동도 마찬가지입니다. 한번 시작된 작은 행동은 다음 행동을 훨씬 더 쉽게 만들어주는 추진력이 됩니다.

모멘텀을 만드는 구체적인 전략 세 가지입니다.

첫째, '3분 규칙'을 활용합니다. 어떤 일이든 일단 3분만 해보는 겁니다. 운동하기 싫다면 일단 운동복을 입는 3분만 실천하는 식이지요.

둘째, 하나의 행동을 끝낸 직후, 다음 행동을 곧바로 시작합니다. 책상 정리가 끝나면 곧바로 책의 첫 장을 펴는 것입니다.

셋째, 작은 성공의 연쇄를 의식적으로 인지하고 만족감을 느낍니다. 이 긍정적 감정이 관성을 더욱 강화시켜 줍니다.

· 나를 위한 오늘의 질문 ·
바로 지금 '벌떡' 시작할 과제는 무엇인가요?

지속의 힘은 프로젝트

#지속 #환경 #작은 기쁨 #인생 과제 #프로젝트

보통 '지속'은 의지와 의미 부여로 가능하다고 합니다. 하지만 아무리 거창한 의미를 부여잡고 다짐해도 우리는 결국 지치고 맙니다. 의지보다 중요한 건 '환경'이고, 의미 부여보다 중요한 것이 '작은 기쁨'이지요. 이는 무엇이든 지속하게 하는 힘이 됩니다. 우리에게 필요한 것은 아주 작은 습관의 힘보다 '아주 작은 기쁨의 힘'이라고나 할까요?

아주 작은 기쁨들은 아웃풋을 달성하는 데서 옵니다. 대표적 환경은 '여럿이 함께'이고요. 루틴을 지속하는 힘은 이런 환경과 기쁨을 전제로 실행하는 프로젝트에 있습니다.

예를 들어, '벽 넘기 프로젝트'를 할 수 있어요. 평소 마음의 짐으로 쌓여 있는 것을 과제로 선정해서 프로젝트 방식으로 실행하는 겁니다. 글쓰기, 영어, 운동 등이 그 대상이지요. 운동을 지속하기 위해서라면 헬스장에 즐겁게 갈 수 있는 환경을 만들고, 매일 작은 아웃풋을 쌓아 기쁨을 만듭니다.

더 중요한 것은 인생 과제를 프로젝트로 설정하는 것입니다. 인생 목표를 하위 과제로 분해하고 그것을 프로젝트로 나누어 실행하는 일이지요. 인생 프로젝트가 견고할수록 지속의 힘은 단단해지고 기쁨도 성장합니다.

・ 나를 위한 오늘의 질문 ・

무언가를 지속하기 위한 '나만의 작은 기쁨'의 장치는 무엇인가요?

성공으로 가는 작은 습관

#성공 습관 #KPI #개요 #아웃풋

성공은 산의 정상 지점을 넘는 것으로 정의할 수 있습니다. 따라서 성공을 위한 필수 전제 조건은 산이라는 넘어야 할 구체적 목표를 갖는 것입니다. 성공을 위한 나침반으로는 KPI Key Performance Indicator를 활용할 수 있어요. 이 '핵심 성과 지표'는 수치화된 구체적 목표를 달성하게 해주니, 매일 매시간 성공 감각을 느끼기 위해 KPI를 설정해봅니다.

첫째, 어떤 일을 하기 전에 일의 전체 개요를 생각해봅니다. 예습과 예열 단계이지요.

둘째, 구체적인 아웃풋을 설정합니다. 목표 지점을 설정하는 것입니다. KPI 개념으로 수치와 같이 측정할 수 있는 정량 목표를 정합니다. 예를 들면 한 시간 책을 읽고 세 줄 메모하기 또는 독서 카드 한 장 작성하기 등입니다.

셋째, 행위를 할 때 지속적으로 아웃풋을 생각하며 작업합니다. 최종 아웃풋에 집착하는 거예요. 그러면 말할 때 어디에 방점을 두어야 하는지가 머릿속에 선명하게 떠오릅니다.

성공은 습관입니다. 한 시간 동안 내가 설정한 아웃풋을 달성하는 기쁨, 즉 성공 감각을 느낄 때 '이 산도 내가 보란 듯이 넘었구나!' 하는 성공의 관성이 내 몸과 마음에 새겨집니다.

・ 나를 위한 오늘의 질문 ・
나만의 KPI를 설정한다면 어떻게 만들 수 있을까요?

성공 습관 몸에 붙이기

#성장 #성공 #아웃풋 #계획 #체크리스트

성장하는 삶이란 감각할 수 있는 작은 단위의 성공이 몸에 쌓이면서 '안으로 깊어지는 일'입니다. 작은 성공을 습관처럼 감각하는 법, 어렵지 않아요.

첫째, 성공 아이템을 2~6개월 단위로 작게 설정합니다. '두 달간 아웃풋 독서 습관 만들기', '세 달간 영어 회화 300문장 암기하기'와 같이 아웃풋을 구체적으로 세우는 게 중요합니다. 아웃풋 독서 습관 만들기는 한 달에 책 두 권을 읽고, 챕터마다 독서 카드 한 장을 만드는 것으로 시작할 수 있어요. 영어 회화 300문장 암기는 매월 100단어씩 외우고 매일 10개씩 녹음하기로 아웃풋을 설정할 수 있고요.

둘째, 치밀한 계획과 실행을 합니다. 계획 단계에서는 아이템을 수행하기 위한 최적의 자료와 도구를 조사합니다. 주간 단위 계획을 세우고, 체크리스트 박스를 만들어 실행 여부를 표시합니다. 계획과 실행이 짝을 이뤄야 작은 성공을 실행하는 힘이 생깁니다.

셋째, 성공의 아웃풋을 최종적으로 만들고 나면 반드시 축하를 합니다. 자신에게 선물을 하거나 몇 사람이 함께 모여 서로를 응원해주는 거예요. 그래야 '나는 매일 이기는 사람'이라는 새로운 정체성이 내 안에 장착됩니다.

· 나를 위한 오늘의 질문 ·
계획을 완료한 나에게 어떤 보상을 해주고 싶나요?

5분 규칙의 마법

#나만의 규칙 #재구성 #편안함 #효율 #자유

우리는 흔히 규칙이 우리를 속박한다고 생각해요. 하지만 진정한 규칙은 내가 주체적으로 동의하고 만들 때, 가장 큰 안정감과 자유를 주는 '나만의 규칙'이 됩니다. 우리가 어떤 규칙을 지키기 힘든 이유는 대부분 나의 가치와 무관하게 외부에서 주어진 것이기 때문이에요.

타인의 성공 방식을 맹목적으로 따를 필요는 없습니다. 단지 나의 성향과 목표에 맞게 규칙을 스스로 선택하고 재구성하는 용기가 필요할 뿐이에요. 내가 내 삶의 입법자가 되는 거지요. '오전에는 가장 중요한 일 한 가지만 한다' 같은 단순한 약속만으로도 하루가 단단해지는 걸 느낄 수 있을 거예요.

스스로 만든 규칙 안에서 우리는 놀라운 편안함과 효율을 경험합니다. 나를 위한 규칙을 세우고 지켜보세요. 타인의 규칙을 억지로 따를 때와는 다른 차원의 자유를 느끼게 될 겁니다.

· **나를 위한 오늘의 질문** ·
나의 가치에 맞게 재구성할 '나만의 규칙' 한 가지는 무엇인가요?

삶의 주인을 만드는 생각의 힘

#힘에의 의지 #생각의 힘 #아침 선언 #아침 기록 #초인

니체는 『차라투스트라는 이렇게 말했다』에서 처음으로 '힘에의 의지 will to power'를 언급합니다. 인간은 '힘'을 추구함으로써 끊임없이 생성하는 존재라고 여긴 것이지요. 그 '힘에의 의지'를 단련하는 것이 바로 '생각의 힘'입니다. 전향적인 '주인으로서의 삶'을 살기 위해 필요한 것이 생각의 힘이고 '생각하는 나'입니다.

생각의 힘은 하루하루의 근력을 튼튼히 길러 삶의 목적에 한 발 더 다가가게 합니다. 그 힘에의 의지는 어떻게 작동시킬 수 있을까요?

첫째, 나만의 아침 선언을 합니다. 우리 삶에서 아침은 매우 중요한 시간입니다. 아침 선언을 통해 내 삶의 방향으로 생각의 힘을 몰아가고, 그 방향으로 에너지를 응축합니다.

둘째, 행위 이전에 기록합니다. 하려는 행위의 의미와 목적을 미리 생각하고 기록하는 것이지요.

셋째, 꿈과 가치관에 정렬된 기준으로 판단합니다. 이타적인 삶을 지향하는 나의 가치관을 떠올리는 것만으로 내 걸음을 그쪽으로 향하게 할 수 있어요. 그것이 생각의 힘입니다. 주인으로서의 삶은 온전히 생동하는 생각의 힘으로 가능합니다. 니체가 말한 '초인超人'이 되는 일도 그러하겠지요.

· 나를 위한 오늘의 질문 ·
행동하기 전에 남길 한 줄의 기록은 무엇인가요?

DAY 25 인간은 노력하는 한 방황한다

#모소대나무 #성장 #신뢰 #열정 #방황

모소대나무를 아시나요? 중국 극동 지방에서만 자란다는 희귀종 모소대나무는 씨앗에서 싹이 튼 이후 매일 정성을 들여도 첫 4년간은 고작 3센티미터밖에 자라지 못한다고 합니다. 하지만 그 이후에는 놀랍게도 하루에 30센티미터씩 쑥쑥 자라 어느새 빽빽한 숲을 이룬다고 해요. 그렇게 순식간에 성장할 수 있는 건 4년 동안 땅속에 단단히 뿌리내리는 덕분입니다.

우리에게도 모소대나무처럼 충분히 뿌리내릴 시간이 필요합니다. 지금 성장이 더디다고 좌절해서는 안 되는 이유이지요. 사람마다 성장 속도가 다르니 남들과 비교하지 않아야 합니다. 지난 시간의 나와 현재의 나를 견주며 성장하고 있는 나를 신뢰해주어야 하지요. 애쓴 시간은 헛되지 않고 모든 순간이 의미를 갖습니다. 점들이 선으로 이어지는 시간입니다.

다만 열정으로 새로운 점들을 찍어나갑니다. 눈에 보이지 않아도 우리는 성장 중임을 믿고, 혹여 실패의 쓴잔을 마시는 중이라면 이를 나다움의 꿈을 향한 터닝 포인트로 여기면 좋겠습니다. 요한 볼프강 폰 괴테Johann Wolfgang von Goethe는 『파우스트』에서 "인간은 노력하는 한 방황한다"라고 말했지요. 그의 말마따나 평생 성장하는 사람은 가고자 하는 길 위에서 끊임없이 방황하기 마련입니다.

・ 나를 위한 오늘의 질문 ・
지금 내가 보이지 않게 뿌리내리고 있는 영역은 무엇인가요?

고슴도치의 바느질

#나다움 #행동 #버킷 리스트 #인생 지도 그리기

『바느질하는 고슴도치』는 '나다움'을 생각하게 하는 동화책입니다. 주인공 고슴도치는 짧은 다리로 달리기 경주에 나가 꼴찌를 하고 슬퍼하고 있었어요. 그때 역시 먹이 찾기 대회에서 고전을 면치 못한 고니를 만납니다. 고니의 가슴에서 조각난 별을 본 고슴도치는 자신의 가슴에서 가시를 하나 뽑아 별을 꿰매주지요. 그제야 고슴도치는 깨닫습니다. 자신이 달리기는 못하지만 바느질은 잘한다는 사실을 말이죠.

나다움을 지향하는 삶은 표준화된 기준이 아니라 자기 자신의 기준을 세우고 그에 따라 행동하는 것입니다. 자기 자신의 욕구를 솔직하게 받아들이고, 그 과정에서 주변과 조화를 이루며 풍요로운 삶을 만들어나가는 여정입니다.

'나다움'을 찾는 도구로 버킷 리스트 작성과 인생 지도 그리기를 추천합니다. 나다움은 우리 일상이 내가 바라는 꿈으로 수렴되도록 하는 북극성 또는 나침반이에요. 내가 삶에서 꼭 이루고 싶은 것을 3개월마다 작성해보면 그 나침반이 가리키는 방향에 집중할 수 있어요. 그리고 매월 마지막 날에 인생 지도를 그린 후 월간 계획을 세우면 꿈으로 수렴되는 일상을 실천할 수 있습니다. 고슴도치가 바느질로 기쁨을 찾았듯, 나다움을 찾는 여정을 시작해봅니다.

・ 나를 위한 오늘의 질문 ・
삶에서 꼭 이루고 싶은 일 세 가지는 무엇인가요?

라이프스타일 만들기

#숙달 #라이프스타일 #시스템

한 가지 분야에서 숙달의 경지에 이른 사람들은 단순히 '노력'하기보다 '스타일'을 만든 사람들입니다. 어떤 분야에서든 숙달의 경지에 이르는 요령을 한 번 터득하면 낯선 일에도 자신감을 가지고 임할 수 있고, 그것은 결국 성취로 이어지지요. 누군가는 그것을 '라이프스타일'이라 부르고 또는 시스템이라고도 합니다. 숙달의 경지에 이르는 나만의 생각과 방법이 나의 라이프스타일이 됩니다.

40년 넘게 꾸준히 작품 활동을 하고 있는 소설가 무라카미 하루키村上春樹. 그의 꾸준함의 원동력 또한 라이프스타일에 있습니다. 새벽 4시 기상, 정오까지 5~6시간 글쓰기, 오후에 10킬로미터 달리기, 저녁에 집안일과 재즈 듣기와 독서 그리고 밤 9시부터 7시간 동안 잠을 잔다고 해요. 70대 중반인 지금까지도 이 라이프스타일을 고수하고 있습니다. 그의 지속적인 저술 작업은 이 라이프스타일 안에서 이루어집니다. 하루에 담배 60개비를 피우며 몸을 혹사하던 그가 평생 소설가로 살아가기 위해 자신만의 라이프스타일을 만들어낸 것입니다.

우리도 정확히 알아야겠습니다. 지금 집중해야 할 것은 과제를 완성하기 위한 근성과 노력이 아닌, 라이프스타일 만들기임을 말입니다.

• 나를 위한 오늘의 질문 •
나만의 라이프 스타일을 위해 바꿔야 할 일상 습관은 무엇인가요?

# 부정적 생각에서 벗어나기

#작은 행동 #생각의 변화 #긍정적인 말 #긍정적 생각

부정적 생각을 긍정으로 전향시키는 일이 왜 중요할까요? 한 마디로 우리는 생각대로 '되는' 존재라서 그렇습니다. 많은 사람이 자신이 긍정적이라 믿지만, 실제로는 부정적 생각에 사로잡혀 있곤 합니다. 부정적 생각을 긍정으로 바꾸려면 작은 실행으로 연결하는 노력이 필요합니다.

우선 자신감을 키우기 위해 긍정적인 말을 합니다. 결과에 대한 두려움으로 부정적 생각이 차오를 때 '잘될 거야. 잘할 수 있어'라고 되뇌는 거예요. 그와 동시에 하루 중 30분 동안 그 일과 관련된 작업을 시도하여 약간의 진전을 이루어봅니다. 생각의 변화와 작은 행동을 결합하면 자신감을 높이는 데 도움이 됩니다.

타인에 대한 부정적 감정이 치솟을 때면 그 사람과 5분 동안 긍정적인 대화를 나눠보세요. 타인을 부정적으로 보지 않고 변화와 협력의 가능성을 믿으며, 긍정적 생각과 행동을 결합해봅니다.

부정적 생각은 나를 어둡고 고집 센 사람으로 만듭니다. 발명 천재 토머스 에디슨Thomas Edison의 말입니다. "만약 우리가 할 수 있는 일을 모두 한다면 우리는 자기 자신에게 깜짝 놀랄 것이다." 이처럼 깜짝 놀랄 일은 긍정 속에서만 생긴다는 것을 기억합니다.

· 나를 위한 오늘의 질문 ·
부정적인 감정을 다스릴 수 있는 나만의 긍정 문장 한 줄은 무엇인가요?

삶의 세 가지 시간

#시간 #순환 #편안함 #자유감 #쉼

우리가 진정으로 소유한다고 할 수 있는 것은 시간뿐임에도 스스로 시간의 주인으로 온전히 행세하는 일은 쉽지 않습니다. 먼저 우리에게는 세 가지 종류의 시간이 주어졌음을 기억해야 합니다.

첫째, 목표 지점까지 숨차게 달려야 하는 시간입니다. 타인이나 스스로 정한 규정으로 압박감을 느끼는 때입니다. 이 시간은 삶의 순환에서 자연스러운 시기로 받아들이고, 목표 지점까지 완주하도록 스스로를 잘 다독여야 해요. 지금 동굴 속에 머물러 있는 게 아니라 밝은 빛을 마주할 터널을 통과하고 있음을 기억합니다.

둘째, 평상시의 시간으로, 편안하게 걷는 시간입니다. 가장 긴 시간이니만큼 자신의 일상을 견고하게 설계하는 것이 중요한 시기입니다. 달리는 시간처럼 긴장감이나 압박감으로 이 시기를 보내지 않도록 편안한 마음을 가져 봅니다.

셋째, 무언가를 달성했을 때 자유를 느끼며 쉼을 향유하는 시간입니다. 여행 중 또는 휴일에 마음껏 푹 쉴 수 있는 시간이지요.

이 세 가지 시간은 우리 삶에서 밀물과 썰물처럼 반복됩니다. 조금 더 긴 호흡으로 다가올 나의 시간을 기대하며, 용감무쌍의 정신으로 오늘의 시간을 걸어갑니다.

・ 나를 위한 오늘의 질문 ・
지금의 나는 달리기·걷기·쉬기 중 어느 시점에 있고, 그 리듬을 어떻게 만들어가고 있나요?

나의 첫 번째 선언문 만들기

#선언문 #구체적 다짐 #낭독하기 #상상하기 #잠재의식

새해의 계획은 종종 결심으로만 남곤 합니다. 의지를 온몸의 세포와 무의식에 각인시키는 강력한 의식이 필요하기 때문이지요. 그것이 바로 '선언문manifesto'을 만드는 일이랍니다. 선언문, 즉 '매니페스토'의 어원은 '손manus'과 '붙잡다festus'의 결합이에요. 추상적인 목표를 '손에 잡힐 듯 명백하게' 만드는 행위이지요.

올해 가장 이루고 싶은 목표를 구체적인 다짐으로 만들어보세요. '나는 ○○○을 반드시 이룬다'와 같은 선언문을 작성하는 겁니다. 그리고 그것을 매일 아침 소리 내어 낭독하는 습관을 들여보세요.

여기서 중요한 것은 상상이에요. 선언문을 외칠 때마다, 목표를 이미 달성한 나의 모습을 생생하게 그리는 겁니다. 그 기쁨과 성취감을 미리 만끽하며 스스로를 칭찬해주세요. 이 반복적인 의식은 우리의 잠재의식을 움직여, 결심을 현실로 바꾸는 단단한 힘을 발휘할 거예요.

· 나를 위한 오늘의 질문 ·
나의 첫 번째 선언문에는 어떤 목표를 쓰고 싶나요?

매일 하나씩, 새로운 시도

#성장 #새로운 시도 #작은 변화 #성취감 #생기

성장은 익숙함의 경계에서 일어나요. 안정감도 중요하지만, 때로는 의식적으로 그 울타리를 넘어서야 합니다. 거창한 도전이 아니어도 괜찮습니다. '작고 새로운 시도'를 습관으로 만드는 것만으로도 삶의 권태를 막고 뇌를 활성화할 수 있거든요.

여기서 '새로움'이란 아주 사소한 것들이에요. 안 가본 길로 산책하기, 평소와 다른 장르의 음악 듣기, 매일 만나는 사람에게 다른 방식으로 인사하기 같은 것들 말입니다. 이러한 작은 변화는 뇌신경을 자극해 창의성과 유연성을 길러줍니다.

하루를 마무리할 때 '오늘의 새로운 시도'를 한 줄이라도 기록해 보세요. 작은 성취감이 쌓여 변화에 대한 저항감을 줄여줄 겁니다. 작은 시도들이 모여 일상에 생기를 불어넣고, 삶을 대하는 우리를 더욱 유연하게 만들어줄 테니까요. 나의 하루를 고정된 길이 아닌, 살아 있는 실험실로 만드는 첫걸음이랍니다.

· 나를 위한 오늘의 질문 ·
오늘 한 새로운 시도에는 무엇이 있나요?

Chapter

2

당신의 매일을 빛내줄 아름다운 태도

우월성보다 탁월성을 향해

#지배욕 #탁월성 #새로운 가능성 #의지 #성장형 마인드

경쟁 사회에서 우리는 때로 남보다 우월해지고자 하는 욕구를 느끼곤 합니다. 이 '상대적 우월성'은 남을 딛고 서는 지배를 추구하는 반면, '절대적 탁월성'은 나로서 온전하게 존재하며 스스로 빛나고자 합니다. 자신의 자유를 향한 욕구이지요. 어떻게 하면 우리는 일상에서 상대적 우월성이 아닌 절대적 탁월성을 추구하며 살아갈 수 있을까요?

첫째, 의식적으로 타인을 빛나게 하는 행위를 합니다. 특히 '말석에 앉기'를 제안합니다. 회의나 모임에서 나 자신보다 타인의 공로를 드러내는 거예요. 이런 이타적 행위를 통해 나 자신이 더욱 찬란해진다는 사실을 가슴에 새깁니다.

둘째, 현재 나의 역할과 능력을 겸허히 수용합니다. 어떤 일을 잘하건 못하건 함께 살아가는 우리에게는 저마다의 역할과 쓰임이 있습니다. 이를 긍정하는 것은 새로운 가능성의 세계에 열려 있다는 뜻이기도 해요. 설령 지금은 잘하지 못하더라도 탁월함을 추구하는 과정에 있는 나를 인식합니다.

셋째, 자유를 획득하는 과정을 즐깁니다. 성장형 마인드로 변화의 크기를 감각하며 기쁨을 향유합니다.

나의 자유를 확장시키기 위해 매일의 계획을 좀 더 치밀하게 마련하면서, 오늘도 탁월함을 향해 한 걸음씩 전진합니다.

• 나를 위한 오늘의 질문 •
이 세상에서 나는 어떤 역할과 쓰임으로 존재하나요?

DAY 33

나만의 장단으로 살기

#나만의 속도 #확고한 정체성

우리 사회의 속도는 매우 빠른 편입니다. 기술의 속도, 일의 속도, 관계의 속도 모두 그렇지요. 필사적으로 서두르며 무모하게 일을 추진해야 간신히 그 속도에 발맞출 수 있습니다.

그렇다 보니 속도를 견디는 힘이 떨어질 때면 속도 자체가 한 마리 맹수처럼 위압적으로 느껴지기도 합니다. 사실 오늘의 나는 지금의 속도가 괜찮은데, 좀 더 잽싸고 민첩하게 행동하라고 강요하는 환경 속에서 가끔은 자괴감이 들기도 합니다.

『월든Walden』의 저자 헨리 데이비드 소로Henry David Thoreau는 자신만의 속도로 사는 일의 중요성을 '북소리 장단'에 비유합니다. 어떤 사람이 자기 또래들과 보조를 맞추어 걷지 않는다면 그에게 들리는 북소리 장단이 그의 동료들에게 들리는 북소리와 다르기 때문일 것이라고 말이에요. 그 어떤 북소리가 들리더라도 우리는 각자 자신에게 맞는 장단에 맞추어 발걸음을 내디디면 된다고 말합니다. 숨 가쁘게 살아가는 우리 모두에게 전하는 사뭇 감동적인 위로의 말입니다.

맹수 같은 삶에 먹히지 않으려면 나만의 속도로, 확고한 정체성으로 살아야 합니다. 내게 울리는 북소리 장단에 맞추어 하루하루 발걸음을 내딛는 것이 바쁜 삶으로부터 나를 지켜내는 방법입니다.

・ 나를 위한 오늘의 질문 ・
세상이 강요하는 속도는 무엇이며 거기서 어떤 피로감을 느끼나요?

당당함으로 마귀 물리치기

#불안 #판단 #성장 마인드셋 #당당함

성경에도, 동화책에도 어느 순간 '선함'을 괴롭히는 마귀가 등장해서 우리를 움찔하게 합니다. 우리 일상에도 마찬가지로 두려운 강압과 마귀의 속삭임이 있어요. 무엇보다 '잘 안될 거야'라고 미래의 불안을 조장하는 속삭임은 할 수 있다는 믿음으로 마귀를 물리쳐야 합니다.

한편 '너는 그렇게 해야 해'라는 상사의 강압적 명령이나 윤리가 마귀일 때가 있지요. 이때는 스스로 판단하여 옳다고 선택한 길을 가야 합니다. 주도적으로 살아야 후회가 없으니까요. 그리고 '너의 위치는 거기야'라고 서열 사회가 마귀처럼 속삭인다면, 이때는 그 힘과 기세에 눌리지 말고 성장 마인드셋으로 뚫고 나갑니다. 부정적인 사건이나 억압을 향해 '정지!'를 외치는 거죠. 내가 순응하지 않는 세계는 작동을 멈추기 때문입니다.

우리는 살면서 내가 선택하지 않고 주관하지 않은 일을 겪게 됩니다. 그럴 때 우리가 할 수 있는 일은 어떻게 행동할지 결정하는 것뿐이에요. 이때 당당한 자세로 나의 기세를 강하게 몰아갑니다. 어깨를 당당히 펴고, 믿음에서 우러나는 미소로 마귀를 물리치는 겁니다.

· 나를 위한 오늘의 질문 ·

지금 선택해야 할 내 판단과 그 선택을 밀어줄 성장 마인드셋은 무엇인가요?

나만의 정언 명령 세우기

#도덕률 #정언 명령 #목적 #윤리적 삶

"밤하늘에 빛나는 별과 내 마음속의 도덕률"은 임마누엘 칸트Immanuel Kant의 묘비명이자 그의 저서 말미에 있는 글입니다. '밤하늘의 별'은 우주의 법칙, 변하지 않는 자연의 질서이며, '내 마음속의 도덕률'은 우리가 따라야 하는 변하지 않는 도덕적 원칙, 즉 정언 명령categorical imperative을 의미합니다.

정언 명령은 스스로 세운 준칙에 따라 행동하되 그것이 보편적인 법칙이 될 수 있어야 하며, 자기 자신을 포함하여 모든 사람을 언제나 목적으로 대하라고 말합니다. 이 정언 명령은 오늘날 우리에게 더욱 유효한 가치관으로 기능합니다. 다음 세 가지 정도는 나의 정언 명령으로 정리해봐도 좋습니다.

첫째, 가장 중요한 건 타인과 함께 추구하는 목적을 나의 사익보다 우선해야 한다는 것입니다. 둘째, 경제적 성장을 위해 항상 정직한 길을 걸어야 합니다. 셋째, 서열 구조 속에서 높은 서열을 추구하기보다 가치를 추구하는 삶을 사는 것입니다.

결국 칸트적 윤리관에 따른 윤리적 삶은 자기 자신에 대한 믿음이 전제되어야 합니다. 나 자신을 믿으면 당장의 이익보다 장기 실리를 추구하는 윤리관 안에서 일상을 잘 정돈하며 살아갈 수 있습니다.

・ 나를 위한 오늘의 질문 ・
지금의 나에게 꼭 필요한 '나만의 정언 명령' 세 가지는 무엇인가요?

DAY 36 속도를 늦추면 보이는 것들

#속도 #삶의 리듬감 #명상

비를 피해 빨리 걷다 보면 우산에 후드득 떨어지는 빗소리가 귀에 잘 들어오지 않습니다. 빗방울 소리는 천천히 걸을 때라야 귀에 다가오지요. 이렇게 찬찬히 속도를 늦출 때 비로소 들리는 것, 보이는 것이 있습니다. 바쁜 일상에서 의식하지 않으면 우리는 소중한 것들을 놓치며 살게 됩니다. 가끔 의식적으로 속도를 늦추면서 삶의 리듬감을 느껴 보면 좋겠습니다.

첫째, 일상적인 행위를 할 때 찬찬한 걸음으로 걸어봅니다. 운동할 때도 속도의 높낮이를 가지며 탄력적으로 진행하고요. 이렇게 하면 더 많은 것을 감각할 수 있습니다. 속도를 늦추면 모든 것이 존재하는 그대로 넓게 보이기 시작하지요. 속도를 늦춘다는 의미는 지금 여기에 온전히 머물러 존재한다는 것입니다.

둘째, 일을 할 때 몰입의 사이사이에 속도를 늦추는 시간을 꼭 가져 봅니다. 이때 잠시 명상하며 일과 거리를 두면 일의 방향성, 전략 포인트가 새롭게 보이기도 합니다.

셋째, 공부나 독서를 할 때 집중하다가 속도를 늦춰 잠시 머리를 비우고, 그 내용을 넓게 생각해봅니다. 속도를 늦추면 어딘가에 빠져 있는 마음이 새로운 지혜로 드러난답니다.

· 나를 위한 오늘의 질문 ·
속도를 늦추면 비로소 보이는 '지금 여기'의 신호는 무엇인가요?

마음 부자

DAY 37

#마음 부자 #성장 #삶의 방향성 #사랑

삶의 효율을 최대화하려면 무엇보다 마음이 부자여야 합니다. 마음이 부자인 사람은 내면이 평화롭고 긍정적이며, 일상 속 작은 일에서도 기쁨을 찾습니다. 타인에게 관대하고 배려심이 많아 인간관계에서도 큰 만족을 느끼지요. 또한 끊임없이 배우고 성장하며, 실패를 두려워하지 않고 도전을 통해 도약합니다.

마음 부자가 되려면 우선 삶의 방향성이 중요합니다. 서둘러 목적지에 도달하는 것보다 그곳으로 가는 길 자체에서 의미를 찾는 것이죠. 내 한계 지점을 명확히 설정하고, 이를 노력의 방향으로 삼습니다. 주변의 힘으로 나의 성장이 이루어짐을 깨닫고 수용하며, 타인을 향해 성숙한 사랑을 실천합니다.

에리히 프롬Erich Fromm은 『사랑의 기술』에서 미성숙한 사랑은 '사랑받기 때문에 사랑한다'라는 원칙에 따르고, 성숙한 사랑은 '사랑하기 때문에 사랑받는다'라는 원칙에 따른다고 말합니다. 사랑받기보다 사랑하는 일이 마음 부자가 되는 지름길입니다. 예컨대 바쁜 일상 중에도 봉사 활동을 꾸준히 하는 것이 내가 먼저 행복해지는 일입니다.

영세한 마음의 영역을 확장해서 마음 부자로 사는 일은 간단치 않지만 사실 단순합니다. 인생이 '내 편'임을 확신하고, 있는 힘껏 사랑하며 사는 것입니다.

· 나를 위한 오늘의 질문 ·

'마음 부자'의 방향성에 맞춰 키울 태도 한 가지는 무엇인가요?

삶을 대하는 나만의 기준

#나만의 기준 #타협점 #균형 #마인드 박스

우리는 종종 사회가 정해놓은 획일적인 기준에 자신을 맞추려 애쓰곤 합니다. 하지만 남에게 맞는 옷이 내게는 어울리지 않을 수 있어요. 삶을 대하는 나만의 기준이란, 나의 개성과 상황에 꼭 맞는 '나만의 옷'을 찾아가는 일이에요.

무작정 내가 원하는 대로만 살 수는 없어요. 세상의 요구와 나의 욕망 사이에서 현실적인 '타협점'을 찾는 지혜가 필요합니다. 이상과 현실의 균형을 잡는 것이야말로 성숙한 태도니까요. 우선 내가 진정 원하는 이상적인 기준들을 나열해보세요. 그다음 현실적 제약을 고려하여 타협 지점을 찾고, '지금 내가 실천할 수 있는' 가장 현실적인 기준을 정하는 겁니다.

이렇게 정한 기준들을 '마인드 박스' 기록법을 활용해 삶의 영역별로 정리하고 쌓아나가길 권합니다. 일, 관계, 건강 등 각 영역에 나만의 기준이 단단히 서면, 더는 불필요한 비교로 흔들리지 않을 거예요.

・ 나를 위한 오늘의 질문 ・
오늘 '마인드 박스'에 넣을 핵심 기준 세 가지는 무엇인가요?

늠름하게 살기

#자세 #용기 #자신감 #배려 #진실성

심리학자 조던 B. 피터슨 Jordan B. Peterson 이 『12가지 인생의 법칙』에서 강조하는 여러 법칙 중 "어깨를 활짝 펴고 똑바로 서라"는 조언이 무척 흥미로웠어요. 싸움에서 승리한 바닷가재는 자세부터 달라지는데, 유연한 몸을 쭉 뻗어 더 크고 용기 있게 보인다고 해요.

태도가 당당하면 스트레스를 받는 상황에서도 쉽게 기죽지 않을 수 있습니다. 마음대로 통제되지 않는 감정 상태도 외형적 자세로 변화시킬 수 있으니까요. 그러니 오늘부터 매일 늠름한 자세를 연습해보는 건 어떨까요? 허리를 곧게 펴야 하는 이유는 그 넓어진 몸의 공간에 용기와 자신감을 채우기 위해서입니다.

늠름함을 지키면 우리 삶이 변화합니다. 그 세 가지 모습입니다. 첫째, 매사에 자신감과 여유가 생깁니다. 둘째, 타인에게 친절과 배려가 자연스럽게 흘러나옵니다. 셋째, 일의 효율이 높아지고, 그에 따라 일상을 성과적으로 운영할 수 있습니다.

물론 내면의 늠름함도 함께해야겠지요. 상대방을 배려하면서도 있는 그대로의 나를 진실하게 표현하는 일입니다. 진실성과 배려의 조화야말로 늠름한 삶의 기세로 작동할 것입니다.

· 나를 위한 오늘의 질문 ·
자세가 당당해지면 감정과 타인을 대하는 태도는 어떻게 달라질까요?

언제나 자유롭게

#억압 #자유 #표출 #자기표현

말기 암 환자인 할머니가 물 한 모금 삼키기 힘든 상황에서도 밤 11시에 립스틱을 바르고 은발을 단정히 빗은 채 식구들을 담당 의사에게 소개합니다. 아툴 가완디Atul Gawande의 책 『어떻게 죽을 것인가』의 인상적인 한 장면입니다. 죽음 앞에서도 당당한 그녀의 자유로움이 아름답게 느껴지는 대목이지요.

  우리는 종종 자신을 있는 그대로 드러내지 못해 답답해합니다. 옹이진 억압에 묶여 어느새 자유로운 표현으로부터 멀어져가지요. 생각과 느낌을 자연스럽게 펼치기 위해서는 어떻게 해야 할까요?

  첫째, 자신이 어떤 사람인지 인식합니다. 사회 속 페르소나를 벗는 데는 내 생각, 감정, 감각을 자주 메모하는 습관이 도움이 됩니다.

  둘째, 무의식적으로 나다움을 표출합니다. 이는 몰입을 통해 가능합니다. 행위에 집중하면 자연스레 나다움이 드러납니다. 종교에서도 나를 버림으로써 진정한 '나'가 된다고 하지요.

  셋째, 의식적인 자기표현입니다. 아침에 옷을 입고 화장할 때 의식적으로 내면 욕동欲動을 표출합니다. 의식적으로 솔직하고 용감해지며, 몰입할 때는 있는 그대로의 나를 여과 없이 드러내면, 일상의 자유가 어느덧 우리를 찾아옵니다.

· 나를 위한 오늘의 질문 ·
나 자신의 사회적 페르소나는 어떤 모습인가요?

나의 중심으로 꼿꼿해지는 삶

#존재 #존재자 #존재적 삶 #성찰적 삶

한 사람이 세상에 미치는 영향에 관해 생각해본 적 있나요? 나와 세상의 관계는 어떤가요? 많은 자기 계발서에서는 내가 통제할 수 있는 일에만 집중하라고 합니다. 그러다 보니 사회나 공동체에는 소홀해지고 나의 소유에만 집중하게 됩니다.

마르틴 하이데거Martin Heidegger는 우리에게 '존재'와 '존재자'라는 화두를 던졌지요. '존재자'는 지금 여기에서 행위를 하는 나이고, '존재'는 내 삶 전체를 아우르는 나입니다. 존재와 존재자가 상호 영향을 주며 변화 생성하듯이 개인과 공동체도 그렇게 어울려 더 좋은 세상을 만들어갑니다.

존재적 삶을 지향하는 우리는 그 지향에 맞는 삶의 태도를 지녀야겠습니다. 무엇보다 자신의 존재를 느끼고 생각하려는 의식적 행위를 해야 합니다. 자기 역사 쓰기를 하면서 지난날을 되돌아봄과 동시에 꿈을 끊임없이 상기하는 일입니다. 또한 '세계 내 존재'로서 공동체 감각을 느끼며 사랑을 실천합니다. 내 작은 행위가 결국은 역사를 형성해간다는 인식을 갖는 것이지요.

존재를 생각하는 존재자는 스스로를 내세우지 않고 타인을 방해하지 않으면서 서로 기대어 살아갑니다. 남을 딛고 서기보다 나의 중심으로 꼿꼿해지는 성찰적 삶을 살아야겠습니다.

・ 나를 위한 오늘의 질문 ・
바로 실천할 수 있는 '존재적 삶을 위한 행동' 한 가지는 무엇인가요?

전체를 보는 눈

#자기 결정 #가치 #나침반 가치 체계

놀이하듯 즐겁게 일하기 위해서는 최소한 두 가지 조건이 필요합니다. 일 자체가 완전한 '자기 결정'이어야 한다는 것과 일의 결과로 '가치'를 만들어낼 수 있어야 한다는 것입니다. 하지만 이것만으로 회사 일이나 일상에서 기쁨을 누리기는 쉽지 않습니다.

즐겁게 일하며 기쁨을 누리기 위해서는 무엇보다 '전체를 보는 눈'이 필요합니다. 먼저 회사 안에서 '공유된 가치'를 의식합니다. 그런 다음 내가 하고 싶은 일을 자유롭게 하며 성과를 내는 과정에서 기쁨을 누릴 수 있어요.

그러기 위해 '나침반 가치 체계'를 적용해봅니다. 인생의 꿈과 목표를 달성하는 방향으로 과제를 세분화해서 구성하는 체계입니다. 세부 과제는 마치 퍼즐의 한 조각처럼 전체 구조 속에서 방향성과 의미를 지닙니다. 일과 인생에서 큰 그림을 이성적으로 인식하고, 자율적이며 창의적으로 작은 조각을 완성해갈 때 '즐거움'이 가능해집니다.

"전체는 부분의 합보다 크다"라고 하지요. 전체를 먼저 생각해야 전체 속에서 부분이 창조하는 신통한 기쁨을 느낄 수 있습니다.

• 나를 위한 오늘의 질문 •

나의 '전체 그림'은 무엇이고, 그것을 기준으로 한 '나침반 가치 체계'는 어떤 방향을 가리키나요?

조망하는 시선의 힘

#조망 #전체와 부분 #시선 #공간 #현재의 나

영화 〈그래비티〉는 우주에서의 고독과 '조망하는 태도와 시선'의 중요성을 보여줍니다. 우리는 종종 익숙한 환경과 생각에 갇혀 새로운 가능성을 보지 못하고 지나치곤 하지요. 영화 속 주인공은 넓은 시선으로 상황을 바라보고, 다양한 관점을 수용하고자 노력합니다. 그 태도를 내 것으로 만들기 위해 일상에서 의식적으로 조망해야 할 세 가지입니다.

첫째, 일상을 살아가는 공간을 의식하며 조망합니다. 거리를 걸을 때도 전체를 조망하고, 눈에 들어오는 것을 감각합니다. 공간을 감각하면 우리 몸에 많은 이미지가 저장되고, 우리는 그 공간의 주체가 될 수 있어요.

둘째, 일을 할 때 전체 구성과 내가 해야 할 부분을 조망합니다. 그리고 어느 지점에 힘을 줘야 할지 판단합니다. 일은 과거, 현재, 미래를 잇는 선형 구조로 존재하므로, 전체를 조망하고 현재 나의 위치를 감각하는 것이 중요합니다.

셋째, 현재 자신을 조망합니다. 조금 떨어진 위치에서 나를 바라보는 것입니다. 꿈을 향한 길 위에서 현재 위치를 느끼고 의식하며 살아가는 것이 자신을 조망하는 힘입니다. 조망하는 삶을 살 때, 단순히 성실히 일하는 것을 넘어 진정한 삶의 의미를 느낄 수 있습니다.

• 나를 위한 오늘의 질문 •
공간·일·나 자신을 조망해본다면 지금 바로 수정해야 할 한 가지는 무엇인가요?

추위를 대하는 자세

#역경 #순환 #속도 #늠름한 나

사계절의 순환은 어김없습니다. 지구 온난화로 그 흐름의 가차 없음이 점점 무너져가고는 있지만, 여전히 우리나라에서 사계절의 위세는 등등합니다. 특히 여름과 겨울이 그렇습니다. 그중 겨울 추위의 위력 앞에서 우리는 '역경'이라는 고난을 떠올립니다. 추운 겨울이 되면 우리는 자꾸 움츠러들고, 몸에 힘이 들어가면서 시야가 좁아지고, 주위를 살피지 못하고 자신에게만 열중하게 되지요.

삶은 계절처럼 순환의 기운을 담고 있어서 우리에게는 주기적으로 역경이 찾아옵니다. 그런 때일수록 자신을 잘 보듬어야 나를 둘러싼 추위와 역경을 제대로 이겨낼 수 있어요.

추운 날에는 우선 몸의 힘을 뺍니다. 그러면서도 늠름하게 걸으며 공기를 깊이 들이마십니다. 이렇게 하면 매서운 추위가 그저 차가운 느낌으로 다가오고 마음도 편안해지지요. 그리고 속도를 늦춥니다. 속도를 늦추면 저 멀리까지 시야에 들어오면서 추위에도 의연히 존재하는 것들을 감각할 수 있어요.

예상치 못한 추위가 찾아온 날, 스스로를 따뜻이 하기 위해 노력하면서 추위와 만나봅시다. 그 어떤 역경도 '늠름한 나'를 쓰러뜨릴 수 없음을 느낄 수 있을 거예요.

· 나를 위한 오늘의 질문 ·
예상치 못한 '추위' 앞에서 내가 의식적으로 낮출 속도는 무엇인가요?

자세가 내면을 바꾼다

#바른 자세 #시작 #과정 #관계

자세는 우리 몸과 마음이 만나는 가장 일상적인 지점이에요. 의식적으로 몸을 바로 세우는 일이 습관이 될 때, 우리의 내면도 함께 단단해진답니다. 자세는 그저 몸의 모습에 그치지 않고, 정신을 표현하며 동시에 더 나은 정신을 이끌어주는 힘을 가지고 있어요.

몸이 정신을 이끄는 세 가지 의식을 제안해봅니다.

첫째, 시작의 의식입니다. 어떤 일을 앞두고 옷매무새를 가다듬는 작은 행위는 마음을 정돈하고 집중을 준비하는 옛 선조들의 '목욕재계'와 같은 지혜입니다.

둘째, 과정의 의식입니다. 허리를 펴고 가슴을 여는 자세는 위축된 마음을 몰아내고 스스로에 대한 당당함을 불러일으켜요.

셋째, 관계의 의식입니다. 시선을 정면에 두고 상대를 바라보는 태도는 세상을 회피하지 않고 온전히 마주하는 단정한 마음을 길러줍니다.

이처럼 바른 자세는 그 사람의 정신을 보여주는 표현이자, 더 나은 정신을 만들어가는 가장 간단하고 강력한 훈련입니다.

· 나를 위한 오늘의 질문 ·
시작·과정·관계의 세 의식 중 오늘 가장 필요한 것은 무엇이며, 어떻게 실행할까요?

핵심에 집중하는 힘

#통찰력 #탁월함 #핵심 #전략

목표 달성이 힘겨운 이유는 장애물 때문이 아닙니다. 덜 중요한 목표로 향하는 쉬운 길로 빠지기 쉽기 때문이지요. 현명해지기 위해서는 핵심과 부분을 분별하는 통찰력이 필요합니다. 우리는 종종 세세한 부분을 완벽히 챙기려다 전체 맥락을 놓치곤 합니다. 중요한 것은 핵심을 파악하고 그 부분에 집중하는 것입니다. 그것이 탁월함입니다.

완벽함보다 중요한 것이 바로 탁월함입니다. 인생과 일에서 가장 중요한 요소에 집중하고, 그렇지 않은 일에는 전략적으로 힘을 조절해야 탁월함에 도달할 수 있어요. 탁월함에 이르는 세 가지 방법입니다.

첫째, 기초 능력을 다져야 합니다.

둘째, 남다른 지식과 나만의 전문 능력을 갖추어야 합니다.

셋째, 커뮤니케이션 능력 또한 중요합니다. 타인과의 소통에서 자신의 능력과 생각을 검증함으로써 목표에 이르는 길이 열리는 까닭입니다.

매사 완벽해지려 하기보다 핵심을 찌르는 전략을 갈고닦을 때 우리는 탁월해집니다. 오늘 하루 힘을 쏟아야 하는 일은 무엇인가요? 그것에 집중하는 전략으로 매일을 설계하기를 권합니다.

・ 나를 위한 오늘의 질문 ・

완벽이 아닌 탁월을 위해 오늘 버리거나, 줄이거나, 집중할 일은 무엇인가요?

오늘을 빛내는 실용주의

#이론 #실천 #융합된 삶 #성과

미국 교과서 제목 중 가장 많은 것이 'principle & practice'입니다. 이론과 실천의 융합이지요. 실용주의는 이론을 현실 문제와 연결하는 구체적 해결책을 중시합니다. 이는 우리 삶에도 필요한 자세이자 매우 유용한 지혜입니다. principle & practice의 구체적 실천법입니다.

첫째, 독서나 공부를 할 때는 장별로 내용을 정리하고 메모하면서 자신의 경험과 연결합니다.

둘째, 회사 일을 내가 이론적으로 접근하고 있는지 점검하고, 그렇지 않다면 관련된 공부를 모색해 실행합니다. 취미도 마찬가지고요. 예를 들어, 목공을 배우고 있다면 실습 후 이론 공부를 병행해 이해를 깊게 합니다. 이론과 실천을 융합해야 최고의 성과를 낼 수 있습니다.

셋째, 미래를 준비할 때도 principle & practice를 실천합니다. 예를 들어, 여행 작가가 되고 싶다면 여행 관련 이론을 공부합니다. 실제 여행에서 이를 적용하며 경험한 시행착오를 통해 능력을 쌓아가는 것이지요.

삶에서는 공부와 실행이 분리되지 않습니다. 이론과 실천이 최고로 융합된 삶이 오늘의 나를 가장 강렬히 빛나게 함을 기억합니다.

• 나를 위한 오늘의 질문 •
현재 일이나 미래에 필요한 공부는 무엇인가요?

디테일의 힘

#습관 #구상 기록 #삶의 주도권 #정리정돈 #디테일

별것 아닌 듯한 사소한 습관이 차별화된 삶을 만드는 데 큰 역할을 합니다. 예를 들어, 매일 새벽 모닝 루틴을 통해 하루를 가지런히 정돈하는 일이 그렇지요. 새벽을 정해진 루틴으로 시작하면 그 기운이 하루 전체에 퍼지면서 내 삶의 주도권을 온전히 내가 가지고 있다는 자신감이 생깁니다. 하루는 새벽 루틴으로 시작하고, 개별적 행위는 구상 기록으로 적어보세요. 이렇게 하루에 펼쳐지는 모든 시작에 앞서 잠시 호흡을 고르고 마음을 다잡습니다.

 공간도 마찬가지입니다. 아침에 일어나서 바로 침구를 정리하면 마음도 깔끔해지지요. 공간이 정리되지 않는다는 것은 머릿속, 마음속이 어질러져 있다는 뜻입니다. 책을 읽기 전에 책상 위를 말끔히 정리하고 독서에 필요한 물건을 챙기는 것은 독서의 한 과정입니다. 그러지 않고 서둘러 책을 읽으면 몇 분 일찍 시작할 수는 있어도 집중 효과는 떨어지기 마련입니다.

 그동안 뭐든 열심히 했지만 성과로 이어지지 못했다면 그 이유는 이 작은 디테일을 간과한 탓일 거예요. 악마와 천사는 모두 디테일에 숨어 있다고도 하지요. 시간과 공간을 가지런히 정돈하는 습관에서부터 삶의 자신감이 회복되고, 성장하는 '나'로 나아갈 수 있습니다.

· 나를 위한 오늘의 질문 ·
미처 깨닫지 못하고 지나간 작은 디테일이 있다면 무엇인가요?

탁월한 성과를 내는 일잘러

#일의 본질 #목적 #CSF #성찰 #휴식

일이 일을 하게 만들지 말고 주체인 우리가 생각하면서 그 일을 잘해야 하지 않을까요? 일의 본질을 생각하며 성과를 내는 '일 잘하는 사람'이 되는 법입니다.

첫째, 목적을 깊고 신중하게 생각하며 일을 바라봅니다. 우리는 구체적인 목적을 향해서 일할 때 주체적으로 일하게 됩니다. '생각하면서 일하라'는 말은 목적을 생각하고 스스로 움직이라는 뜻입니다.

둘째, 목적을 생각하면 그것은 CSF(Critical Success Factor)와 연결됩니다. '이 일의 목적을 달성하기 위해 어디에 방점을 둬야 할까?'를 생각하는 것만으로 일을 대하는 태도가 달라집니다. 실무 집행 운영 업무를 하면서도 기획까지 생각을 확장해 실무의 핵심이 무엇인지를 짚어낼 수 있게 되거든요.

마지막으로 성찰과 휴식의 시간을 갖습니다. 자기 객관화 시간입니다. 집중해서 일을 하다가도 20~30분 단위로 자주 그 일에서 빠져나올 것을 권합니다. 한 발 떨어져 자기를 바라보면 목적도 보이고, CSF를 실행하고 있는지에 대한 자기 성찰도 가능해진답니다.

오늘도 탁월함을 향한 여러분의 하루를 응원합니다.

· 나를 위한 오늘의 질문 ·

지금 하는 일의 '목적'과 CSF는 무엇이며, 내가 주체로서 어떤 질문을 확인해야 할까요?

열정적 끈기, 그릿을 내 것으로

#그릿 #몰입 #끈기 #열정

그릿은 열정적 끈기입니다. 주로 악기를 연주하거나 운동을 하는 사람들이 세밀한 스킬을 습득하기 위해 끊임없이 몰입하고 집중하고 연습하면서 그릿을 키워갑니다. 미식축구 선수였던 빌 캠벨Bill Campbell도 운동 과정에서 경험한 그릿을 활용해서 최고의 멘토가 되었다고 합니다.

그릿에 도달하는 단계는 이렇습니다. 1단계는 호기심, 즉 관심과 열정의 단계, 2단계는 의식적 연습으로 기술을 익히는 단계, 3단계는 몰입과 쉼의 주기를 갖는 실행 단계, 4단계는 개인적 의미에서 사회적 의미로 확장되는 의미 단계입니다.

월드컵은 축구 선수들이 국가를 대표해서 뛰는 경기이니 4단계에 해당하겠군요. 비록 실패하더라도 그 과정에서 의미를 찾고 다시 기술을 연마하는 2단계로 돌아가 선수들은 성장하게 될 터입니다. 이것이 그릿의 성장 메커니즘입니다.

성장을 위한 열정적 끈기인 그릿은 누구에게나 필요한 삶의 태도입니다. 물론 명징한 변화를 감각하기 어려워 우리 인생에 그릿이라는 삶의 덕성을 도입하기가 쉽지 않을 수 있어요. 그럴 때는 불가능을 무찌른 전사 나폴레옹의 사전에서도 가장 강력한 무기로 등재된 것이 '끈기'였음을 기억하세요.

• 나를 위한 오늘의 질문 •

호기심 → 연습 → 몰입 → 의미의 그릿 4단계 중 오늘 내가 서 있는 단계는 어디인가요?

나만의 성과 세팅하기

DAY 51

#성과 세팅 #계획 #실행

'성과'에 대해 생각해봅니다. 성과에는 내가 주관하는 성과와 내게 요구되는 성과가 있습니다. 직장 상사가 내게 요구하는 성과에 휘둘리다 보면 나다움을 잃게 됩니다. 그렇다고 구체적 성과 없이 소신에만 몰두하는 것도 옳지 않습니다. 어떻게 하면 나다움을 잃지 않으면서도 성과를 낼 수 있을까요?

첫째, 상사의 지시를 받을 때는 먼저 지시의 핵심을 파악합니다. 그다음 지시받은 업무에 나만의 의미를 부여해서 어떻게 수행할지 생각합니다. 나만의 성과를 평가할 수 있도록 구체적으로 세팅하고요.

둘째, 책을 읽을 때는 전체 개요를 파악하고, 나만의 의미 부여를 하고, 어떻게 읽을지 생각합니다. 독서 성과 세팅입니다. 성과 세팅은 어디에든 해당합니다. 하루 계획에서 중요한 일을 다이어리에 적을 때도 적용할 수 있어요.

셋째, 내가 주관하여 성과를 세팅하고, 그것을 중심으로 실행하는 것이 중요합니다. 일상 경험에서 내 방식으로 계획했던 성과가 쌓여갈수록 나도 함께 성장할 수 있으니까요. 계획 차원에서 성과를 세팅한 후 실행하면서 수정할 수 있다는 것도 잊지 않습니다. 진정한 성과는 분명 남이 아닌 내가 인증하는 것입니다.

• 나를 위한 오늘의 질문 •
타인의 요구 속에서 잃지 않을 '나만의 성과 정의'는 무엇인가요?

평범함 속에 숨겨진 비범함

#잠재성 #감각 깨우기 #의미 부여 #기록

비범함은 특별한 성취를 통해서만 얻어지는 것이 아닙니다. 비범함은 우리 안의 '잠재성' 속에 이미 존재하고 있답니다. 중요한 것은 멀리 밖에서 무언가를 찾는 것이 아니라, 내 안의 잠재성을 일상에서 '현재성'으로 끌어내는 일이지요.

잠재성을 끌어내는 세 가지 기술이 있어요. 첫째, 감각을 깨우는 겁니다. 무심코 지나치던 아침 공기의 향, 찻잔의 온기 같은 일상의 감각에 의식적으로 집중해보세요. 둘째, 의미를 부여하는 겁니다. 평범한 행위에 '나만의 특별한 가치'를 부여하면 단순한 일도 소중한 의식이 되지요. 셋째, 그 순간을 기록으로 되뇌는 거예요. 기록은 흩어지는 잠재성을 현실에 붙잡아두는 유용한 도구가 되어줍니다.

우리의 하루는 내 안의 잠재성을 빛나는 비범함으로 바꾸는 멋진 무대랍니다. 그 무대의 주인공은 바로 나 자신이지요. 기록하고 생각하고 느끼는 하루를 보냄으로써 비범한 나를 곁에 두면 좋겠습니다.

・ 나를 위한 오늘의 질문 ・
오늘의 일상 속 가장 특별했던 감정은 무엇인가요?

복안으로 세상 보기

#복안 #전략적 사고 #시야 확보 #보완

곤충이나 게, 새우 등 갑각류에서 볼 수 있는 겹눈이 복안複眼입니다. 복안은 넓은 시야가 특징으로, 사물의 움직임을 감지하는 데 뛰어납니다. 우리도 심리적 복안을 장착해보면 어떨까요? 사물을 고정적으로 보지 않고 유연하게 해석하는 데 유용할 거예요. 단점에서 장점을, 장점에서 단점을 발견하는 새로운 포착이 가능해질 테지요.

예컨대 내향적 성격이라서 말할 때 덜덜 떠는 것이 단점이라면, 주변 사람들의 감정을 민감하게 파악할 수 있다는 것이 장점일 수 있어요. 물론 내향인은 말하기 연습을 하는 등 자신의 단점을 최소화하는 데 최선의 노력을 기울여야 합니다. 반대로 끈기 있고 성실하다는 장점은 새로운 일을 할 때 전략이나 방향 없이 그저 열심히만 하는 단점이 되기도 합니다. 이럴 때는 구상 기록을 통한 전략적 사고가 필요해요. 전략적 사고로 보완할 때 장점이 최대화될 수 있습니다.

단점을 단점으로만, 장점을 장점으로만 보지 않고, 다양한 관점에서 바라보는 것이 복안의 능력입니다. 복안을 통해 남과 다른 시야를 확보하는 것은 각별하고도 탁월한 지혜를 갖추는 일이라 하겠습니다.

· 나를 위한 오늘의 질문 ·
심리적 복안을 길러 남과 다른 시야를 갖추려면 구체적으로 어떤 훈련을 해야 할까요?

DAY 54 삶을 키우는 스케일의 확장

#스케일의 힘 #확장 #가치

행동주의 경제학자 존 리스트John A. List는 『스케일의 법칙』에서 "세상을 변화시키는 유일한 방법은 규모의 확장이다"라고 강조했습니다. 여기서 스케일은 '작은 규모에서 성공을 거둔 아이디어가 더 큰 규모에서도 성공할 수 있도록 확장되는 것'을 전제합니다. 이로부터 우리는 삶을 키우는 스케일의 힘을 끌어낼 수 있습니다. 무의식적 삶의 스케일을 넓혀서 항상 감각하고 사고하는 습관을 몸에 붙이는 것이지요.

첫째, 인생이라는 큰 흐름 위에 올라섭니다. 자못 스케일이 커지는 것을 느끼겠지요? 둘째, 메시아적 시간관을 탑재해서 내가 신이 된 듯, 긴 시간을 압축해서 내 지난 인생을 돌아봅니다. 셋째, '지금 이 순간'이 내 인생 전체에서 어느 지점인지 의식해봅니다. 현재 내가 하는 일의 의미를 곱씹고 나의 노동이 만들어내는 가치를 생각합니다.

개인화된 삶이 강요되는 사회이지만, 우리는 큰 강물 위 윤슬처럼 함께 빛나는 존재입니다. 이렇듯 공동체 안에서 함께 살아가는 나를 감각하는 것이 스케일의 확장입니다. 스케일이 넓어질수록 좁은 틀에 갇혀 있던 삶의 부자유가 깨어나고 숨을 쉽니다. '천 개의 강을 비추는 달'처럼 천 개의 가치를 생성하는 힘을 얻을 수 있지요.

· 나를 위한 오늘의 질문 ·
지금 이 순간은 인생 전체에서 어느 지점에 있나요?

DAY 55 | 마음이 눅눅한 날엔 '마음 세탁'

#얼룩 #삶 #후회 #희로애락 #마음 세탁

"마음에 얼룩이 있다면 이곳으로 오세요. 당신이 원하는 만큼 깨끗하게 지워드립니다." 윤정은 작가의 소설 『메리골드 마음 세탁소』는 지우고 싶은 상처나 기억이 있는 사람들의 마음을 세탁해주는 마음 세탁소 이야기입니다. 소중히 간직하고 싶은 아름다운 추억은 남기고, 미움, 원망, 상처, 아픔만 지울 수 있다면 좋으련만. 그런데 소설 속에서 세탁소를 찾은 사람들은 그렇게 지우고 싶었던 마음의 얼룩을 막상 말끔히 지우려는 순간 멈칫합니다. 그 얼룩 자체도 온전한 삶의 한 부분이기 때문이지요.

    누구나 삶에 후회와 부끄러움이 남아 있기에, 누구도 진한 희로애락의 운명을 피해 갈 수 없기에, 모든 마음에는 지우고 싶은 얼룩이 존재합니다. 하지만 그 얼룩을 애써 지우기보다 온전히 내 것으로 만드는 것이 진정한 마음 세탁 아닐까요? 아픔의 시간이 깊은 상처가 아닌 아름다운 꽃무늬, 지혜의 나이테로 남을 수 있도록 말이지요. 글을 쓰고 조용히 내면을 성찰하는 시간, 우리에게 꼭 필요한 마음 세탁의 시간입니다.

· 나를 위한 오늘의 질문 ·
나에게 지우고 싶은 마음의 얼룩은 무엇인가요?

객관을 넘어서는 주관

#주관적 판단 #감각 #직관

도쿄대 교수 야스토미 아유미(安冨步)는 『이상한 나라의 엘리트』에서 2011년 후쿠시마 원전 사고 당시, 일본 원자력의 최고 권위자가 원전 폭발 가능성을 부인함으로써 대피가 지연된 사건을 비판합니다. 지식 권력의 절대적 가치와 진실을 맹신하는 문제를 지적한 것입니다.

정해진 답에 충실한 학교 교육 탓에 우리는 객관적 사실의 우위를 믿지만, 실상 세상은 객관과 주관의 다양한 스펙트럼으로 이루어집니다. 우리의 주관적 판단과 감각을 소중히 여겨야 하는 이유이지요. 이를 위해 다음 세 가지를 기억합니다.

첫째, 과학적 실험은 온갖 변수를 제거한 진공 상태에서 진행되므로, 그 결과는 특정 조건에 한정된 인식일 뿐입니다.

둘째, 책을 읽을 때는 저자에 얽매이지 않고 다양한 해석을 해야 합니다. 저자주의에서 독자주의로의 전환이 현대 비평학의 흐름이기도 합니다.

셋째, 과학적 실험조차도 주관과 객관의 변증 작용으로 진행된다는 것을 기억합니다. 과학자들도 실험을 설계하고 진행할 때 직관을 신뢰하며, 실험 데이터를 바탕으로 직관적 판단을 수정하기도 합니다. 따라서 우리에겐 나만의 번뜩이는 생각과 해석을 나 자신부터 지지하고 신뢰하는 습관이 필요합니다.

· 나를 위한 오늘의 질문 ·
객관의 권위에 기대지 않고 내가 세울 '주관적 판단의 기준'은 무엇인가요?

꽃처럼 나를 가꾸기

#멋 #외모 #생기 #가꿈

우리는 무의식적으로 멋 부리는 것을 부정적으로 생각합니다. 하지만 외모를 꾸미는 것은 내가 나를 사랑하는 일입니다. 가끔, 아니 가능하면 매일 꽃을 가꾸듯 나를 멋스럽게 꾸며봅니다. 날씨가 화창한 날엔 밝은색 옷, 흐린 날엔 무채색 옷을 입는다거나 그날그날의 콘셉트에 따라 발랄한 캐주얼, 살짝 튀는 옷, 중후한 정장 등을 골라 입는 센스를 발휘해 옷으로 나를 가꾸는 거예요.

화장으로 자신을 돋보이게 할 수도 있습니다. 화려한 화장술이 아니더라도 꾸민 듯 안 꾸민 듯 자연스러운 화장법이 일상의 생기를 북돋울 거예요. 헤어스타일도 자신만의 개성을 살려 꾸미고 구두, 가방, 신발, 벨트, 시계 같은 액세서리로 포인트를 주면서 나를 한껏 치장해봅니다.

다 꾸미고 나면 집을 나서기 전 단 몇 분이라도 음악을 들으며 꽃이 된 나를 느끼고 만족하는 시간을 가져보는 건 어떨까요? 그리고 정성껏 가꾼 모습으로 당당하게 가슴을 펴고 문을 나서는 거예요. 그렇게 세상 속으로 꽃이 되어 나아갑니다. 그러면 나만의 향기로 가득한 아름다운 하루가 펼쳐지지 않을까요?

· 나를 위한 오늘의 질문 ·
하루의 생기를 높이는 나다운 스타일에는 무엇이 있나요?

DAY 58 | 시간에 품격을 더하는 법

#주관적 시간 #시간의 조직화 #전환 의식 #시간의 주인

우리는 때때로 시간에 끌려다니듯 살아갈 때가 많지요. 하지만 시간은 효율적으로 관리해야 할 자원일 뿐만 아니라, 삶의 품격을 드러내는 과정이기도 합니다. 흘러가는 물리적 시간 속에서, 나만의 의미와 목적을 담은 '주관적 시간'을 의식적으로 조직화할 필요가 있어요.

시간을 조직화한다는 것은, 시간을 단순히 소비하는 것이 아니라 가치와 순서를 부여해 삶의 질서를 세우는 적극적인 행위입니다. 예를 들어, '오전은 집중의 시간', '저녁은 성찰의 시간'처럼 시간의 덩어리에 고유한 테마를 부여하는 거예요. 그리고 시간의 테마가 바뀔 때마다 차를 마시거나 창밖을 보며 의식적으로 마음을 전환하는 의식을 가져보세요.

이렇게 시간에 품격을 더하는 것은 결국 내 삶의 품격을 높이는 일입니다. 시간의 주인이 되어 하루를 나만의 이야기로 만들어가시길 바랍니다.

・ 나를 위한 오늘의 질문 ・
나의 '시간의 테마'를 어떻게 설계할 수 있을까요?

나만의 아우라 만들기

#아우라 #경험의 축적 #존재의 깊이 #일관성 #진실한 태도

철학자 발터 벤야민Walter Benjamin은 진정한 예술 작품에는 복제할 수 없는 고유한 현존감, 즉 '아우라'가 있다고 했습니다. 사람의 아우라도 비슷해요. 겉모습을 꾸며서 흉내 낼 수 있는 분위기가 아니라, 그 사람만의 역사와 경험이 축적되어 자연스럽게 풍겨 나오는 고유한 향기이지요.

아우라는 존재 그 자체의 깊이에서 나옵니다. 의식적으로 '만들려고' 애쓰는 일이 아니에요. 나만의 기준을 지키고, 올곧은 자세로 세상을 마주하며, 시간을 존중하는 태도로 '나답게' 살아온 시간의 총합이 저절로 드러나는 것이지요. 생각과 말, 행동이 일관성을 이룰 때 신뢰가 쌓이고, 그것이 그 사람의 분위기가 됩니다.

진정한 아우라는 진실한 삶의 태도 아래서, 맑은 향기처럼 저절로 주변을 물들이는 법이에요. 그러니 일부러 꾸미지 않아도 괜찮습니다.

· 나를 위한 오늘의 질문 ·
나만의 아우라를 만드는 일관된 '생각-말-행동' 원칙은 무엇인가요?

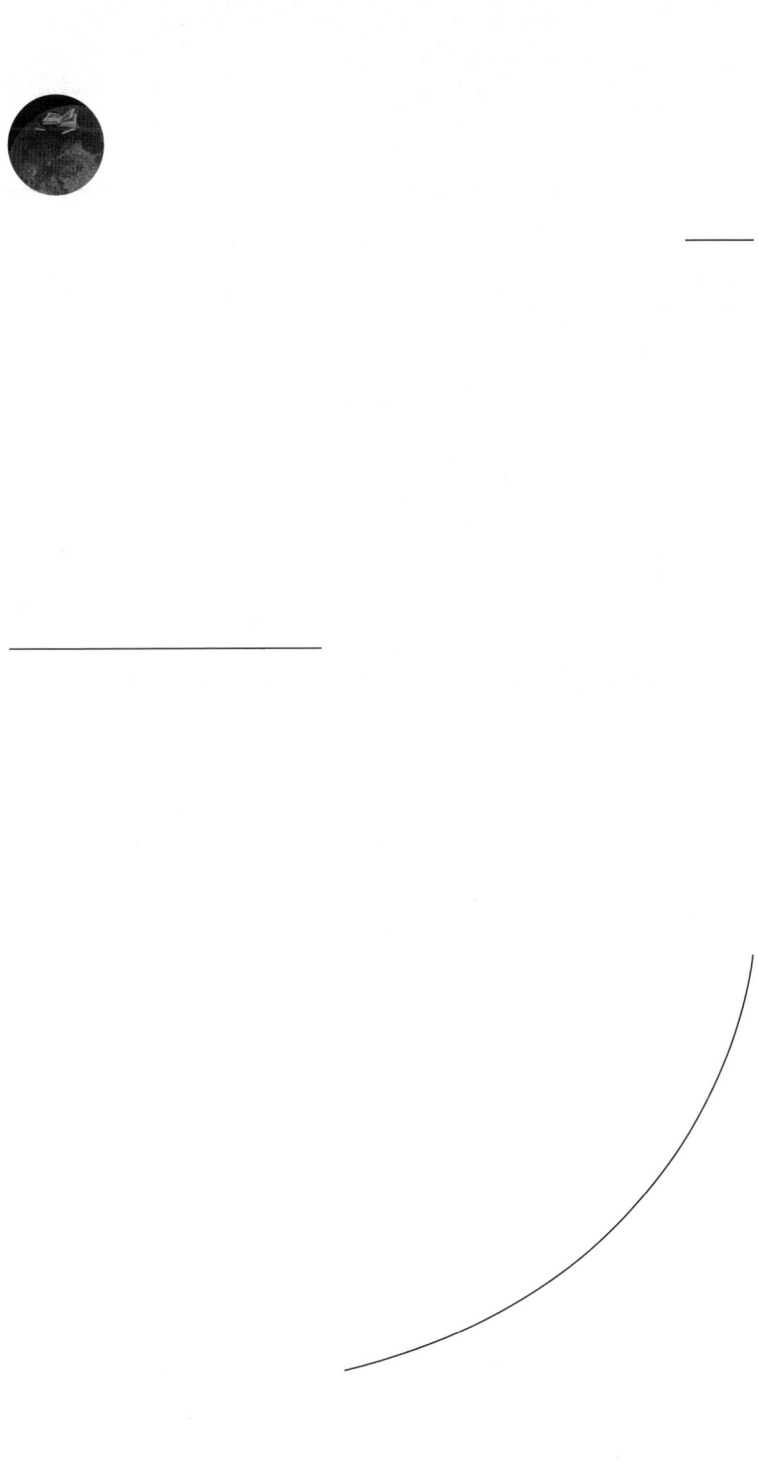

Chapter

3

관계의 씨앗을 심는 시간

나와 친해지는 법

#생각 #이성 #감각 #감정 #들여다보기

우리가 어떤 행위를 하기로 결정할 때 두 가지 요소가 관여합니다. 하나는 생각, 이성이고 다른 하나는 그 순간 느끼는 감각, 감정입니다. 이 두 가지가 적절히 조화를 이룰 때 가장 나다운 결정을 할 수 있어요. 평소 우리가 무엇을 감각하고 어떤 감정을 느끼는지 살펴야 할 이유입니다. 감각, 감정을 잘 인지하는 세 가지 방법입니다.

첫째, 지금 느낀 감각, 감정을 순간의 생각으로 포착합니다. 아침 새소리에 잠을 깼다면, 그 소리를 인지한 순간 느껴진 감정, 상쾌하거나 활기찬 감각도 함께 떠올리며 마음에 담습니다.

둘째, 기록합니다. 나의 오감으로 느낀 감각과 기분, 속상하고 힘들었던 감정을 솔직히 적어보는 거예요. 글로 표현하면 나의 감각과 감정이 대상화되면서 더욱 생생해집니다.

셋째, 하루를 되뇌듯 나의 감각과 감정을 쭉 연결해서 되뇌어봅니다. 조금 긴 호흡으로 느껴보는 것이지요.

나를 잘 알기 위해서는 생각을 잘 읽을 뿐만 아니라 내 마음과 감각도 잘 느끼고 들여다볼 수 있어야 합니다. 다방면으로 나를 들여다봐야 나다운 삶의 방향으로 성장한답니다.

· 나를 위한 오늘의 질문 ·
중요한 선택 앞에서 이성과 감각, 감정의 균형을 어떻게 잡고 있나요?

DAY 61

"안녕하세요"로 다가서기

#인사 #내향성 #이타성

고등학교 1학년 때 처음으로 반장을 맡았는데, 내성적이라 선생님께 인사 구령을 제대로 못 했어요. 그때 친구의 도움으로 거리에서 사람들에게 "안녕하세요"라고 큰 소리로 인사하는 연습을 했습니다. 덕분에 인사 구령을 잘할 수 있었고, 지금은 많은 사람 앞에서 강연도 할 수 있게 됐습니다.

생래적 내향성을 극복하고 외향적으로 변하게 된 것은 이타성에 대해 이해하고 있었기 때문입니다. 리처드 도킨스Richard Dawkins의 『이기적 유전자』는 이타적 행위로 이기적 성과를 얻을 수 있음을 역설하는 책입니다. "안녕하세요"라는 인사가 그런 행위 중 하나이지요.

오늘 만나는 사람들에게 먼저 "안녕하세요"로 다가가세요. 아침에 눈을 뜨면 가족에게 적극적으로 인사하고, 회사에서도 사람들과 시선을 맞추며 "안녕하세요"를 선물합니다. 모르는 사람과 엘리베이터에서 눈이 마주쳐도 "안녕하세요"를 건넵니다. 처음엔 어색할 수 있지만, 반복하면 자연스러워져요. 문득 올려다본 하늘, 붉게 물든 나뭇잎에게도 "안녕, 고마워"라고 말해보세요. 삶의 가장자리에서 한복판으로 나를 성큼 밀어 넣는 주문 같은 말이 바로 "안녕하세요"입니다. 이타적 사랑이야말로 나를 내 삶의 중심에 서게 함을 기억합니다.

• 나를 위한 오늘의 질문 •
오늘 내가 먼저 건넬 "안녕하세요"는 누구에게, 왜 필요한가요?

단단한 홀로서기

#홀로서기 #단독자 #쿨 트러스트 #나다움

클린턴 행정부의 노동부 장관이었던 로버트 라이시Robert Reich는 일에 모든 열정을 쏟아붓던 중 돌연 사임하고 가정으로 돌아갔습니다. 자발적 백수 상태에서 그는 나를 제외한 모두가 바쁘다는 것을 깨닫고 몹시 당황했다고 합니다.

누구나 그와 같은 상황에 직면할 수 있어요. 내가 선택한 삶 속에서 돌연한 고립감을 느끼는 일 말입니다. 그러한 고립감을 넘어 일이나 관계에서 완전히 독립하여 나다운 삶을 잘 꾸려가려면 단단한 '홀로서기'가 필요합니다. 철학적 개념으로는 '단독자'라고도 합니다.

이를 위해서는 먼저 혼자 밥 먹고 산책하고 여행하는 시간을 가져봅니다. 나를 고요히 만날 수 있는 시간이 될 거예요. 그리고 가족이나 직장 동료와는 쿨 트러스트cool trust 관계를 유지합니다. 일정한 거리를 두고 지나치게 개입하지 않도록 조심하는 것입니다.

단단한 홀로서기 안에서 우리는 '나다움'에 가까워질 수 있습니다. 나다움은 우리가 지향하는 미래이면서도 지금 내 삶에서 실현해가는 현재의 모습이기도 합니다. 단독자로 단단해지는 하루하루를 보내길 바랍니다.

• 나를 위한 오늘의 질문 •
'단독자'로 서기 위해 오늘 혼자서 감행할 활동은 무엇인가요?

DAY 63

존재자로서 사람 대하는 법

#존재자 #환대 #신뢰 #정성

"그는 원을 그려 나를 밖으로 밀어냈다. 나에게 온갖 비난을 퍼부으면서! (…) 그러나 나에게는 사랑과 극복할 수 있는 지혜가 있었다. 나는 더 큰 원을 그려 그를 안으로 초대했다."

에드윈 마컴Edwin Markham의 「원」이라는 시의 일부입니다.

우리는 작은 동그라미를 그리고서 나와 다르거나 내 편을 지지하지 않는 사람들을 동그라미 밖으로 밀어내는 시대에 살고 있습니다. 하지만 사람들을 더 많이 초대하고 끌어들일수록 나의 원은 넓어지고 풍성해집니다. 나의 원을 먼저 크게 그리고, 그 자리를 내어주고 환대하는 관계를 맺어보세요.

큰 원을 그리는 방법은 상대를 존재 그 자체로 바라보는 것입니다. 상대를 나만의 잣대로 해석하지 않고 존재 그 자체로 대해보세요. 존재자의 가치가 물씬 느껴질 거예요.

첫째, 상대의 장점과 강점을 먼저 찾아봅니다. 그 순간에 그의 존재와 만나는 환희의 기쁨을 누릴 수 있을 거예요.

둘째, 상대를 긍정적으로 믿어주고 그의 가능성을 신뢰합니다. 불안과 걱정은 지금 당장의 일이 아니거든요.

셋째, 상대의 일에 개입하지 않고 마음으로 기도합니다. 위하는 마음을 담아 텔레파시를 보내고, 내가 할 수 있는 일에만 집중합니다.

· 나를 위한 오늘의 질문 ·
나의 원 안에 들어와 있는 사람은 누구인가요?

바라지 말고 받아들일 것

#바람 #실망 #수용 #공감 #변화의 시작

우리는 대개 암묵적 지향을 갖고 타인과 나 자신을 바라봅니다. '수용'보다는 '바람'의 마음이겠습니다. 내 아이는 스스로 등교 준비를 하고 밝은 미소로 씩씩하게 집을 나섰으면 하는 바람, 어렵고 힘든 일도 긍정적인 자세로 떠맡는 직장 동료가 있었으면 하는 바람….

하지만 현실은 그와 반대인 경우가 많습니다. 아이는 겨우 일어나서 간신히 가방을 챙겨 나가고, 직장에서의 일은 늘 진행이 더디고, 동료와는 소소한 갈등이 발생합니다. 그렇게 늘 내 마음속에 세팅된 바람은 여지없이 무너집니다.

나를 향한 바람과 실망은 더 만만치 않습니다. 더 잘해야 하는데 왜 난 이 모양인지, 끊임없이 질책하며 나의 부족함을 탓하지만 그럴수록 부정적 생각만 커질 뿐이죠.

바라는 마음은 나와 타인을 속박하는 올가미가 될 수 있습니다. 그렇기에 있는 그대로를 받아들이고 수용해야 합니다. 아이는 학교에 가기 싫을 수 있고, 동료는 나보다 일이 더 힘들 수 있습니다. 먼저 공감해야 문제가 선명해지고, 수용해야 변화가 시작됩니다. 수용의 크기만큼 내 현실의 가능성이 확장되는 것입니다.

· 나를 위한 오늘의 질문 ·
'바람'을 내려놓고 '수용'을 선택해야 할 관계나 상황에는 무엇이 있나요?

헛된 욕망, 집착 떨구기

#집착 #과제 #관계 #과거 #존재적 태도

집착은 불안과 두려움에서 비롯됩니다. 무언가를 충분히 소유하지 못할 때 우리는 불안하고 두려운 마음에 휩싸이며, 그것에 집착하게 됩니다. 이때 있는 그대로를 수용하는 존재적 태도를 갖추면 집착하는 마음을 떨쳐낼 수 있습니다. 과제, 관계, 과거에 대한 집착에서 벗어나는 방법입니다.

첫째, 과제에 대한 집착은 멋지게 달성하려는 욕구와 실패에 대한 두려움에서 비롯됩니다. '결과를 나눈다'라는 과제의 의미에 집중하면 집착과 불안을 줄일 수 있어요.

둘째, 관계에 대한 집착은 상대를 내가 원하는 관계로 포섭하려는 욕망입니다. 이로부터 벗어나려면 상대를 신뢰하고 그의 삶을 인정해야 합니다. 이 집착은 나도 타인도 각자의 삶을 주체적으로 살아가는 자연스러운 관계인 'to be' 상태를 이해하지 못해서 생겨납니다. 또한 'to have' 욕구에서 벗어나면 집착에서 자유로울 수 있습니다.

셋째, 과거에 대한 집착은 잘못을 반복적으로 떠올리며 후회하는 데서 비롯됩니다. 되돌릴 수 없는 일을 받아들이고, 인정하는 것이 중요합니다. 이렇게 삶 전체를 수용하는 존재적 태도야말로 집착을 줄이고 헛된 욕망으로부터 나를 자유롭게 합니다.

• 나를 위한 오늘의 질문 •
'to have'에서 'to be'로 전환하는 구체적 행동에는 무엇이 있을까요?

# 나를 대하는 태도가 관계를 결정한다

#자기 존중 #관계 #황금률 #태도

"스스로를 존중하라. 그러면 다른 사람들도 당신을 존중할 것이다." 공자의 가르침은 시대를 넘어 관계의 본질을 꿰뚫습니다. 건강한 관계의 시작은 타인을 향한 기술이 아니라, 나 자신과의 관계를 바로 세우는 데 있기 때문이지요. 우리는 종종 타인에게는 관대하고 친절하면서도, 정작 자신에게는 가장 혹독한 비평가가 되곤 합니다.

내가 나를 함부로 대하면, 그 태도는 보이지 않는 신호가 되어 타인에게 전달됩니다. '나를 이렇게 대해도 괜찮다'라는 무언의 허락이 되는 셈이지요. 그러니 먼저 스스로를 귀하게 대접하는 연습이 필요합니다. 나의 감정을 있는 그대로 인정하고, 나의 성취를 진심으로 칭찬하며, 나의 실수를 너그럽게 보듬는 것입니다. 내가 나를 대하는 그 존중의 태도가 바로 타인을 대하는 황금률이 되어, 모든 관계를 빛나게 할 것입니다.

· 나를 위한 오늘의 질문 ·
오늘 나 자신을 칭찬하고 싶은 일이 있나요?

기대와 실망의 역학

#기대 #통제 #자기 혁신 #과감한 포기

"기대가 크면 실망도 큰 법"이라는 말이 있지요. 스토아 철학자들은 우리가 통제할 수 있는 것과 그렇지 못한 것을 구분하는 지혜를 일깨워주었습니다. 실망이라는 감정은 사건 자체보다 우리가 통제할 수 없는 것에 대한 과도한 기대에서 비롯됨을 깨닫는 것이 중요합니다.

일상에서 마주하는 일들을 세 가지로 구분하는 습관을 들이면 어떨까요? '내가 할 수 있는 것', '쉽지 않은 것', 그리고 '어려운 것'으로 말이에요.

'내가 할 수 있는 것'은 철저한 계획을 통해 꾸준히 실행해야 하는 영역입니다. '쉽지 않은 것'은 당장의 결과에 연연하기보다, 자기혁신을 통해 능력을 키우는 데 집중하는 영역이지요. 마지막으로 '할 수 없는 것'은 다른 길을 찾거나, 타인의 도움을 청하거나, 때로는 과감히 포기하는 지혜가 필요해요.

'할 수 있는 것'과 '쉽지 않은 것'에 진심의 노력을 다한다면, 우리 인생은 그것만으로도 충분히 의미 있고 단단해질 수 있습니다.

· 나를 위한 오늘의 질문 ·
실망을 줄이기 위해 오늘 과감히 포기하거나 도움을 청할 일은 무엇인가요?

사람을 대할 때는 불을 대하듯

#관계 #거리 #태도 #상호 지지

그리스 철학자 디오게네스Diogenes는 "사람을 대할 때는 불을 대하듯 하라. 다가갈 때는 타지 않을 정도로, 멀어질 때는 얼지 않을 만큼만"이라고 말했습니다. '세계 내 존재'인 우리는 사람들과 관계를 맺으며 살아갑니다. 그런데 때로는 과잉된 관계성이 형성되어 오히려 불편함을 초래할 수 있어요. 이를 피하고 건강한 관계를 유지하려면 적절한 거리를 유지하며 각 관계에 맞는 태도를 보여야 합니다. 공동체마다의 성격을 파악하여 그 본질에 맞도록 관계를 맺는 세 가지 방법입니다.

첫째, 가족 관계에서는 공동 거주자로서의 역할 분담과 서로 간의 상호 지지가 필요합니다.

둘째, 쉼과 놀이를 함께하는 친구 관계에서는 일과 가족에 관한 지나친 이야기는 삼가는 것이 좋습니다.

셋째, 회사와 같이 공동 목적을 지향하는 관계에서는 그 지향의 가치를 일치시키는 일을 우선해야 합니다. 여기서 가족이나 친구 관계의 속성을 바라고 행동한다면 매사에 서운하고 스트레스를 받거든요.

우리 모두 서로의 강점이 합쳐져 일의 시너지를 추구하는 공동체 속성의 본질에 충실하면 좋겠습니다. 모든 관계에서 '사람을 대할 때는 불을 대하듯'을 잊지 마세요.

· 나를 위한 오늘의 질문 ·
나도 모르게 지나치게 가까워졌거나 멀어진 관계가 있을까요?

삶의 영토를 넓히는 관용

#관용 #차이 #뇌안 #심안 #포용

관용은 서로 다른 존재를 이해하여 마음으로 용서하고 받아들이는 마음가짐입니다. 하지만 어렵습니다. 생래적으로 마음이 강퍅한 우리는 세상의 '차이'에 대해 관용보다는 분노로 대응하기 쉽거든요.

이때 관용을 일으키는 지혜가 뇌안腦眼과 심안心眼입니다. 뇌안은 이성적으로 문제의 원인을 인지함으로써 논리적 당위를 갖게 하는 출처이고, 심안은 마음으로 이해하고 받아들임으로써 지속적 실천을 가능케 하는 지혜입니다. 그렇다면 관용의 구체적 대상은 무엇일까요?

첫째, 세상과 사회입니다. 우리를 줄 세우고 불공정한 경쟁으로 몰아가는 사회 구조를 정확히 인지해야 합니다. 그리고 그 구조에 대한 포용과 혁신을 함께 지속해나갑니다.

둘째, 관계입니다. 어처구니없고 도저히 이해할 수 없는 사람들조차도 받아들이는 일. 다양성과 차이를 포용하는 '관용'이 나를 성장시킵니다.

셋째, 우리 자신입니다. 무언가 잘되지 않을 때 '현재의 나'를 미워하는 일을 멈추고 '내일의 나'에 집중합니다. 나에게 관용을 베풀 때 내 삶의 영토가 확장됩니다. 관용을 베풀수록 삶의 자유도, 성장의 깊이도 커진답니다.

・ 나를 위한 오늘의 질문 ・
나 자신에게 베풀 관용 한 가지는 무엇이며, 어떻게 실천할 수 있을까요?

# 세상은 나를 중심으로 돌지 않는다

#화 #다양성 #수용 #최선

주변 상황 탓에 내 목표나 바람대로 일이 되지 않을 때, 우리는 화가 나거나 상처를 받습니다. 그럴 때는 안 좋은 기분이 부정적 태도로 표출되지요. 그럴 때면 천동설과 지동설을 떠올립니다. 세상이 나를 중심으로 돌지 않음을 수용하는 거예요.

대개 서운함과 화는 사실보다 사실에 대한 부정적인 해석과 관점 때문에 부풀려지기도 합니다. 소위 두 번째 화살을 맞는 거죠. 첫 번째 화살이 사실이라면, 두 번째 화살은 그에 대한 불필요한 해석입니다.

두 번째 화살을 맞지 않으려면 무엇보다 나와 함께 존재하는 다양한 사람들의 가치를 열린 마음으로 수용해야 합니다. 내가 무언가를 하려고 할 때 다른 사람들의 상황과 조건 등 현재 상태의 다양성을 그대로 수용하는 것이지요. 내가 어찌할 수 없는 우연의 힘에 상처받거나 걱정하지 않아야 합니다.

또한 나의 목표와 바람의 수준을 충분히 낮춥니다. 내가 어찌할 수 없는 것들은 디폴트로 고정해두고, 할 수 있는 일들만 조금씩 개선해가리라 마음먹습니다. 그리고 현재 가능한 최선을 선택하여 적극적으로 행동합니다. 서운함이나 부정적 감정으로 상황을 악화시키지 않고, 지금 할 수 있는 최선을 선택하는 것이 오늘의 할 일입니다.

• 나를 위한 오늘의 질문 •
'바꾸지 못하는 것'과 '지금 가능한 최선'을 어떻게 구분하고 실행할 수 있을까요?

타인 신뢰

#인간관계 #신뢰 #상상력

삶에서 겪는 문제의 많은 부분이 인간관계에서 초래됩니다. 누군가가 내 마음을 불편하게 하고 속상하게 한다면 이 한마디를 떠올려보세요. '뭔가 사정이 있을 거야.' 그래야 상대의 문제가 내 문제로 전이되지 않습니다.

남편 또는 아내가 어느 날 별것 아닌 일에도 버럭 화를 내고 짜증을 낸다면 '회사에서 뭔가 안 좋은 일이 있었나 보네'라고 생각하는 거예요. 그러면 그것은 그의 문제로 끝이 나고 상대에 대한 나의 화는 수그러듭니다. 한창 사춘기인 딸아이가 감정 기복이 심해서 짜증을 내면 '오늘 친구와 기분 나쁜 일이 있었구나. 호르몬 영향이야. 사춘기 뇌는 대공사 중이라 그런 거야' 생각하고 거리를 둡니다. 사건을 객관적으로 바라보며 그것을 아이 자체의 문제로 몰아가지 않는 것이지요.

관계에서도 신뢰를 바탕으로 한 상상력이 필요합니다. 보이지 않는 것을 보는 능력이 나를 지키고, 타인과의 관계도 더 돈독하게 하는 법입니다. 매사 긍정적으로, 선한 방향으로 상상해보세요. 단, 물질적 또는 물리적으로 피해를 볼 상황이면 선제적으로 피하고 보는 지혜도 필요합니다. 결국 나를 지키는 건 나 자신이니까요.

・ 나를 위한 오늘의 질문 ・
상대의 문제가 전이되지 않도록 하는 나만의 생각이 있나요?

더불어 사는 지혜

#기대 #갈등 #거리 두기 #구조 개혁

관계 문제의 원인은 서로에게 기대하고 바라는 바가 있기 때문입니다. 사이가 가까울수록 기대치는 올라가고 그에 따른 실망도 커지게 되지요.

관계 갈등이 시작되려는 순간, 일단 심호흡을 하고 거리 두기에 들어가세요. 멀찍이 떨어져서 관조하듯 바라보면서 내 마음이 나빠지지 않도록 상황을 해석합니다. '바빠서 그랬구나. 오늘 힘들어서 쉬고 싶겠지. 잘하고 싶은데 잘 안되었나 보다.' 이렇게 마음을 바꾸고 과제 분리를 합니다. 내 해석의 진실 여부는 중요하지 않아요. 사실 나를 위해서, 내 삶의 자유를 위해서거든요. 만약 상대에게 나의 도움이 필요하다면 말없이 도와줄 수도 있습니다.

무조건 내가 희생하는 관계 또한 옳지 않습니다. 불편한 상황이 지속된다면 그것의 근본 원인을 찾고 구조 개혁에 착수해야 합니다. 예컨대 누군가가 나를 불편하게 하는 언어를 계속 구사할 때, 문제 원인이 그의 인성이라고 판단하면 답이 없어요. 그와 나의 관계라는 구조의 문제로 바라봐야 합니다. 상황을 객관화해서 그의 언어 사용이 불편하다는 내 마음을 밝히고, 개선책을 제안하는 용기가 필요하죠. 쉽지 않지만, 더불어 잘 살기 위해서는 그러한 지혜가 절실합니다.

・ 나를 위한 오늘의 질문 ・
나를 불편하게 하는 관계와 그 이유는 무엇인가요?

환대의 인간관계

#환대 #홀로서기 #타인의 가치 #공동체 감각

타인에 대한 바람과 인정 욕구를 내려놓고 가치 있는 존재들과 조화롭게 함께하는 것. 우리가 지향해야 할 '환대의 인간관계'입니다. 쿨 트러스트 관계로 거리를 두되 서로 사랑하며 조화롭게 살아가는 환대의 인간관계는 어떻게 가능할까요?

첫째, 출발은 홀로서기입니다. 다른 사람에게 휘둘리지 않고 인생의 의미와 가치를 추구하며 삶의 주관자로서 살아가야 합니다.

둘째, 가족을 포함하여 타인의 가치를 인정하고 허용해야 합니다. 내 기대와 다르게 행동하는 가족이나 친구도, 매일 나를 괴롭게 하는 상사도 나와 같이 성장하고 성숙하는 과정 중에 지금 잠시 왜곡된 모습을 보이고 있을 뿐이라고 받아들이는 겁니다.

셋째, 공동체 감각을 느낍니다. 함께 살아가는 사람들의 사랑의 자기장을 느끼며 조화를 추구합니다.

환대하기 시작하면 스스로 충만해지고 풍성해집니다. 내 안의 나도 무럭무럭 잘 자라고, 타인을 위한 여백도 넓어져서 관계로 인한 스트레스도 덜 받게 되지요. 모두 환대하고 환대받으며 행복한 존재가 되길 바랍니다.

• 나를 위한 오늘의 질문 •
환대의 인간관계를 위해 지금 필요한 '홀로서기'는 무엇인가요?

거절 잘하는 법

#기버 #현명한 거절 #공감

조직 심리학자 애덤 그랜트Adam Grant의 연구에 따르면, 가장 성공적인 '기버Giver'는 무조건 희생하는 사람이 아니라 자신의 에너지를 지키기 위해 현명하게 거절할 줄 아는 사람이었습니다. 거절을 못 하면 좋은 사람이 될 수 없다는 착각에서 벗어나야 합니다.

거절의 순간 관계가 나빠질 것이라는 생각 대신, 이 거절이 관계를 더 오래 지속하기 위한 과정이라는 자기 확신이 중요해요. 건강한 거절에는 세 단계가 있습니다.

첫째, 상대의 제안에 "생각해주셔서 감사합니다"라며 먼저 공감을 표현하는 거예요.

둘째, "하지만 지금은 제가 맡은 일에 집중해야 해서 어렵겠습니다"처럼 명확하지만 부드러운 어조로 거절하는 겁니다.

셋째, "다음에 기회가 되면 꼭 함께하고 싶습니다"라며 다음을 기약하거나, 스스로 준비하여 다음에는 도울 수 있도록 하는 태도를 보이는 것이지요.

적절하게 거절하는 기버가 되어야 합니다. 길게 보고 더 많은 것을 나누는, 이타적이고 지혜로운 길이 바로 이것이랍니다.

• 나를 위한 오늘의 질문 •
건강한 거절의 3단계를 내 말투에 맞게 어떻게 표현할 수 있을까요?

과잉 연결 사회에서 나를 지키기

#디지털 미니멀리즘 #마주하기 #사색 #재충전

우리는 늘 누군가와 연결된 SNS 사회에 살고 있습니다. 하지만 그 연결이 때로는 더 큰 공허함을 낳기도 해요. 컴퓨터 공학자 칼 뉴포트Cal Newport가 제안한 '디지털 미니멀리즘'은 기술을 거부하는 게 아니라, 나에게 진짜 가치 있는 것에 맞춰 의도적으로 사용하는 태도예요.

어떻게 하면 과잉 연결로부터 나를 지킬 수 있을까요?

첫째, '디지털 안식 시간'을 정하는 겁니다. 하루 중 특정 시간은 모든 알림을 끄고 온전히 자신과 마주하는 고요함을 확보하는 거예요.

둘째, 피상적인 '좋아요' 교환보다 소수의 중요한 사람과 깊이 있는 대화에 집중하는 겁니다.

셋째, 혼자 있는 시간을 '외로움'이 아닌 '사색과 재충전'의 시간으로 적극 활용해요.

나를 지키는 것이 타인과의 진정한 연결을 가능하게 하는 지름길입니다. SNS를 열기 전에 한 번만 생각해보세요. '이것은 과잉 연결인가, 진정한 연결인가?' 그 질문이 우리를 공허함에서 구해줄 것입니다.

・ 나를 위한 오늘의 질문 ・
과잉 연결 대신 '진정한 연결'을 늘릴 수 있는 구체적 행동은 무엇이 있을까요?

뿌리를 내리게 하는 대화

#뿌리 #기대 #대화 #존중 #내면 성장

"우리가 아이들에게 줄 수 있는 유산은 단 두 가지다. 하나는 뿌리, 다른 하나는 날개다." 괴테가 한 말입니다. 아이를 존중하고 세상이 네 편이라는 믿음을 주는 것이 뿌리를 심는 일이라면, 하고 싶은 일을 찾도록 의지를 북돋아주는 것은 아이에게 날개를 달아주는 일입니다.

그런데 흔히 부모는 아이의 뿌리에는 관심이 없고 기대와 욕심으로 날개를 무겁게만 합니다. 그래서 대화가 쉽지 않습니다. 아이와의 대화의 문을 활짝 여는 세 가지 방법입니다.

첫째, 아이를 존중하는 마음을 담아 관심을 표현합니다. "너는 언제 행복감을 느끼니?" 같은 질문을 하는 거죠.

둘째, 질문에 그치지 않고 나의 이야기를 건넵니다. "엄마는 숲길을 걷거나 노래를 부를 때 행복해"라고 말하는 것처럼요.

셋째, 기다리며 미소 짓습니다. 답이 바로 돌아오지 않더라도 아이의 내면 성장을 믿는 겁니다. 질문이 아이의 머릿속에 남아 스스로 생각하도록 돕게끔 말이지요.

"너는 어떤 스타일을 좋아하니?"와 같이 취향을 묻거나, "결국 잘 해내고 싶은 것은 무엇이니?" 같은 목표에 대한 질문, "네 생각은 어떠니?" 같은 이슈에 대한 의견을 물어보는 것도 좋아요. 좋은 질문이 좋은 대화를 이어가게 하고, 서로를 가깝게 합니다.

· 나를 위한 오늘의 질문 ·

오늘 아이들 또는 가까운 사람과 얼마나 대화를 나눴나요?

가정에서의 사랑과 역할 배분 원칙

#원칙 #구체적 실천 #개선 #반복

'원칙principle'은 우리가 어떻게 행동하고 생각해야 하는지에 대한 기준을 제공합니다. 하지만 이를 실천하지 않고서 그 가치를 실감하기는 어려워요. '실천practice'은 원칙을 나만의 현실에 적용하는 과정으로, 여기에는 유연성과 적응력이 필요합니다. 지속적 성장을 위해서는 둘 사이의 균형을 이루는 것이 중요합니다.

첫째, 가정에서의 원칙을 적어봅니다. 예를 들어, 가정의 원칙을 사랑의 표현과 구성원의 역할 배분으로 정합니다. 이 원칙은 우리 집의 대화와 행동의 기준이 됩니다.

둘째, 구체적 실천 속에 원칙을 투영해봅니다. 일상 대화와 행동 속에 원칙을 적용하여 실행합니다. 예를 들어, 아이가 방 정리를 안 할 때나 귀가 시간이 늦을 때, 화내지 않고 사랑의 마음을 배경으로 아이에게 기대하는 바를 명료하게 전달해보세요.

셋째, 원칙을 진화 및 개선해서 반복합니다. 현실성 없는 원칙은 실천과 실행 과정에서 효과가 없어요. 내 상황에 맞도록 사랑의 표현과 구성원의 역할 배분을 조정해야 합니다. 지속적 반복 실천을 통해 내 환경에 맞는 나만의 고유한 세팅과 자기 철학을 형성할 수 있습니다.

・ 나를 위한 오늘의 질문 ・
우리 가족의 원칙을 어떻게 정의할 수 있을까요?

친구라는 존재

#관계 #친구 #안부 #연대

등 뒤로 불어오는 바람, 눈앞에 빛나는 태양, 옆에서 함께 가는 친구보다 더 좋은 것은 없다고 하지요. 친구는 기억을 공유하는 사이입니다. 함께했던 지난날의 시간, 장소, 사건을 기억하는 존재, 과거의 나를 기억하고 이야기해줄 존재가 있다는 것은 참 감사한 일입니다.

그런 친구가 금방 떠오르나요? 정서적 공감이 가능하며, 더 나은 삶을 살기 위해 서로 노력하고 응원해주고 힘을 주는 관계 말이에요. 그런 친구와의 돈독한 관계를 유지하기 위해 무엇을 하면 좋을까요?

먼저 그 사람을 떠올리고 안부 인사를 전해보세요. 메시지를 보내거나 전화를 걸거나 손 편지를 써봅니다. 그리고 정기적 만남도 제안하는 거예요. 공동의 취미를 가지거나 서로의 일과 사랑에 대해 깊이 있는 대화를 나누면서 '함께'의 영역을 확장시킵니다.

친구는 공동체 안에서 긴밀한 관계로 맺어진 존재입니다. 그를 통해 우리는 삶이라는 전장에서 연대의 감각을 느낄 수 있어요. 함께 어깨를 걸고 있다는 것 자체가 내게 힘을 주고, 안정감을 느끼게 하고, 행복감을 선사합니다. 다만 친구와의 관계도 세심하게 가꾸고 돌봐야 지속될 수 있음을 기억합니다.

· 나를 위한 오늘의 질문 ·
오늘 안부를 전할 '한 사람'은 누구이며, 어떤 방식으로 전할 수 있을까요?

생성적 가족 관계

#거주 공동체 시스템 #가사 분담 #홀로서기 #함께 하기

가장 가까운 존재인 가족은 서로 너무 가깝기에 상처를 주고받곤 합니다. 매일 함께 지내다 보니 아무렇지도 않게 서로 무례해지기도 하지요. 하지만 가족 간에는 서로를 배려하는 마음이 바탕이 되어야 합니다. 생성적 가족 관계를 지향하기 위해 필요한 것을 정리해봅니다.

첫째, 장기적으로 거주 공동체 시스템을 갖춥니다. 가사 분담이 핵심입니다. 모든 가족 구성원이 가정 운영에 참여하는 거예요. 기본적 룰을 지키는 가사 분담 시스템이 사랑의 실체일 수 있습니다.

둘째, 가족이 함께 향유하는 활동을 적극적으로 만들어갑니다. 가족 독서회를 한 달에 한 번씩 해보거나, 함께 음악 듣기, 운동하기, 영화 보기 등 다양한 활동을 기획해봅니다. 함께 하는 시간을 통해 아침 먼동이 트듯 가족 간에 사랑의 햇살이 슬그머니 비추는 감동을 맛볼 수 있습니다.

셋째, 쉼의 공동체인 가족에겐 함께 하는 시간뿐 아니라 혼자만의 시간도 중요합니다. 성장은 '홀로서기'와 '함께 하기'가 병립해서 이루어지니까요. 따라서 항상 함께 있으면서도 각자 혼자만의 시간을 가질 수 있는 공간과 분위기를 만드는 것이 중요합니다.

・ 나를 위한 오늘의 질문 ・
함께 하기와 홀로서기의 균형을 위해 공간과 시간을 각각 어떻게 설계할 수 있을까요?

엄마와 쿨한 관계 맺기

#이해 #긍정 #거리 두기

일상에서 나를 가장 힘들게 하고 나에게 상처를 주는 사람이 때론 엄마일 수 있습니다. 실상 엄마와 자식 사이는 복합적인 애증 관계가 형성되기 쉬워요. 나를 둘러싼 구조를 변화시킬 수 있는 힘은 나 자신에게 있습니다. 그러니 엄마에 대한 내 생각을 정돈하고 행동을 정리해 봅니다. 엄마와의 관계를 개선해가는 데 도움이 될 거예요.

첫째, 엄마를 종합적으로 이해합니다. 엄마의 생각 방식은 시대의 산물이에요. 자식의 성공과 자신의 성공을 동일시하는 억압이 그렇습니다.

둘째, 엄마를 긍정합니다. 엄마의 마음속 사랑이 있는 그대로 드러나지 않고 늘 다른 행동으로 나타났을 거예요. 예를 들어, 무관심한 엄마는 경제적 안정이 자식을 사랑하는 길이라고 인식하는 것일 수도 있습니다.

셋째, 엄마와의 관계에 최선을 다하는 한편, 관계의 총량을 줄여 봅니다. 한 달에 한 번 식사를 하거나 손 편지를 쓰는 등 관계를 루틴화하고 최소화합니다. 이러한 적정 거리 두기로 서로 편안함을 느껴 보세요. 아무리 가까워도 나와 엄마는 독립된 존재입니다. 독립된 존재로서 엄마를 사랑하는 지혜를 꼭 깨달았으면 좋겠습니다.

· 나를 위한 오늘의 질문 ·

엄마 또는 가까운 보호자를 이해하기 위해 내가 새로이 갖춰야 할 관점은 무엇인가요?

친구를 위한 세리머니

#친구 #세리머니 #친구 day

친구를 사귄다는 것은 또 하나의 인생을 얻는 일입니다. 인디언의 언어로 친구는 '내 슬픔을 등에 지고 가는 자'라고 하지요. 내 모든 것을 함께 나눌 수 있는 가장 가까운 공동체가 친구입니다. 나의 잘못까지도 무조건 위로해주고, 나의 성취를 질투 없이 기뻐해주는 존재. 그런 좋은 친구를 갖고 싶다면 먼저 내가 좋은 친구가 되어야 하겠습니다. 상상 속 소울메이트를 위한 나만의 세리머니를 준비하는 과정입니다.

첫째, 누가 내 친구인지 발견합니다. 일정한 기간마다 친구 식별 과정을 거치는 거예요. 동그라미 형태로 클러스터를 그려서 학교 친구, 사회 친구 등으로 나누어 세분화합니다. 내게 위안과 축복을 주는 친구, 그를 떠올릴 때의 행복감과 상호 성장 여부 등을 생각하며 친구의 이름을 적어봅니다.

둘째, 나만 아는 친구들을 서로 연결시키고 소개해주기 위해 그룹을 지어 만나기도 합니다.

셋째, 본격 세리머니로서 '친구 day'를 루틴으로 만들어봅니다. 일본에서 선물의 의미는 '그를 떠올림'이라고 합니다. 매월 날짜를 정해서 친구 한 명 한 명의 얼굴을 떠올리며 그만을 위한 작은 선물을 보내보세요. 마음을 담은 손 편지는 어떨까요?

• 나를 위한 오늘의 질문 •
'친구 day' 세리머니로 떠올린 첫 친구는 누구이며, 무엇을 선물하고 싶나요?

 ## 직장 동료와 현명하게 지내는 법

#공사 구분 #건강한 관계 #신뢰 #소통 #경계 설정

직장 동료는 친구일까요? 우리는 종종 공과 사를 구별하라는 말을 듣습니다. 직장에서도 좋은 친구가 생길 수 있지만, 사무실 안에서 우리의 첫 번째 정체성은 일을 함께하는 '동료'입니다. 이 경계를 분명히 하는 것이 성숙한 관계의 지혜지요.

직장 동료를 '자기편'이 아닌 '현명한 파트너'로 바라보세요. 가장 좋은 관계 전략은 내가 먼저 일을 잘하는 사람이 되어, 다른 사람들에게 훌륭한 파트너가 되어주는 겁니다. 내가 좋은 파트너가 되면, 도움이 필요할 때 수많은 파트너가 생길 거예요. 이는 사적인 친분에 기대는 것보다 훨씬 단단하고 건강한 관계이지요. 이렇게 되면 불필요한 사내 정치나 패거리 문화로부터 자유로워질 수 있습니다. 현명한 관계 맺기를 위한 세 가지 지혜를 실천해보세요.

첫째, 맡은 일에 책임을 다해 신뢰를 쌓기.

둘째, 감정보다 목표 중심의 소통하기.

셋째, 작은 도움에 인색하지 않되, 무리한 부탁에는 분명하게 선을 긋기.

이것이 바로 현명한 직장인의 태도입니다.

· 나를 위한 오늘의 질문 ·
동료의 무리한 부탁에 선을 긋기 위해 어떤 말을 할 수 있을까요?

DAY 83 사람을 마음에 담다

#인간관계 지도 #연결 #실천

유난스레 마음이 애틋해지는 날, 인간관계 지도를 그려 '나의 사람들'을 떠올려봅니다. 여러 개의 동그라미를 그리고 각각의 동그라미를 학교, 직장, 종교, 가족, 자기 성장 모임 등으로 구분해서 그 주변에 떠오르는 사람들의 이름을 적어봅니다. 마음을 나누고 싶은 사람, 감사할 사람 등이겠지요. 인간관계 지도를 그리고 활용하는 세 가지 방법입니다.

첫째, 사람들의 이름을 꾹꾹 눌러 적으며 그들을 내 마음에 담습니다. 그리고 마음으로 챙깁니다. 어느새 마음이 따뜻해지고 그들과 내가 연결되어 있음이 느껴질 거예요.

둘째, 내가 주고 싶은 것, 내가 받고 싶은 것을 솔직히 적어봅니다.

셋째, 실제 만남을 추진하거나 손 편지를 쓰는 등 그들과 직접 대면하고 소통합니다. 특히 오랫동안 뜸했던 이들에게 어떻게 다가갈지 고민해봅니다. 내 작은 실천에도 반응은 뜨겁게 돌아올 거예요.

정현종 시인의 시 「비스듬히」의 한 구절이 떠오르네요. "생명은 그래요/ 어디 기대지 않으면/ 살아갈 수 있나요?" 우리는 서로 "비스듬히 다른 비스듬히를 받치고 있는" 존재 아니던가요.

・ 나를 위한 오늘의 질문 ・
인간관계 지도를 그릴 때, 지금 마음에 담아야 할 사람은 누구인가요?

스치면 인연, 스며들면 사랑

#인연 #걱정 #이해 #사랑

"어리석은 사람은 인연을 만나도 몰라보고, 보통 사람은 인연인 줄 알면서도 놓치고, 현명한 사람은 옷깃만 스쳐도 인연을 살려낸다." 인연의 소중함을 새기게끔 하는 피천득 선생의 말입니다. 우리는 일상에서 여러 종류의 인연을 마주합니다. 그 모든 관계에서 구체적인 사랑을 실천하며 아름다운 인연에 감사해봅시다.

첫째, '걱정하는 마음'으로 가족이나 직장 동료, 자주 만나는 친구를 대합니다. 상대가 서운한 행동을 해도 그의 존재 자체에 감사하며 그를 걱정합니다. 걱정하는 마음이 사랑의 출발이지요.

둘째, '기도하는 마음'으로 오랜 인연으로 맺어진 친구나 이웃을 대합니다. 오랫동안 만나지 못한 친구에게는 화살기도로 축복을 보냅니다.

셋째, '이해하는 마음'으로 불편한 사람을 대합니다. 부당한 처사를 당해 저절로 화가 올라오더라도, 그런 감정은 스스로 토닥여주고 상대를 이해하려 노력합니다.

'스치면 인연이고 스며들면 사랑'이라고 합니다. 스치는 인연을 사랑으로 살려내는 것이 성숙한 자세입니다.

· 나를 위한 오늘의 질문 ·
스치는 인연을 사랑으로 살려낸 오늘의 행동은 무엇인가요?

온라인 소통의 지혜

#온라인 소통 #관계 확장 #인간관계

팬데믹 이후 우리 사회의 가장 큰 변화는 온라인 소통의 확산입니다. 특히 줌Zoom을 이용한 소통은 큰 전환을 가져와 온라인 커뮤니티가 부상하는 계기가 됐지요. 온라인에서의 단순한 클릭이 예상치 못한 인연으로 맺어지기도 합니다. 지금의 기회를 활용하는 방법입니다.

첫째, 주도적으로 소모임을 만들어 관계를 확장합니다. 한두 달 주기로 새로운 모임을 만들어 사람들과의 관계를 다양하게 넓혀가는 것이 좋습니다.

둘째, 온라인에서의 느슨한 연대를 보강하기 위해 매주 5분간 자신의 이야기를 발표하며 줌 모임에 능동적으로 참여합니다. 발표 내용을 메모하고 정리하는 습관을 통해 온라인 관계를 더 깊고 의미 있게 발전시킬 수 있어요.

셋째, 온라인에서 만난 사람 중 생각과 마음이 통하는 사람을 적극적으로 찾아 오프라인에서 함께 활동합니다. 이미 충분히 '내통'한 사이라 즐거운 만남이 될 확률이 높습니다.

온라인 소통이 만연해진 오늘날, 인간관계 또한 내가 노력하는 만큼 넓고 깊어진다는 사실을 기억합니다. 새로운 관계 생성의 비결은 당연히 소통하려는 사랑의 마음입니다.

• 나를 위한 오늘의 질문 •
느슨한 온라인 연결을 깊은 신뢰로 바꾸기 위해 할 수 있는 '작은 행동'은 무엇인가요?

서로를 성장시키는 친구

#성장하는 관계 #유대 #상호 성장

인간관계에도 재정비가 필요합니다. 변방에 고립된 관성적인 관계를 돌아보고, 그들과 새로운 유대를 기획하거나 아니면 깔끔하게 정리하는 일이 필요하지요.

그리고 '지금'에 주목해서 현재 나와 함께 성장하는 관계들에 집중합니다. 말이 잘 통하고 배움의 열정이 많은 사람과 친구가 되면 각자의 삶이 나다움을 추구하는 방향으로 수월하게 나아갈 수 있습니다. 상호 성장하는 친구 관계를 위해 적극적으로 마음과 시간을 냅니다.

새로운 친구에게 도달하는 길은 생각보다 다양합니다. SNS 활동, 다양한 모임 등을 통해 마음에 맞는 친구를 찾고 소통할 수 있어요. 자기 계발 영역에서 만난 사람들과 비밀 없는 고민과 허물없는 친목을 나누다 보면 혼자일 때보다 성장 속도가 경쾌해집니다. 어둠 속에서 친구와 함께 걷는 것이 빛 속에서 혼자 걷는 것보다 낫다고도 하지요.

새롭게 관계 맺은 친구들과는 함께 공부하는 데서 나아가 여행도 떠나보며 다양한 경험을 나눠보세요. 함께 성장하는 친구는 서로가 서로를 더 나은 사람으로 만들어준답니다.

・ 나를 위한 오늘의 질문 ・
서로 긍정적인 영향을 주고받는 친구가 있나요?

사랑을 흩뿌리는 소소한 의례

#사랑의 의례 #적극적인 사랑 #따뜻한 관계

90세가 훌쩍 넘은 제 모친은 치매를 앓고 있습니다. 형제들이 순번을 정해서 주말이면 어머니와 함께 시간을 보내고 있어요. 저는 어머니와의 시간을 하나의 의례로 여깁니다. 한 달에 한 번 어머니를 만나 점심 외식을 하는데, 이것이 우리의 내밀한 사랑의 의례가 된 셈이지요. 어느 때는 흡사 종교 행사인 듯 경건한 기분에 빠지기도 합니다.

종교에서 의례의 힘은 매우 강력합니다. 한결같은 신앙심을 유지하고 새롭게 고취하는 역할이 의례잖아요. 저도 어머니와의 의례를 통해 새삼스레 이번 생에서의 이 특별한 관계를 매번 상기하곤 합니다.

이번 주에는 어머니가 좋아하는 도가니탕을 먹고, 조망이 좋은 카페에서 커피를 마실 예정입니다. 어머니는 이 시간을 상당히 행복해하죠. 소소하지만 일정하게 반복하는 이런 작은 의례는 서로 간의 관계를 더 따뜻하게 해주고, 적극적인 사랑을 느끼게 합니다. 여러분도 자신만의 사랑을 흩뿌리는 의례를 통해 따뜻한 관계를 만들어가길 바랍니다.

• 나를 위한 오늘의 질문 •
나만의 내밀한 사랑의 의례가 있나요?

DAY 88   우주적 존재로서의 타인 환대하기

#타인 #연결 #환대 #우주적 존재

오늘 하루 만날 사람들의 이름을 플래너에 써보면서 그들을 잠시 생각하는 시간을 가져봅니다. 기록과 메모를 하는 것은 단지 잊지 않고 기억하기 위함이 아닙니다. 내 마음에 둥둥 떠다니는 생각의 조각들을 선명하게 그리고 구체적으로 명시화하는 작업입니다.

  이름을 적으면서 그 사람을 잠시 생각하고, 내 마음속 자리를 내어주는 행위를 통해 관계는 더 따뜻하고 단단해집니다. 사실 타인과 나는 나누어진 존재가 아닙니다. 불가에서는 인간을 서로가 서로를 일으키는 연결된 존재로 바라봅니다.

  정현종 시인의 시「방문객」에서도 그런 우주적 존재로서의 타인을 느낄 수 있습니다.

  "사람이 온다는 건/ 사실은 어마어마한 일이다./ 그는/ 그의 과거와/ 현재와/ 그리고/ 그의 미래와 함께 오기 때문이다./ 한 사람의 일생이 오기 때문이다."

  타인을 환대한다는 건 실은 이렇게나 어마어마한 일인 것이지요. 오늘 그 우주적 존재와의 만남이 더욱 설레고 기대됩니다. 혹시 당신이 '오늘 그 사람'이 아니던가요?

• 나를 위한 오늘의 질문 •
나의 어떤 태도가 타인을 '우주적 존재'로 느끼게 할까요?

모든 존재와의 환희의 만남

#존재 #환희 #타자와의 관계 #가치 #연결

존재의 깊은 차원에서 본래 모습의 가치에 대해 새로운 시각을 발견하도록 돕는 철학자들이 있습니다. 『존재와 시간』의 하이데거와 사랑의 윤리학을 강조한 에마뉘엘 레비나스Emmanuel Levinas가 그들입니다. 이들의 지혜에 기대어 모든 존재를 환희로 마주해보세요.

첫째, 나와의 만남입니다. 내 가능성을 믿고 스스로의 존엄성과 가치를 환희로 조우합니다. 하이데거는 인간을 '시간 안에서 자기의 가능성을 이끌어내는 존재'로 보았습니다. "와! 멋있어! 대단해!" 하고 감탄하며 '나'를 환희로 만나보세요.

둘째, 타인의 얼굴을 사랑으로 바라봅니다. 우리는 각자 섬처럼 존재자로 분리되어 있지만, 내면 깊이 사랑으로 연결된 존재라고 레비나스는 말했습니다. 그렇게 우리는 타자와의 관계에서 비로소 의미를 찾는 존재입니다. 나와 가까운 사람들의 말과 행동 너머에 있는 그들의 본래 모습을 확인하고, 그들의 가치에 환희로 응답해봅니다. "멋지군요! 대단해요!" 이렇게 내 사랑을 표현해보는 거예요.

셋째, 말없이 존재하는 사물을 환희로 조우합니다. 힘든 등산길에 만나는 구릉 위 나무처럼, 내 눈앞의 존재를 새로이 바라봅니다. 그 존재를 알아차리고 가치를 인식하는 겁니다. 그 존재의 가치로부터 감사와 환희의 기쁨을 누려보세요.

・ 나를 위한 오늘의 질문 ・
가장 믿고 싶은 내 안의 가능성은 무엇인가요?

긍정적인 관계의 네트워크

DAY 90

#확장-구축 이론 #긍정 감정 #긍정 네트워크

긍정심리학자 바버라 프레드릭슨Barbara L. Fredrickson은 '확장-구축(Broaden-and-Build)' 이론을 제시했습니다. 감사나 기쁨 같은 긍정적인 감정은 우리의 사고와 시야를 '확장'해주고, 넓어진 시야는 좋은 관계나 지식 같은 지속적인 자원을 '구축'하게 만든다는 이론이지요. 여기서 중요한 것은 단순히 아는 사람이 많은 것이 아니라, 긍정적 에너지를 주고받는 관계망입니다. 긍정의 네트워크를 가꾸는 방법 세 가지입니다.

첫째, 내가 먼저 '긍정의 발신지'가 되는 거예요. 먼저 작은 도움을 주고, 비판보다 진심 어린 칭찬과 감사를 표현해요.

둘째, 다양한 연결을 시도합니다. 익숙한 관계에만 머무르지 않고, 새로운 분야의 사람들과 교류하며 나의 세계를 넓혀가는 것입니다.

셋째, 느슨한 연대를 소중히 여기세요. 매일 만나지 않더라도, 가끔 나누는 안부와 격려가 관계를 오랫동안 건강하게 지켜준답니다.

좋은 관계는 저절로 생기는 것이 아닙니다. 긍정의 씨앗을 먼저 심고 꾸준히 가꿀 때 비로소 풍성한 열매로 돌아올 것입니다.

・ 나를 위한 오늘의 질문 ・
좋은 관계를 위해 나는 어떤 노력을 하고 있나요?

Chapter 4

나만의 시선으로 세상 읽기

행복과 유능을 키우는 생각력

#생각력 #행복감 #유능감 #방향성 #CSF

생각력은 잡념 없이 생각을 계속 이어가는 힘입니다. 계획하고 실행할 때 생각력을 작동하면 내가 잘하고 있다는 행복감과 유능감을 느낄 수 있습니다. 나의 행동들이 점으로 흩어지지 않고 꿈을 향한 선으로 이어지게 하는 생각력, 어떻게 활용할 수 있을까요?

첫째, 계획 단계에서는 방향성을 생각합니다. 방향성이란 내가 하려는 행동의 상위 단위와 정렬성을 맞추는 것입니다. 월간 계획을 세울 때는 2~3년 단위 목표 또는 내 인생 목표를 먼저 생각하고, 할 일들을 적으며 머릿속으로 한 달을 미리 시뮬레이션합니다. 나의 내일을 꿈과 연계하여 머리로 먼저 살아보는 일입니다.

둘째, 실행 단계에서는 실행하기 전에 먼저 계획을 떠올려봅니다. 힘을 주고 시작하는 게 아니라 힘을 빼고 전체를 조망한 후에 시작합니다. 일의 목적, CSF(핵심 성공 요소), 프로세스, 아웃풋을 먼저 생각합니다.

셋째, 실행 후에는 영화 보듯이 돌려보는 생각을 합니다. 나의 깨달음, 감정 상태 그리고 감사한 것을 회상하다 보면 어느 순간 스스로를 칭찬할 수밖에 없을 거예요. 인생 주관자로서 행복감과 유능감을 느끼게 하는 최고의 도구는 생각력입니다.

· 나를 위한 오늘의 질문 ·
계획 단계에서 방향성 · CSF · 아웃풋을 명료히 하는 나만의 질문은 무엇인가요?

DAY 92 생각의 균열로 생각 키우기

#메모 #가치관 #윤리관 #해방

무엇이든 메모하며 생각하기를 좋아하는 사람인지라 가끔 제 가치관이나 윤리관을 적어봅니다. 예를 들어, 부모님을 떠올리며 '효'라는 것이 무엇일까 궁리해보는 거죠. 효에 대한 과도한 의무감 탓에 진정으로 부모를 사랑하지 못하는 건 아닐지 스스로에게 묻고 답합니다.

부부 관계도 마찬가지입니다. 윤리라는 담론에 묶여 이것저것 습관적으로 챙기는 행위들이 진정한 사랑을 품는 일인지, 과감한 생략이 필요한 부분은 없는지 생각해봅니다.

돈, 절약, 소비에 대해서도 내가 믿어왔던 가치를 살짝 비틀어 갸웃거리다 보면 그제야 내게 어울리는 나다운 기준이 생기곤 합니다.

추상 명사에 대해서도 적어보고 생각할 수 있어요. 열심, 이기심, 이타성, 애국 등등 평소 깊이 생각하지 못했던 단어를 드러내어 따져보면, 윤리라고 믿었던 관념들이 사실 나 자신을 속박하고 있었음을 알게 됩니다.

이렇듯 고정된 내 생각을 메모하고 정리하는 동안 나도 모르는 사이에 주입된, 나답지 않은 윤리관과 가치관으로부터 해방되는 기쁨을 느낄 수 있습니다. 생각의 균열로 생각이 자라는 찬연한 경험이지요.

• 나를 위한 오늘의 질문 •
나를 더 자유롭게 할 습관은 무엇인가요?

생각을 생각하다

#생각 #이성 #감정 #감각

생각에 대해 생각해본 적 있나요? 생각한다는 것은 무엇이며, 우리는 무엇을 생각하며 살까요? 생각의 대상은 이성, 감각, 감정입니다. 이성적 생각은 내 삶의 방향성을 타진하고 그려보며, 일상을 나만의 마땅한 방향으로 이끌어갑니다. 설정된 꿈의 방향에 맞추어 의지적으로 선택하고 행동으로 이어지게 하는 것이 이성적 생각의 힘입니다.

감각에 대한 생각은 지금 이 순간의 오감을 생생하게 자각하는 것입니다. 맛있는 음식을 한입 가득 머금을 때의 느낌, 뺨에서 느껴지는 상쾌하고 신선한 바람의 느낌을 마음속 깊이 받아들이는 것이 감각적 생각입니다.

그런데 감정에 대한 생각은 조금 복잡합니다. 오래 누적되어 나를 힘들게 하는 감정도 있고, 내 기대와 다른 상황에서 북받치는 감정도 있습니다.

생각한다는 것은 이와 같은 이성, 감각, 감정을 알아차리는 일입니다. 명징한 의식 속에 점차 멸렬해가는 것들을 정확히 상기하는 것이지요. 현재를 충실히, 진정성 있게 살아가기 위해 우리는 이성, 감정, 감각을 현재 상태에서 끊임없이 되돌아봐야 합니다. 그렇게 알아차린 내 생각만이 내 선택과 집중을 명료하게 합니다.

· 나를 위한 오늘의 질문 ·

지금 선택을 명료하게 할 '생각의 알아차림'은 무엇인가요?

생각력을 키우는 법

#문제 해결 #뇌 가소성 #일상 기록 #지식 기억

우리가 롤 모델로 삼는 사람들은 남다른 통찰과 판단력으로 문제 해결을 잘하는 사람들입니다. 그들과 평범한 사람들의 차이는 무엇일까요? 바로 '생각력'입니다. 반갑게도 '뇌 가소성' 덕분에 누구나 생각력을 키울 수 있어요. 인간의 뇌는 계속해서 변화하기 때문입니다. 탁월한 성취자들의 생각력에 다가서기 위해 해야 할 일은 무엇일까요?

첫째, 일상 기록을 통해 경험 기억을 되새깁니다. 자신이 한 일을 장면으로 떠올리고, 시간순으로 간단히 기록하고 회상하는 거예요. 이로써 뇌의 네트워킹 기능을 강화할 수 있어요.

둘째, 지식 기억을 패턴으로 상기합니다. 공부나 업무를 통해 알게 된 노하우는 지식으로 작용합니다. 이를 위해 반복적으로 지식을 되뇌어야 해요. 새로운 지식을 습득하기 전에 어제 익힌 지식을 회상하고 반복적으로 되뇌며 생각력을 빠르게 성장시킵니다.

셋째, '무엇'에 대해 생각하는 것입니다. 문제 해석이나 업무 구상, 특정 주제에 따른 생각은 모두 생각력의 한 부분입니다. 새로운 일을 하기 전에 CSF를 떠올리거나 적절한 패턴을 사용하여 생각을 이어가는 연습을 해보세요.

・ 나를 위한 오늘의 질문 ・
새로운 일을 시작할 때 떠올릴 'CSF 질문'은 무엇인가요?

칸트 철학에서 배우는 생각력

#경험 #상상 #되새김

칸트 철학의 중요한 교훈은 경험을 선험적 틀로 이해하는 것입니다. 칸트는 경험적 종합 판단을 선험적 종합 판단으로 뒤집었습니다. 칸트의 원리를 일상에 적용해보면, 과거 경험을 되새기고 메모하며 선명하게 함으로써 생각력을 높일 수 있습니다. 과거를 되새기고 미래를 상상하는 두 가지 일을 반복함으로써 우리의 생각 능력은 최대화되지요. 일상에서의 실천법입니다.

첫째, 오늘을 시작할 때, 어제의 경험이 오늘의 행동과 상상에 녹아들도록 어제의 경험을 되새기고 종합한 다음에 오늘 하루를 계획하고 상상합니다.

둘째, 책을 읽거나 공부할 때, 먼저 지금까지 공부한 것을 되새기고 종합한 다음에 앞으로 공부할 내용의 질문과 답을 미리 상상하고 책을 읽거나 공부합니다.

셋째, 일을 하거나 문제를 해결할 때, 과거의 경험을 되새기고 종합한 다음에 그 일을 어떻게 풀 것인지 상상합니다.

칸트에 따르면 우리가 별을 관찰할 수 있는 이유는 우리 안에 별의 원리가 있기 때문입니다. 우리 가슴속에 빛나는 무수한 별을 놓치지 않는 것이 생각의 힘입니다.

· 나를 위한 오늘의 질문 ·
나의 성장에 도움이 될 과거의 경험이 있나요?

순간의 생각 자주 하기

#감각적 경험 #이해 #사변이성 #순간의 생각

우리가 세계를 이해하는 방식에 중요한 통찰을 전하는 칸트는 이성의 구성 요소를 세 가지로 분류했습니다. 외부 세계를 인식하는 '감각적 경험'과 개념과 사고를 통한 '이해' 그리고 논리와 추론을 통해 지식을 구축하고 세계를 이해하는 '사변이성'입니다. 그중에서 우리는 대개 감각적 경험에만 충실하고, 이해와 사변이성을 사용하는 데는 인색합니다. 우리의 능력을 제한하는 일이지요.

일상에서 이해와 사변이성 능력을 잘 발휘하려면 어떻게 해야 할까요? '순간의 생각'을 자주하면 됩니다. 일상을 찰칵하고 사진 찍듯, 순간의 생각 빈도를 높이면서 사는 것입니다.

첫째, 경험한 모든 행위에 대해 순간의 생각을 합니다. 이때 생각을 포착하는 도구가 기록입니다. 기록은 생각을 활성화하는 수단입니다.

둘째, 매 순간의 감정을 생각하고 기록함으로써 감정을 이해의 영역으로 끌어올립니다.

셋째, '무엇'에 대해 자주 생각하고 기록합니다. 구상 기록이지요. 기록을 활용하면 순간의 생각들이 모여 주관자로서의 삶의 특장인 이해와 사변이성 능력을 높일 수 있습니다.

· 나를 위한 오늘의 질문 ·
지금 이 순간에 기록하고 싶은 생각은 무엇인가요?

진정한 능력의 출처, 생각력

#생각력 훈련법 #조망 #요약정리 #특정

생각한다는 것은 자신과 깊이 있게 대화하는 일입니다. 파편적인 정보들이 난무하는 세상에서 한 가지 주제를 심도 있게 생각할 수 있는 사람은 강력한 힘을 지닙니다. 일상에서 겪는 모든 경험이 휘발되지 않고 누적되는 기적을 보여주기에 그렇습니다. 일상적으로 실행할 수 있는 생각력 훈련법입니다.

첫째, 하루 전체를 조망합니다. 점심이나 저녁 식사 전에 지난 시간을 돌아보고, 잠들기 전에도 하루 전체를 떠올립니다. 이렇게 하면 과거의 정보를 현재에 밀착시킬 수 있어요.

둘째, 책이나 강의를 요약정리합니다. 그리고 그것을 자신만의 완결된 서사로 만들어봅니다. 순간의 생각과 생각의 이음입니다. 생각을 끝까지 잇는 일이 처음에는 어렵지만, 훈련하면 차츰 좋아집니다.

셋째, 하나의 주제를 특정해서 생각합니다. 특별한 만남 또는 추상적 과제나 개념에 대해 집중적으로 생각하는 거예요. 글쓰기를 포함한 모든 메모 또는 기록은 좋은 생각 정리 수단입니다.

생각력은 순간의 생각들을 정돈해서 하나의 큰 흐름을 만드는 일입니다. 이야말로 진정한 능력을 빚어내는 힘이라 할 수 있습니다.

· 나를 위한 오늘의 질문 ·
오늘 하루를 마무리하기 위해 정할 '마감 문장'은 무엇인가요?

질문하는 힘, 호기심의 가치

#소크라테스식 질문 #진리 #호기심 #선순환

'질문' 하면 소크라테스가 떠오르곤 합니다. 그의 질문은 정답을 찾기 위함이 아니었어요. 상대방과 나 자신이 대화를 통해 함께 진리에 도달하도록 돕는 과정이었지요. 아는 것을 내세우기보다 세상의 모든 것에 어린아이 같은 호기심을 갖는 태도. 이것은 기술이 아니라 삶을 대하는 방식입니다. 우리의 대화를 세 가지 질문으로 채워보면 어떨까요?

첫째, "그건 무엇인가요?"라고 물으며 현상을 제대로 이해하려 노력합니다.

둘째, "왜 그런가요?"라고 물으며 본질을 향해 함께 생각의 깊이를 더해갑니다.

셋째, "만약 ~라면 어떨까요?"라고 물으며 새로운 가능성을 상상합니다.

이러한 질문의 반복은 호기심을 키우고, 호기심은 더 나은 질문을 낳는 선순환을 만듭니다. 그 과정에서 대화와 관계, 그리고 내면은 더욱 넓어지고 깊어지지요. 지식으로 스스로를 고립시키는 대신, 호기심으로 세상을 사랑하는 맑은 존재로 자신을 가꿔가시길 바랍니다.

• 나를 위한 오늘의 질문 •
호기심의 선순환을 이어갈 나만의 질문 루틴은 무엇인가요?

자유로운 책 읽기

#독서 #몰입 #자유

책은 처음부터 끝까지 전부 읽어야 한다고 생각하는 사람이 의외로 많습니다. 하지만 그렇지 않아요. 책을 자유로이, 그러면서도 제대로 읽는 저만의 방법입니다.

첫째, 비소설의 경우 목차를 훑어보고 읽고 싶은 부분만 읽습니다. 궁금증이 해결되면 책을 덮어도 괜찮고요. 책을 왕이 아닌 신하처럼 대하는 배짱도 필요합니다.

둘째, 소설은 작품 속 인물에 빙의해서 읽습니다. 몰입 기술을 지니고 읽으면 그야말로 책에 풍덩 빠져들게 되지요. 대학 때 조정래 작가의 『태백산맥』을 읽으며 마지막 몇 장을 남겨두고 너무 아쉬운 마음에 펑펑 울었던 기억이 납니다.

셋째, 자기 계발서를 읽을 때는 취재 기자가 된 것처럼 저자에게 질문하고 답변을 정리해봅니다. 최근 『세이노의 가르침』을 읽을 때 그리했는데, 세이노에게 질문하고 답을 받아내는 과정에서 정확히 저를 지적하는 듯한 고언에 정신이 번쩍 들기도 했습니다.

우리 모두 책을 읽을 때 좀 더 자유롭길 바랍니다. 내 마음 가는 대로 다양한 스타일로 읽으며 즐거움을 누려보세요. 책이라는 거인의 어깨에 올라타 더 큰 세상을 바라보는 기쁨은 다른 어떤 것으로도 대체할 수 없는 삶의 환희입니다.

• 나를 위한 오늘의 질문 •
독서를 통해 어떤 기쁨을 누리고 있나요?

삶을 바꾸는 독서법

#독서법 #방향성 #모아 읽기 #개조식 요약

독서의 목적은 삶의 실질적 필요에 맞춰 '선공부 후실행'을 하기 위한 것입니다. 따라서 방향성 있는 독서가 중요합니다. 내게 필요한 것이 무엇인지 알고 그에 맞는 책 선정을 하는 거예요. 그래야 삶을 바꾸는 앎이 됩니다. 다음은 삶을 바꾸는 독서법입니다.

첫째, 자기 계발서 읽기는 일정 수준에 도달하면 종지부를 찍습니다. 자기 계발서는 공부를 위한 기초 근력을 위해 읽는 것이니 30권 정도 읽으면 충분합니다.

둘째, 어려운 책도 두려워하지 말고, 필요에 맞는 다양한 독서를 합니다. 어려운 책을 포함해서 소주제별 책 3~5권 모아 읽기를 추천해요. 이를 통해 아웃풋을 만들 자료 조사를 합니다. 블로그 포스팅을 하고 있다면 선공부의 하나로 독서를 할 수 있습니다. 명확한 아웃풋이 독서 기세를 진작시킵니다.

셋째, 모아 읽기 후 메모를 융합하여 내가 필요한 지식으로 개조식 요약을 합니다. 개조식으로 요약된 아웃풋을 보면 큰 기쁨을 만끽할 수 있어요. 그 기쁨이 나의 능력으로 남게 되지요.

명확한 목적을 갖고 자신에게 필요한 책을 선정해서 읽어야, '앎'이 '함'이 되고 함이 '삶'을 변화시키는 독서가 됩니다.

• 나를 위한 오늘의 질문 •
나의 '독서의 목적'은 무엇인가요?

 소유적 독서에서 존재적 독서로

#목적 #소유적 독서 #존재적 독서 #메모 #감각

일본 유학 시절 전철역에서 학교까지 이어진 좁은 길이 꽤 유명했어요. 그런데 저는 그 당시 유학을 성공적으로 마치겠다는 생각에 몰두해 있던 터라 그 길가에 무엇이 있었는지 전혀 기억이 안 납니다. 의식의 지향이 오직 목적을 향해 있었기 때문이지요.

책을 읽을 때도 마찬가지입니다. 저자가 알려주는 것을 전부 내 것으로 만들겠다는 목적에만 집중하면 독서에 흠뻑 빠져 즐길 수 없어요. 우리가 소유적 독서에서 존재적 독서로 나아가야 하는 이유이지요. 소설을 읽을 때는 등장인물에 빙의해서 그 이야기로 들어가고, 지식 책을 읽을 때는 맥락 속 키워드를 챙기면서 독서해야 합니다. 그래야 자연스럽게 지식과 감동이 내 몸 전체에 스며듭니다.

혹여 내가 읽은 것이 휘발되어 사라질지 걱정할 필요도 없어요. 메모를 할 수 있으니까요. 조금씩 메모하면서 책의 감동과 느낌을 영화 보듯이 회상해봅니다. 이로써 의식 작용을 통해 한 번 더 그 감동을 느낄 수 있습니다.

우리는 무언가를 내 것으로 만들고자 애쓰기보다 가만히 그 과정을 감각하고 누리면서 존재적 삶을 살아야 합니다. 진정한 경험과 기억의 풍요는 그렇게 우리 삶에 새겨집니다.

・ 나를 위한 오늘의 질문 ・
소유적 독서에서 존재적 독서로 전환하기 위한 방법은 무엇이 있을까요?

아주 꾸준한 독서

#존재적 독서 #친구책 #공부책 #꾸준함 #기록

독서에서는 '친구책'과 '공부책'을 나눠 꾸준히 읽는 것이 무엇보다 중요합니다. 꾸준함은 크게 두 가지로 나눌 수 있어요. 첫 번째는 내용적 꾸준함입니다. 친구책은 물론이거니와 공부책도 주제를 확장하고 심화해서 정돈된 내용을 꾸준히 읽는 것이 중요합니다.

두 번째는 행위적 꾸준함입니다. 친구책은 짬을 이용해서 읽고, 공부책은 일정한 시점에 하루 30분에서 한 시간은 읽으려 노력합니다. 초보 독서가라면 한 달에 친구책 한 권, 공부책 한 권 읽기를 목표로 삼길 권합니다.

책을 읽은 후의 마무리 행위도 잊지 않습니다. 컴퓨터나 노트에 자신이 읽은 책을 주제별로 작성합니다. 리스트에 책이 한 권 한 권 늘어가는 기쁨을 느껴보는 거죠. 책을 읽고 각자의 방식으로 기록하는 것도 좋은 습관이에요.

책을 손에 들고 다니고, 책과 친구가 되어 대화를 나누고, 책 선생님으로부터 무언가를 배우면서 우리는 존재적 독서를 경험합니다. 책이 일상에 자연스럽게 스며들어 책에서 얻은 감동과 지식이 우리 존재 자체가 되는 것입니다. 그렇게 매일 꾸준히 하는 독서가 내 삶을 가꾸어가는 소중한 자산이 됩니다.

· 나를 위한 오늘의 질문 ·
읽어보고 싶은 친구책 또는 공부책은 무엇이며 책을 통해 어떤 것을 얻고 싶나요?

책, 읽지 말고 공부하세요

#독서 #공부 #깊이 #아웃풋 독서

책을 그저 읽기만 하면 의미 없는 독서가 되기 쉽습니다. 아웃풋을 그리고 시작하는 독서가 참된 의미를 생산하고 삶을 변화시킵니다. 공부하듯 책 읽는 법입니다.

첫째, 구체적 지혜를 얻어 내 삶에 적용하기 위한 책들은 발췌독으로 읽어 구체적인 방법만 습득합니다.

둘째, 생각의 깊이를 더하는 독서, 즉 에세이, 철학, 소설 분야의 스테디셀러는 하루에 10~20페이지씩 조금씩, 친구와 대화하듯 읽으며 사유의 깊이를 더합니다.

셋째, 공부하는 독서는 진정한 아웃풋을 고려합니다. 나의 흥미와 관심사 그리고 문제 해결을 위한 주제를 설정하고, 그 영역의 개요를 파악하기 위한 책을 먼저 읽습니다. 내가 취할 영역을 명확히 인식한 다음 자료 조사를 하고 아웃풋 독서를 합니다. 아웃풋 독서는 메모와 독서 카드, 개조식 정리를 활용하는 것입니다. 이로써 독서가 공부가 됩니다.

독서가 진정한 성장의 발판이 되길 바란다면, 이제부터는 무질서한 독서가 아닌 위안이 되는 독서 그리고 공부하는 독서로 나아가보세요. 이것이 일상을 찬란히 빛내는 '나만의 경전'을 늘려가는 일입니다.

• 나를 위한 오늘의 질문 •
읽기를 벗어나 공부와 위안이 되는 독서로 향할 첫 책은 어떤 것인가요?

문제 해결 독서법

#독서법 #앎 #함 #삶 #메모 #실천

'앎'이 '함'이 되고 '삶'이 되는 독서가 문제 해결 독서입니다. 우리는 새로운 앎으로써 생성과 변화를 해가는 존재입니다. 제대로 알고 실천하기 위해서는 방법과 절차가 필요합니다. 문제 해결 독서법의 3단계입니다.

첫째, 지금 내 일상에서 가장 큰 문제가 무엇인지 정확히 인지한 뒤 핵심 질문을 던집니다. 그리고 가설을 세우고 자료 조사 및 학습 대상을 선정합니다. 주제에 맞는 책을 고르는 것입니다. 둘째, 선정 조사한 자료를 본격적으로 읽고 보고 듣습니다. 발췌 독서를 하며 키워드를 메모하고, 이를 기반으로 생각을 정리합니다. 자기화하는 에디톨로지$_{editology}$ 과정이지요. 그리고 내가 알게 된 새로운 답으로 아웃풋을 만들어냅니다. 내용적인 아웃풋은 알게 된 해결 방법과 인사이트이고, 형식적인 아웃풋은 개조식 요약이나 한 편의 글입니다.

셋째, 이제 실제 행동으로 적용합니다. 어떤 한 권의 책만 참고하는 게 아니라, 여러 권의 책을 종합하여 나만의 것으로 소화한 앎을 행동으로 옮깁니다. 문제 해결 독서의 완성은 독서를 통해서 알게 된 해결책을 실제 삶에 적용하고 실천하는 것입니다. 삶은 앎과 함의 합일진대, 슬기로운 독서 생활은 필경 나의 삶을 바꾸는 것입니다.

・ 나를 위한 오늘의 질문 ・
독서로 얻은 교훈을 삶에 적용해본 적이 있나요?

나만의 언어로 세상을 해석하기

#내 언어 #한계 #경험과 생각 #사유

철학자 루트비히 비트겐슈타인Ludwig Wittgenstein은 "내 언어의 한계는 내 세계의 한계를 의미한다"라고 말했습니다. 이때의 언어는 바로 '나의 언어'입니다. 온전히 내 것이 되지 않은 언어는, 그 언어가 가리키는 세계도 아직 내 것이 아님을 의미하지요.

우리는 무의식적으로 미디어나 타인의 언어를 받아들이며 살아갑니다. 그러다 보면 어느새 내가 아닌 타인의 시선으로 세상을 보고, 타인의 욕망을 꿈꾸게 될 수 있어요.

이 흐름에서 벗어나기 위해 '나만의 사전 만들기'를 제안합니다. '성공', '행복', '자유'처럼 내 삶에 중요한 단어를 나만의 경험과 생각으로 다시 정의해보는 겁니다. 그렇게 만들어진 언어들을 잇고 연결하는 과정이 바로 깊은 사유입니다. 그 사유의 결과물이 곧 나의 인생관이자 세상을 주체적으로 해석한 지도가 되어줄 것입니다. 나만의 언어를 가질 때, 비로소 나다운 세계가 단단하게 세워집니다.

・ 나를 위한 오늘의 질문 ・
좋아하는 단어 중 오늘 새롭게 정의할 단어는 무엇인가요?

리드미컬 몰입

#지침 #리드미컬 몰입 #구상 기록 #일상 기록 #생각

하루를 리듬감 있게 보내야 '지침'이 없습니다. 예를 들어, 45분 일하고 15분 쉬는 리듬 속에 나를 두면, 일과 쉼이 모두 스스럼없이 함께 두드러집니다. 몰입과 이완의 반복으로 생각의 깊이가 잘 조절되어 지나친 몰입에도 지치지 않고 오히려 몰입을 즐기게 됩니다. 그야말로 '리드미컬한 몰입'이지요. 리드미컬 몰입을 위한 세 가지 팁입니다.

첫째, '45-15' 단위의 리듬을 시작할 때 미리 일의 목적과 결과를 구체적으로 생각합니다. 그리고 노트를 펴고 구상 기록을 적습니다.

둘째, 본격 일을 시작하면서 15분-15분-15분 단위로 세분화합니다. 이렇게 구분하지 않으면 그냥 하던 대로 하기 쉽습니다. 15분 동안 무엇을 했는지 명확히 하고 그다음 15분을 이어갑니다.

셋째, 45분이 끝나면 45분 동안 한 일을 영화 보듯이 돌려 생각합니다. 그리고 무슨 일을 했고 무엇을 얻었는지 한 줄로 간단하게 일상 기록을 씁니다.

이 모든 과정의 핵심은 바로 '생각'입니다. 일이나 공부를 하면서 생각 속으로 깊이 들어갔다가도 다시 빠져나와 또 가볍게 생각을 이어가는 것. 이것이 리드미컬 몰입입니다.

・ 나를 위한 오늘의 질문 ・
리드미컬 몰입을 적용할 첫 번째 과업은 무엇인가요?

온전한 자유를 향한 몰입

#물아일체 #몰입 #숙달 #몰두 #감각

장자는 자신이 나비가 되는 꿈을 통해 모든 존재와 하나 되는 물아일체 경지를 이야기했습니다. 일이나 사람에게 감정적으로 얽매이지 않는 몰입 상태를 뜻하지요. 사실상 초인의 경지라 하겠습니다. 우리에게도 이 경지를 향한 노력이 필요합니다. 무언가에 완전히 몰입하면 나와 남을 의식하지 않고 세상과 하나 되어 온전한 자유와 조화를 누릴 수 있으니까요. 몰입을 지향하는 노력은 어떻게 해야 할까요?

첫째, 숙달입니다. 저는 합창단원을 하면서 느낀 바가 있습니다. 한 곡을 완전히 숙달하지 않으면 몰입은 불가능하다는 것입니다. 반복적인 노력이 몰입의 첫 번째 조건입니다.

둘째, 숙달된 뒤에는 목적에 몰두해야 합니다. 그래야 떨림이나 자의식에서 벗어나 순수하게 집중할 수 있어요. 예를 들어, 노래의 목적은 청중에게 사랑을 전하는 것이고, 회의의 목적은 문제 해결입니다.

셋째, 경험을 감각하고 요약하며 기억하는 능력이 중요합니다. 경우에 따라 글로 기록하는 것도 도움이 됩니다. 전문가란 이러한 몰두의 감각을 몸에 누적시켜온 사람입니다.

온전한 자유를 향한 몰입으로 우리도 순간이나마 장자의 감각을 느껴보는 건 어떨까요?

• 나를 위한 오늘의 질문 •

숙달 → 몰두 → 감각 기록의 고리를 어디에 적용해볼 수 있을까요?

기억에 남는 독서법

#독서법 #예습 #몰입 #이완 #요약

책을 읽어도 남는 게 없다는 생각이 들면 책을 읽기 전에 먼저 목표를 정합니다. '한 시간 동안 30페이지 혹은 50페이지 읽기'와 같이 구체적인 양을 정하는 거예요. 그다음 '집중 독서' 4단계를 적용합니다.

1단계는 넓고 크게 조망하는 최초의 3분입니다. 읽은 분량 전체를 슬렁슬렁 미리 넘겨보며 키워드 한두 개를 눈에 익힙니다. 읽고 싶은 마음이 뭉게뭉게 피어오르도록 몸과 마음을 예열하는 단계입니다.

2단계는 몰입해서 빠져드는 40분간의 잠수 단계입니다. 문단 단위로 읽으면서 책과 대화하듯이 묻고 답합니다.

3단계는 몰입에서 빠져나와 전체를 종합하는 1~2분입니다. 편안하게 내용을 상기하고, 메시지를 한 문장으로 요약해봅니다.

4단계는 15분간의 휴식과 이완 단계입니다. 읽은 부분을 상기해보면서 몸과 마음을 이완하며 푹 쉬어줍니다.

이 과정을 3~4시간 반복하면 책 한 권이 기억에 남을 수밖에 없어요. 이 방법을 일과 대화에도 적용해봅니다. '예습-몰입-이완' 단계로 리듬감 있게 책을 읽고 일하는 삶의 패턴을 숙련하면 모든 하루가 내 몸 깊이 쌓인답니다.

· 나를 위한 오늘의 질문 ·
평소 나의 독서 습관은 어떤가요?

빙의, 몰입의 즐거움

#빙의 #몰입 #주관자

책 만드는 사람들의 이야기를 담은 드라마 〈로맨스는 별책부록〉을 재미있게 봤습니다. 특히 드라마에 나오는 출판사 사장에 빙의해서 봤어요. 저는 소설을 읽을 때나 드라마를 볼 때 등장인물 중 한 명에 빙의해보는 것을 즐깁니다. 그 등장인물이 되어 그의 상황, 입장에서 감정을 오롯이 느끼면 작품의 감동이 한결 진하게 전해져오거든요.

공부를 할 때도 알고자 하는 지식 세계에, 강의를 들을 때도 이야기 맥락 속에 나를 두고 빙의하면 능률이 오릅니다. 그 속에 깊이 들어가 머무르며 진한 몰입을 경험하는 일에서 행복감이 느껴지죠. 상황이 끝나면 그 속에서 빠져나오는데, 빙의를 하고 난 뒤에는 오히려 나 자신이 더 선명히 잘 보입니다.

이렇게 자발적 선택으로 나 아닌 다른 어떤 상황에 나를 자유롭게 위치시키면 주관자로 살 수 있습니다. 이것은 무언가에 휘둘려 정신없이 이끌려 사는 삶과는 확연히 다른, 적극적인 삶의 자세입니다. 완벽한 몰입이지요. 실로 몰입이 주는 강력한 즐거움은 다른 많은 기쁨을 보잘것없게 만든답니다.

· 나를 위한 오늘의 질문 ·
요즘 어떤 일에 가장 몰입하고 있나요?

핵심을 겨냥하는 종합적 사고

#종합적 사고 #특수성 #의미 #성장 #목적

종합적으로 사고해야 행위의 특수성을 명확히 알 수 있습니다. "망치만 가진 사람에게는 모든 문제가 못처럼 보인다"라는 속담처럼 스스로를 객관화하지 못하면 일의 목적과 아웃풋을 선명하게 그릴 수 없어요. 종합적 사고에도 연습이 필요합니다.

첫째, 일을 할 때 그것이 전체 속 어디에 위치하는지를 생각합니다. 부분이 아닌 전체를 보고, 나아가 일의 의미를 발견하는 종합적 사고를 하는 것이죠. 이처럼 종합적으로 사고하는 사람은 작은 씨앗에서 숲을 보는 사람입니다.

둘째, 대화하기 전, 그 순간의 의미를 먼저 생각해보고 말합니다. 예컨대 친구와의 대화라면 나를 표현하는 말이라도 친구의 현재 고민과 바람을 염두에 두고 말을 하는 것입니다.

셋째, 독서할 때 성장을 겨냥한 나의 독서 목적을 생각해봅니다. 지향하는 전체 그림이 있다면 그 속에 어떤 책을 담아야 할지, 독서의 이유는 무엇인지가 명확해집니다.

지혜로운 사람은 더 객관적으로 바라보고 더 종합적으로 사고하도록 스스로를 늘 단련하는 사람임을 잊지 않습니다.

· **나를 위한 오늘의 질문** ·
지금 하는 일의 '전체 의미'와 목적은 무엇인가요?

생각의 파편을 연결하는 힘

#창의성 #연결 #수집 #분류 #창조

창의성은 무에서 유를 만드는 마법이 아닙니다. 머릿속에 흩어져 있는 생각과 정보의 파편들을 새롭게 '연결'할 때 탄생하는 통찰이지요. 아이디어는 이미 우리 안에 있습니다. 중요한 것은 그것들을 연결하고 밖으로 표출하는 힘입니다. 이 힘을 기르는 3단계입니다.

1단계, '수집하기'입니다. 일상에서 떠오르는 단상, 책에서 본 인사이트, 대화에서 얻은 영감 등 의미 있는 파편을 놓치지 않고 기록하는 단계이지요.

2단계, '분류하고 묵히기'입니다. 수집된 기록을 주기적으로 검토하며 비슷한 주제끼리 분류하고, 당장 쓰지 않더라도 잠시 묵혀두는 시간이 필요해요.

3단계, '연결하기'입니다. 서로 관계없어 보이던 정보의 점들 사이에 의식적으로 선을 그어보는 겁니다. 이질적인 것의 만남에서 예기치 못한 관계와 의미가 발견될 때, 그때가 바로 새로운 가치가 탄생하는 창조의 순간이랍니다.

· 나를 위한 오늘의 질문 ·
오늘 하루의 단상들을 어떻게 분류해볼 수 있을까요?

멍하니 있는 시간의 생산성

#피로사회 #자극 차단 #감각 여백 #생산의 시간

멍하니 있는 자신을 보며 게으르다고 자책한 적 있나요? 어쩌면 그것은 한병철 교수가 말한 '피로사회'를 무의식적으로 받아들이고 있다는 증거일지도 모릅니다. 아무도 재촉하지 않는데, 스스로를 쉬지 못하게 다그치고 있을지도 몰라요.

우리는 관점을 바꿀 필요가 있어요. 뇌과학에서는 우리가 멍하니 있을 때 '디폴트 모드 네트워크'가 활성화된다고 합니다. 이때 뇌는 휴식이 아닌, 기억을 정리하고 창의적인 아이디어를 연결하는 중요한 작업을 수행하지요. 즉, 멍하니 있는 시간은 나를 나로서 온전히 존재하게 하는 깊은 사유의 시간입니다. 이 시간을 제대로 누리려면 세 가지가 중요해요.

첫째, 스마트폰처럼 새로운 자극을 주는 것에서 벗어나야 합니다.

둘째, 창밖을 보거나 음악 없이 산책하는 등 의도적으로 뇌에 여백을 주어야 합니다.

셋째, 죄책감 없이 이 시간을 온전히 허용해야 합니다.

이 보이지 않는 생산의 시간으로 편안하면서도 깊은, 창의적인 사람이 될 수 있습니다.

• 나를 위한 오늘의 질문 •
하루 중 '멍하니 있는 시간'을 보낼 가장 적합한 시간은 언제인가요?

AI 시대의 책 읽기

#AI 시대 #지식 생산자 #질문 #성찰 #능동성

그간 새로운 지식과 정보를 얻기 위해 책을 읽어왔다면, AI 시대에는 생각하고 상상하며 즐기고 영감을 얻기 위해 책을 읽어야 합니다. AI 시대에 지식 소비자가 아닌 지식 생산자로 나아가려면 독서의 질감을 높여야 하지요. 낯선 통찰과 독대하는 '사유하며 읽기' 3단계입니다.

1단계는 읽기 전 준비 단계. 저자가 책을 쓴 이유를 질문하고, 독자 입장에서 왜 그 책을 읽고자 하는지 질문합니다. 이러한 질문을 통해 답을 찾는 읽기 여정을 시작할 수 있어요.

2단계는 본격적인 독서. 저자의 핵심 메시지를 나만의 방식으로 이해하기 위해 '생각하며 읽기', '키워드와 중요 내용 메모하며 읽기', '배경지식이나 경험과 연결하며 읽기', '저자의 의견 비판적으로 수용하기'를 행합니다. 이를 글로 정리해야 지적 도약이 가능해집니다.

3단계는 읽은 후의 성찰. 깨달은 것, 새로운 지식, 기존 생각의 균열을 살핍니다. 책 한 권에서 꼭 습득할 한 가지를 짚어내는 것도 중요하고요. 하나를 얻어 그것이 하나의 변화로 이어지는 것이 진정한 독서입니다.

AI 시대의 책 읽기는 능동성이 핵심입니다. 깔끔하게 정리된 정보는 AI가 제공해줄 테니까요.

· 나를 위한 오늘의 질문 ·
이 책을 읽기 전 내가 던진 질문은 무엇인가요?

라이프스타일을 만드는 생각 상자

#라이프스타일 #생각 상자 #가치관 #무의식

심리학자 알프레드 아들러Alfred Adler는 개인의 라이프스타일이 각자의 개성과 가치 체계에 큰 영향을 미친다고 말했습니다. 이때 가치 체계의 기준이 되는 것이 '생각 상자'입니다. 생각 상자에는 행복이나 용기, 사랑 같은 추상적 개념에 대한 나만의 평가가 모여 있습니다. 우리는 모두 각자의 생각 상자에 따라 판단하고 행동하지요. 따라서 라이프스타일을 선명하게 하려면 각자의 생각 상자를 만들어보고 선입견과 통념의 거품을 걷어내는 과정이 필요해요. 독서 카드를 이용해서 생각 상자를 만들어볼까요?

　카드 20장을 준비해서 10장에는 나의 현재 생각 상자에 접속한다는 마음으로 가볍게 끄적입니다. '여행'이라는 관념을 떠올린다면 그 배경에는 책임과 자유라는 갈등이, 구성 요소로는 가족, 비용, 아름다움 등이 있겠죠. 물론 구성 요소는 저마다 상이할 거예요. 나머지 10장에는 통념과 선입견에서 벗어나 본질을 파고드는 내 생각을 담습니다.

　판단과 행위가 고민될 때는 가치관의 구성 요소를 추상 명사로 떠올리고 정리해보면 좋습니다. 생각 상자 아이템을 정하고 카드로 정리해보면 나의 라이프스타일이 선명해지는 순간을 마주할 수 있어요.

・ 나를 위한 오늘의 질문 ・
나의 생각 상자에는 어떤 가치 체계가 있으며 어떤 카드로 정리할 수 있을까요?

과학자처럼 생각하기

#과학 #문제 해결 #질문 #가설 #검증

과학자처럼 생각한다는 건 무엇일까요? 데이터를 중시하고 그 출처와 신뢰성을 검토하는 것입니다. 또한 판단을 유보하고 경청하며, 주장의 근거를 비판적으로 검토하고, 더 나은 해결책을 발견하면 겸허히 수용하는 것이기도 합니다. 과학자들의 문제 해결 5단계입니다.

1단계, 문제를 인식하고 정의합니다. 해결하고자 하는 문제를 명확히 이해하고, 그 범위와 영향을 파악하는 단계입니다.

2단계, 문제를 질문으로 전환해서 '왜?', '어떻게?'와 같은 형식으로 바꿔봅니다.

3단계, 가설을 정의합니다. 가설은 문제에 대한 잠정적 해결책으로, 경험과 지식을 바탕으로 한 통찰적인 답입니다.

4단계, 가설을 검증합니다. 다양한 자료를 수집, 요약, 정리하고 직접 실천하여 결과를 데이터화합니다. 가설의 타당성 확인을 위해 반박 자료도 찾아봅니다.

5단계, 수집 정보를 바탕으로 가장 타당한 해결책을 모색해서 최종 결론을 도출합니다.

때로 우리는 과학자처럼 냉철하게 사고해야 합니다. 과학이야말로 문제 해결의 가장 정직한 표본이니까요.

・ 나를 위한 오늘의 질문 ・
지금 내게 닥친 문제에 '문제 해결 5단계'를 어떻게 적용해볼 수 있을까요?

DAY 116 평범을 해제하는 사유의 힘

#사유 #주관자 #전략형 인간 #반추

디지털 시대, 시시각각 만들어지고 있는 엄청난 양의 허위 정보가 인류 최대의 리스크로 떠오르면서 새삼스레 인간 사유에 대한 인식이 주목받고 있습니다. 사유하지 않는 인간을 그저 평범의 범주로 묶어 방치해도 되는지에 대한 질문이지요. 한나 아렌트Hannah Arendt는 이를 '악의 평범성'이라 불렀습니다. 누구나 평범하게 행하는 일이 악이 될 수 있다는 개념입니다. 죄책감 없이 유대인을 죽음의 수용소로 이송한 독일 나치 장교 아돌프 아이히만Adolf Eichmann이 그 대표적 인물입니다.

사유, 즉 깊이 생각하는 것에는 중요한 의미가 있습니다. 무엇보다 아이히만처럼 수동적 삶을 살지 않도록 하는 것입니다. 휘둘리며 그저 성실하게 행하는 것이 아니라 가치와 의미를 좇아 스스로 선택하는 삶이 되어야 합니다. 사유하지 않으면 평생 평범의 울타리 안에서 타인의 그림자로 살 뿐입니다. 아이히만처럼 악을 행할 수도 있지요.

사유하는 '나'여야 주관자로서의 삶을 살 수 있어요. 매일 내 삶을 종합하고 분석해서 내일의 지향을 설정하고 선택하는 전략형 인간의 기본 도구가 '사유'입니다. 사유하는 힘을 기르기 위해 늘 내 지난 시간을 반추하는 습관을 들이며, 일상 기록으로 오늘 하루를 돌아보는 일에 소홀하지 않아야겠습니다.

· 나를 위한 오늘의 질문 ·
주관자로 살기 위해 필요한 '나만의 사유'에는 어떤 것이 있나요?

생성을 향한 변증적 사고

#변증법 #변증법적 사고 #창의적 생성

변증법은 게오르크 헤겔(Georg Wilhelm Friedrich Hegel) 철학에서 나온 개념으로, 정반합의 과정을 지나 새로운 종합을 이루는 방법입니다. 예를 들어, 나는 멜로물을 좋아하고 친구는 액션물을 좋아할 때, 멜로가 가미된 액션 영화를 함께 보는 게 변증법적 사고입니다. 다만 이 같은 결론은 각자의 욕망을 충족시키지 못해 둘 다 만족하기 어렵습니다. 반면 변증적 사고는 내가 친구를 위해 액션 영화를 함께 보며 점차 그것을 좋아하게 되고, 친구도 멜로 드라마를 자주 보면서 다른 취향에 익숙해지는 것입니다.

우리가 변증적 사고와 태도로 차이의 존재를 만나야 하는 이유입니다. 첫째, 자기를 돌아보게 되어 성찰적 인간이 됩니다. 둘째, 변증법적 사고는 자기 변화를 전제로 하므로 새로움을 수용하는 인간이 됩니다. 셋째, 보수적이거나 관성에 따르는 삶이 아닌 변화와 성장을 통한 생성의 삶을 살아갈 수 있습니다.

인생은 수학과 다릅니다. 생각 방식에 따라 차이가 증폭되어 큰 변화를 만들 수 있어요. 수학에서 1 더하기 1은 2이지만, 변증적 사고로는 0이나 5라는 창의적 생성이 가능하지요. 이것이 우리가 더 수용적이며 변화를 추동하는 사람이 되어야 하는 이유입니다.

· 나를 위한 오늘의 질문 ·
평소 새로운 것을 대하는 나의 태도는 어떠한가요?

비판적 사고란 무엇인가

#비판적 사고 #본질 #논리적 입장 #나의 중심

'비판'이라는 단어는 종종 부정적인 어감으로 다가옵니다. 하지만 철학자 칸트가 그의 저서 제목에 사용한 '비판'은, 비난의 의미가 아니었어요. 이성의 능력과 한계를 면밀히 검토하여 '본질에 접근하려는 태도'였지요. 결국 비판적 사고란, 주어진 정보를 맹목적으로 수용하지 않고, 그 본질과 진짜 의미에 접근하려는 합리적인 태도라 할 수 있어요. 이는 세 가지 실천으로 길러낼 수 있습니다.

첫째, '당연함에 질문하기'입니다. 모두가 그렇다고 말하는 것에 "정말 그럴까?"라고 물으며 그 근거를 생각해보는 습관이지요.

둘째, '숨겨진 의도 파악하기'입니다. 정보 이면에 있는 출처와 목적을 헤아려보는 겁니다.

셋째, '나의 관점 세우기'입니다. 충분한 질문과 분석을 거친 뒤, 남의 의견에 휩쓸리지 않고 자신만의 논리적 입장을 정립하는 것이지요.

비판적 사고는 세상을 더 깊이 이해하고, 그 안에서 나의 중심을 잡게 하는 힘입니다.

• 나를 위한 오늘의 질문 •
모두 당연하다고 여기는 것 중, 오늘 던질 질문거리는 무엇인가요?

정보의 홍수 속에서 중심 잡기

#정보 과잉 #정보 다이어트 #생산 #중심잡기

현대인은 정보 부족이 아닌 과잉으로 인해 불안과 피로를 느낍니다. 모든 것을 알아야 한다는 강박에서 벗어나는 것이 중요해요. 목표는 더 많이 아는 것이 아니라, 불필요한 정보로부터 나를 지키는 것입니다. 이를 위한 세 가지 실천 과제입니다.

첫째, '의도 설정하기'입니다. 정보를 접하기 전 "나는 왜 이것이 필요한가?"라고 스스로에게 물어 명확한 목적을 갖는 거예요.

둘째, '정보 다이어트'입니다. 나를 어지럽히는 자극적인 정보 채널을 줄이고, 나에게 깊이를 더해주는 양질의 정보원 몇 가지만을 꾸준히 보는 겁니다. 큐레이터처럼 나에게 들어올 정보를 직접 선별하는 것이지요. 정보의 홍수 속에서 나의 중심을 잡는 일은 더하기가 아닌 빼기를 통해 가능합니다.

셋째, '소비보다 생산'에 집중하는 태도입니다. 정보를 받아들이는 데 쓰는 시간보다, 내가 가진 정보를 활용해 무언가를 만들어내는 시간을 점차 늘려가기 바랍니다.

・ 나를 위한 오늘의 질문 ・
나에게 꼭 필요한 양질의 정보와 다이어트 해야 할 정보는 무엇인가요?

나만의 인생관 세우기

#인생관 #삶의 가치 #신념 체계

나만의 인생관을 갖는 것은 삶이라는 바다에 닻을 내리는 일과 같습니다. 하지만 인생관은 막연하게 생각만 해서는 구체화하기 어려워요. 글로 기록하여 명확한 형태로 만드는 과정이 필요합니다.

먼저 삶을 구성하는 여러 중요한 요소를 나열해보세요. 일, 성장, 건강, 관계, 쉼, 나눔, 사랑, 자유, 돈 등 우리의 삶을 이루는 다양한 가치들입니다. 거창하게 생각할 필요 없이, 지금 나에게 중요하다고 느껴지는 것들을 모두 꺼내보는 겁니다.

그다음, 그중에서 나에게 의미 있는 핵심 요소를 추출해보세요. 그리고 각 요소에 대해 '나는 ~하게 살아간다'와 같이 나만의 원칙을 한 문장으로 간단하게 써보는 겁니다. 예를 들어, '(건강) 나는 내 몸을 도구가 아닌 친구로 대한다'와 같이 말이지요.

이렇게 만들어진 문장들이 모여 당신만의 단단한 인생관이 되어줄 것입니다. 이것이 바로 나를 지켜주는 가장 확실한 신념 체계입니다.

· 나를 위한 오늘의 질문 ·
나의 삶을 이루는 가치에는 어떤 것들이 있나요?

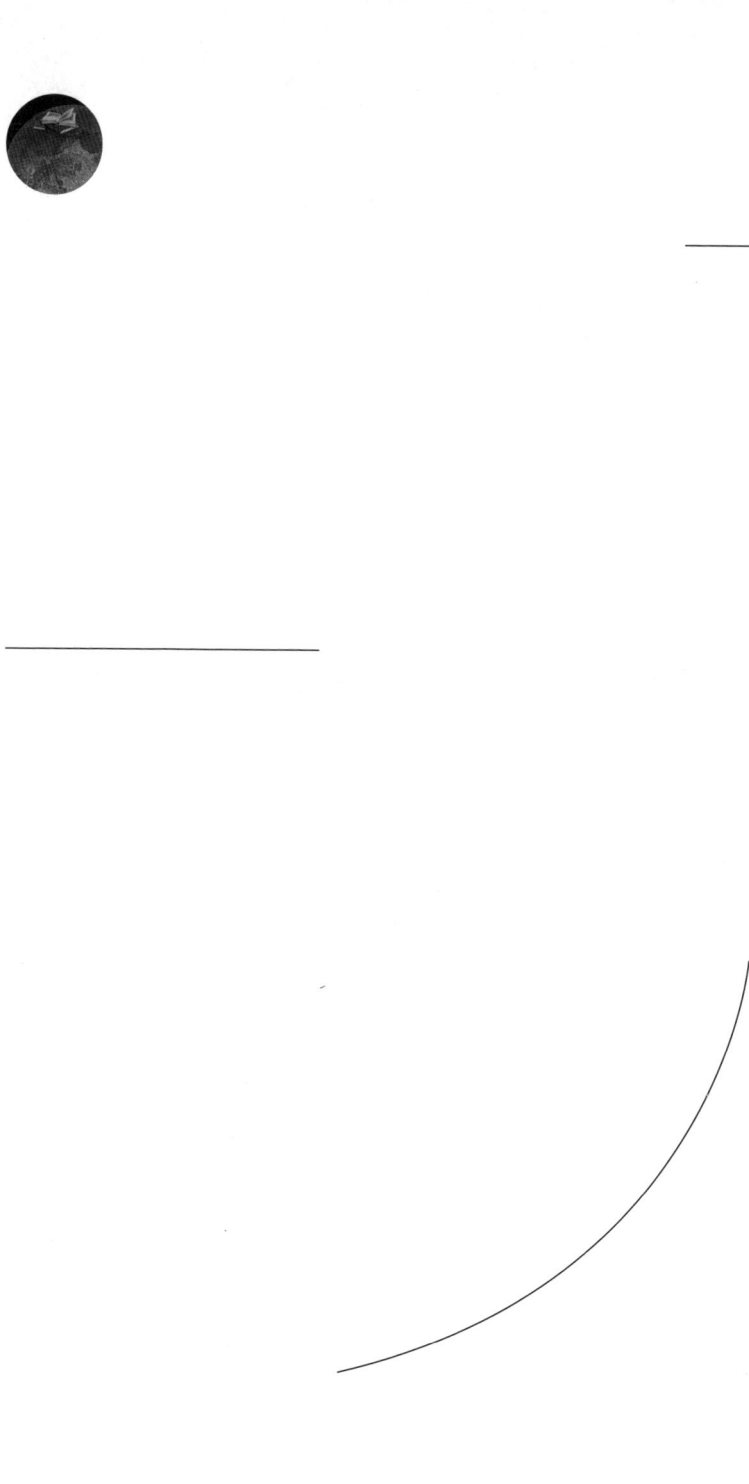

Chapter 5

빠름보다 단단함 선택하기

나만의 속도로 성장하기

#욕심 #조바심 #매일의 성장 #실행 #나만의 속도

빨리 부자가 되는 유일한 방법은 빨리 부자가 되려는 마음을 갖지 않는 것이라고 합니다. 욕심과 조바심은 무언가를 이루는 데 방해가 될 뿐이지요. 서로 경쟁하고 비교하는 사회 환경에서 나만의 속도로 성장하기 위한 핵심입니다.

첫째, 성장과 인생을 바라보는 생각 방식을 전환합니다. 요행이나 편법 같은 것은 아예 존재하지 않는다고 생각하면 공연한 욕심이나 조바심은 사라집니다.

둘째, '실행이 답'이라는 확신을 갖고 실행하는 겁니다. '하루에 스쿼트 30개씩 하기'처럼 구체적 목표를 프로젝트로 설정한 뒤, 목표를 단계적으로 세분화해서 매일 아침 루틴으로 실천합니다.

셋째, 실행의 끝 지점에서 시작점과의 차이를 인식하고 감각합니다. 실제 계단식으로 성장한 나의 변화를 확인하는 습관이 중요합니다. 이 과정에서 성장을 지속하는 힘을 얻게 되니까요.

"삶은 놀라운 신비요 아름다움이니 순간순간의 있음인 '한때'를 최선을 다해 최대한으로 살 수 있어야 한다." 법정 스님의 말씀입니다. 나만의 속도로 매일의 성장을 음미하는 삶이 나의 오늘을 더욱 신비한 아름다움으로 만들어줄 거예요.

• 나를 위한 오늘의 질문 •
조바심을 내려놓고 '나만의 속도'로 갈 오늘의 한 걸음은 무엇인가요?

DAY 122 기본으로 돌아가라

#무기 #역량 #기초 근력 #전략형 인간

월드 야구 스타인 오타니 쇼헤이_{大谷翔平}의 성공론, 『오타니 쇼헤이의 쇼타임』에 나온 두 나무꾼 이야기가 인상적입니다. 두 나무꾼에게 주어진 미션은 아름드리 통나무를 톱으로 자르기. 한 나무꾼은 시작과 동시에 열심히 톱질해서 한 시간에 통나무 네 개를 잘랐고, 다른 나무꾼은 20분간 자르지 않다가 남은 40분 동안 톱질을 해서 총 여섯 개의 통나무를 잘랐습니다. 후자의 나무꾼은 20분 동안 무엇을 했을까요?

그는 나무를 자르기 전 톱날을 가는 데 20분의 시간을 보냈습니다. 당장 자르고 싶은 마음을 참고 묵묵히 톱날을 간 것이 오히려 더 나은 결과를 가져온 것입니다. 이를 우리 삶에 적용해볼 수 있겠습니다.

노력이 성과로 이어지기 위해서는 무기가 있어야 합니다. 무기(톱)는 우리 자신의 역량이고, 톱날은 바로 그 역량을 갖추기 위한 기초 근력이라 할 수 있어요. 평소 기초 근력을 쌓는 데 소홀히 하면 원하는 것을 얻기 어려운 이유입니다.

톱날을 먼저 갈아야 함을 아는 사람이 전략형 인간입니다. 눈앞에 성과가 보이지 않는 지난한 시간 동안 톱날을 가는 심정으로 나에게 필요한 기초 근력을 쌓아보세요. 무기의 성능이 기본이고 우선입니다.

・ 나를 위한 오늘의 질문 ・
나의 목표를 달성하기 위해 갈고닦아야 하는 기본 역량은 무엇인가요?

절대적 능력주의

#부 #절대적 능력 #잠재성 #가능성 #자유

'사장을 가르치는 사장'으로 불리는 짐킴홀딩스 김승호 회장은 부자의 속성에 대해 다음과 같이 말했습니다. "그들은 결코 돈 버는 것 그 자체를 목적으로 삼지 않습니다. 절대적 역량을 갖추면서 실제 그들이 구현하고 실현하고 싶은 것에 집중하고 전력을 다합니다. 그 결과 부는 자연스럽게 따라오는 것이지요."

절대적 능력은 무언가를 이루고 싶은 욕구와 그것을 실현하기 위해 노력하는 모든 행위에서 생겨납니다. 절대적 능력주의의 속성으로 세 가지를 꼽을 수 있습니다.

첫째, 누구에게나 내재된 능력이 있습니다. 그 잠재성의 능력이 의식적 연습을 통해 구체적으로 드러나는 것이지요.

둘째, 절대적 능력에는 스스로를 자유롭게 하는 힘이 있습니다. 예컨대 부동산 지식이 필요할 때 직접 공부하면 그것으로 부동산 관련 업무를 쉽게 결정하고 실행할 수 있어요. 모든 일이 그렇습니다. 모르면 두렵고 두려우면 나 아닌 다른 것들에 조종당하고 구속되기 쉽지요.

셋째, 절대적 능력을 발휘하면서 얻는 아웃풋에는 기쁨이 있습니다. 아주 작은 것이라도 내 안에 있는 능력을 발휘하여 좋은 결과를 얻으면 진심으로 뿌듯해할 수 있거든요.

・ 나를 위한 오늘의 질문 ・
내가 갖출 수 있는 절대적 능력은 무엇인가요?

공부하다 죽어라

#공부 #지식 #지혜 #인문학

학교에서 가르쳐주지 않는 것이 많습니다. 부모 또는 자녀와 소통하는 법, 스스로 생각하는 법, 고난에 대처하는 법, 실수에서 배우며 성장하는 법 등등. 우리가 일상에서 스스로 공부해야 하는 이유입니다. 삶이라는 공간을 자유자재로 활보하는 데 필요한 모든 지식과 지혜를 얻는 일이 공부입니다.

공부의 영역을 구분해보면, 그 첫째는 내가 하는 일과 관련된 것입니다. 일과 공부를 나눌 필요 없이 일하는 현장에서 공부할 때 가장 많이 배울 수 있어요. 공부에의 열정을 진작시키고자 혜암 스님이 저술한 책 제목은 심지어 『공부하다 죽어라』입니다. 직업이 무엇이든 자신이 몸담은 일에 목숨을 바치듯 정성을 다하라는 가르침입니다. 예를 들어, 업무 향상을 위해 일과 관련된 개론서 한두 권은 반드시 숙지하고, 경험과 이론을 연결할 수 있도록 생각과 사유의 지평을 넓힙니다.

두 번째 영역은 기초 근력 공부입니다. 독서나 강의를 통해 생각의 깊이를 만드는 공부이지요. 창의적 사고와 문제 해결 능력을 키우는 데는 사실 인문학만한 것이 없어요. 동서고금의 지적 결정체를 매일 조금씩 내 것으로 취하다 보면, 어느새 몰라보게 성장한 나와 마주할 수 있습니다.

• 나를 위한 오늘의 질문 •
내 일에 바로 적용할 수 있는 오늘의 배움 한 가지는 무엇인가요?

자유의 근거로서의 역량

#능력 #역량 #반복 훈련 #반복 실행

마이클 샌델 Michael Sandel은 『공정하다는 착각』에서 능력 세습주의 문제를 지적합니다. 능력은 원래 부정적 개념이 아니지만, 자본주의 사회에서 능력주의가 확산하면서 서열화되고 경쟁적인 개념으로 변질됐습니다. 이때의 '능력'이 역할 수행을 위한 지식 측면을 뜻한다면, '역량'은 성과를 창출하기 위한 실행력을 일컫습니다. 우리는 각자의 역량을 강화함으로써 세습적 능력주의에 고개 숙이지 않는 당당함을 장착해야 합니다. 역량 강화의 3단계입니다.

첫째, 해당 분야의 역량을 정확히 파악하고 그 내용을 깊이 이해합니다. 예를 들어, 독서 역량은 독서 과정을 면밀히 관찰하고 분석해야만 제대로 인식할 수 있습니다.

둘째, 반복 훈련 과정이 매우 중요합니다. 그릿에 도달하려면 먼저 기술을 몸에 익혀야 하듯, 역량을 키우려면 반복 훈련이 필수입니다.

셋째, 숙달된 역량을 반복 실행합니다. 이 과정에서 마침내 성과를 내고 성취감을 느끼게 됩니다. 역량이 부족하면 늘 타인과 자신을 비교하며 스스로 상처받지만, 역량이 갖춰지면 일의 의미에 몰입해서 한결 자유로워집니다. 역량이 자유의 근거인 셈이지요.

• 나를 위한 오늘의 질문 •
지금 내 일에 꼭 필요한 역량 세 가지는 무엇인가요?

압도적 근면성

#힘씀 #도달 #아웃풋 #가능성

압도적 근면성은 '힘씀'의 차원이 다릅니다. 원하는 것에 도달하기 위해 끝까지 가겠다는 헌신의 힘씀입니다. 그러려면 도달의 끝을 명확히 그릴 수 있어야 합니다. 부지런하기만 하고 성과가 없는 이유는 명확한 아웃풋을 그리지 않아 중간에 그만두기를 반복하기 때문입니다.

'하나'를 끝까지 해낸다는 것은 내가 원하는 아웃풋에 도달할 때까지 나의 전부를 다해 힘쓰는 것을 말합니다. 형광등을 갈아본 사람은 알지요. 형광등을 가는 행위의 아웃풋은 딸깍 소리가 날 때까지 홈에 잘 맞추는 것임을요.

독서와 운동, 일에서 끝까지 간다는 건 어떤 모습일까요? 독서의 끝은 사람마다 다르겠지만, 책을 다 읽은 후 생각 잇기를 30분 이상 하는 것, 책을 통해 보고 깨달은 다음 삶에 적용할 것을 아웃풋하는 것으로 생각합니다. 농구 드리블의 끝은 공이 손에 착 달라붙어 공을 자유롭게 컨트롤하는 것이겠죠. 그리고 일에서의 끝은 아웃풋을 스스로 설정하고 시간 내에 그 아웃풋에 도달하는 것입니다. 이때 내 수준에 맞는 아웃풋을 설정하는 것이 중요합니다.

압도적 근면성이 몸에 붙어야 1퍼센트의 가능성마저도 내 것이 됨을 기억합니다.

· 나를 위한 오늘의 질문 ·
나의 전부를 다해 가장 열심히 힘써본 일은 무엇인가요?

무술을 익히듯 몸에 익히는 공부

#공부 #계획 #구체화 #개조식 요약 #실행

공부란 단순히 이해하고 아는 것이 아니라, 지식이 내 몸에 배도록 누적하는 것입니다. 공부工夫를 중국어로 공부功夫, 즉 '쿵후'라고 읽습니다. 시간을 투자해서 무술을 몸에 익히듯, 진정한 공부는 자신이 배운 것을 장인처럼 능숙하게 실행하는 수준에 도달하는 것입니다. 진짜 공부는 어떻게 이루어지는지 3단계로 나눠보겠습니다.

첫째, 계획을 세웁니다. 계획에서 가장 중요한 것은 최종 아웃풋을 어떻게 만들지를 명확히 하는 것입니다. 계획 단계에서 최종 아웃풋을 설계하고, 그 아웃풋을 산출하기 위한 일정을 구체화합니다.

둘째, 실제 아웃풋을 종합적으로 정리하는 단계입니다. 이때 핵심 키워드로 개조식 요약을 하는 것이 필요해요.

셋째, 계획과 개조식 요약을 바탕으로 실행합니다. 가장 성과가 좋은 실행은 발표나 강의를 해보는 거예요. 이러한 실행을 통해 학습 내용을 아웃풋하고 경험을 쌓는 것이 진짜 공부입니다. 배우고 가르치면서 우리는 함께 성장하는 법이지요.

・ 나를 위한 오늘의 질문 ・
지금 나에게 가장 필요한 공부는 무엇일까요?

기초 체력의 중요성

#건강한 몸 #맑은 정신 #나 가꾸기

우리는 종종 몸만 단단하게 만들면 된다거나, 혹은 강한 의지만으로 버티면 된다는 생각의 함정에 빠지곤 합니다. 하지만 몸과 마음은 서로 깊이 영향을 주고받기에, 어느 한쪽만의 노력으로는 실패하기 쉽습니다. 진정한 기초 체력은 몸과 마음의 긍정적인 상호 작용 속에서 길러집니다.

핵심은 몸의 건강함이 맑고 힘 있는 정신을 만들고, 그 좋아진 정신 상태를 일상에서 체감하며 즐거움을 느끼는 선순환에 있습니다. 예를 들어, 가벼운 아침 산책 후 머리가 맑아져 일이 잘 풀리는 경험을 하는 것이지요. 이런 긍정적 경험이 기초 체력을 꾸준히 다져갈 동력이 되어줍니다. '벌떡 습관'처럼 망설임 없이 움직이는 힘도 결국엔 몸과 마음이 밝은 상태일 때 가능해요.

기초 체력을 기르는 것은 나를 소중히 여기는 마음의 구체적인 표현입니다. 좋은 음식과 충분한 잠, 즐거운 운동과 편안한 휴식 모두 나를 가꾸는 행위임을 자각하는 것이 중요해요. 기초 체력은 단순한 몸 관리를 넘어, 꾸준한 '나 가꾸기'의 과정이자 결과입니다.

· 나를 위한 오늘의 질문 ·
내 마음과 몸을 가꾸기 위한 나만의 행동 루틴은 무엇인가요?

더 나은 나를 만드는 후회

#후회 #성장 #기록 #성공적 실천 #혁신

우리는 '후회'라는 감정에 대해 부정적으로 바라봅니다. 그런데 미래학자 대니얼 핑크Daniel Pink는 『후회의 재발견』에서 후회라는 불쾌한 감정이 더 나은 나를 만든다고 이야기합니다. 후회는 크게 행동적 후회와 비행동적 후회로 나뉩니다.

행동적 후회를 통해 얻을 수 있는 세 가지입니다. 첫째, 감정의 인식화, 병렬화입니다. 둘째, 후회에 숨겨진 가치에 대한 발견입니다. 일이 잘되지 않은 이유를 찾으면 혁신의 가능성을 높일 수 있지요. 셋째, 성장 계획화입니다. 후회를 통해 배운 교훈을 정리하고 전략 방향을 설정하여 성공적 실천을 할 수 있습니다.

후회를 발전과 성장의 출발점으로 삼기 위해서는 우선 후회에 대한 체계적인 정리, 즉 글로 기록하는 일이 필요합니다. 불가피했던 나의 선택을 이해하고 시행착오와 대면하는 것은 후회를 딛고 일어서는 기본 과정입니다.

후회는 실패라는 판단에서 비롯되지만, 후회하는 행위야말로 인간이 끊임없이 스스로를 혁신해온 비결이기도 합니다. 지금 후회 속에 침잠해 있더라도, 후회를 동력으로 일어서는 내일의 나는 후회하기 전보다 훨씬 더 큰 나일 것입니다.

• 나를 위한 오늘의 질문 •
가장 최근에 후회했던 일은 무엇이며, 그 후회를 통해 어떤 것을 깨달았나요?

DAY 130 마감일 스트레스 극복하기

#마감 #누적 #활력 #문제 해결 #집중

마감일이 코앞인데 일이 진행되지 않아 깊은 동굴에 갇힌 느낌일 때가 있습니다. '내가 해낼 수 있을까?' 하는 불안감이 덮쳐오지요. 이런 시기를 터널 끝 환한 빛으로 다가가는 시간으로 만드는 방법입니다.

첫째, 누적의 힘으로 성과를 조금씩 쌓아갑니다. 시간을 잘게 쪼개 마감해야 하는 일과 '다른 일'을 반복합니다. 다른 일은 정신에 여유를 줄 수 있는 집안일, 가벼운 소설 읽기 등 입니다. 마감과 관련한 일은 짧게 반복해서 20~30분만 집중적으로 하고, 한 시간은 다른 일을 하는 겁니다. 타이머를 맞추고는 '30분만 집중하자! 나는 할 수 있어!' 하고 주문을 외치며 시작합니다.

둘째, 몸이 상쾌해지도록 샤워, 운동 등을 하며 에너지를 충전합니다. 몸의 활력이 불안을 줄이고 자신감을 채우니까요. 셋째, 마감일 당일에 집중할 수 있는 긴 시간을 확보해 문제 해결을 합니다. 정신적 관성과 몸의 활력으로 디데이 당일에 집중합니다.

이렇게 하면 결국 이루어내는 사람이 될 수 있습니다. 반복을 통해 성공 습관을 감각할 수 있지요. 자, 이제 나의 가능성을 믿고 터널 끝으로 달려봅시다.

• 나를 위한 오늘의 질문 •
나를 살리는 에너지 충전 활동에는 어떤 것이 있나요?

장벽을 성장의 문으로

#기술 #자주적 결정 #습득 #자신감

마음속으로 되고 싶은 '실제의 나'와 아웃풋으로 '세상에 보이는 나'는 차이가 있습니다. 이 둘의 간극 때문에 우리는 쉽게 포기와 좌절의 손을 잡기도 합니다. 수시로 눈앞을 막아서는 장벽 앞에서 그 장벽이 문이 되게 하려면 어떻게 해야 할까요? 그 장벽을 뛰어넘는 나만의 병기인 '기술'을 내장해야 합니다. 기술은 반복해야 도달하게 되는 경지이지요. 차이를 만드는 기술이 장벽 넘기의 핵심입니다. 장벽 앞에서 인생을 역전시킨 사람들에게는 세 가지 공통점이 있습니다.

첫째, 하고 싶은 것을 자주적으로 결정합니다.

둘째, 자신의 앞을 가로막는 장벽은 기술을 습득해서 극복합니다.

셋째, 자신감을 가지고 하고 싶은 것을 당당하게 합니다. 이 자신감의 근거가 반복을 통한 기술 습득이고요.

실로 세상은 수많은 장벽과 고통으로 가득하지만, 또한 그것을 넘어서고 극복하는 사람으로도 가득하답니다. 기본 기술을 몸에 붙이면 장벽은 성장의 문으로 우리에게 다가올 거예요.

· 나를 위한 오늘의 질문 ·
내 앞의 가장 큰 장벽은 무엇인가요?

산을 뛰어넘듯 난관 극복하기

#labor #work #practice #지속성 #행복 지수

한나 아렌트의 『인간의 조건』에서는 일의 의미를 'labor', 'work', 'practice'로 분류합니다. labor는 생존하기 위한 일, work는 직업 또는 전문적인 일, practice는 가치를 실현하는 일입니다. 오늘 하루, 일이 난관에 부딪힐 때는 일의 본질인 practice를 생각합니다. 이로써 '능력에 부치는 일', '제한된 시간', '두려움 때문에 하기 싫은 마음'이라는 어려움을 극복할 수 있어요.

먼저 능력에 부치는 일에 봉착했을 때는 혼자서 '미치지' 않습니다. 다른 사람의 도움과 협력을 이끌어내거나 외주로 해결합니다. 목표를 하향 조정하는 일도 필요하지요. 또한 일에 주어진 시간이 너무 제한적일 때는 할 수 있는 최대한의 '미친 지속성'을 발휘하는 한편, 가치를 하향 조정하고 그 결과를 수용합니다.

그리고 일의 가치는 인정하지만 내 컨디션이 그 일을 외면할 때는 내 몸의 행복 지수를 끌어올려야 합니다. 감정과 기분의 전환을 위한 무언가를 시도하는 겁니다.

여하한 일로 큰 산에 가로막힌 날, 생존과 의무가 아닌 가치에 집중해서 하기 싫은 일을 하고 싶은 일로 승격해봅니다. 힘들겠지만, 산을 뛰어넘듯 오늘의 힘듦을 뛰어넘어보자고요.

・ 나를 위한 오늘의 질문 ・
지금 하는 일은 생존(labor), 직업(work), 가치(practice) 중 어디에 속하나요?

장벽 너머의 자유

#낯선 용기 #공간 #생각 #관계 #자유

우리가 만나는 일상의 작은 장벽은 무엇일까요? 큰맘 먹고 펜을 들었지만 한 줄 글 쓰는 일이 어려울 때도 있고, 관계에서도 뭔가 답답한 벽이 느껴질 때가 있습니다. 새로운 일에 도전해야 하는 순간에는 낯선 용기와 손잡는 것이 두렵기도 합니다.

이 모든 장벽 앞에서 명심할 것이 있습니다. 나 자신을 좁은 공간으로 몰아가지 말 것 그리고 그 장벽에서 잠깐 벗어날 것. 일단 익숙한 물리적 공간을 벗어나서 낯선 곳, 다른 공간, 다른 세계로 옮겨갑니다. 전혀 상관없는 사람을 만나고, 엉뚱한 책을 읽고, 영상을 봅니다. 그러다 보면 어느 순간, 풀리지 않던 문제의 해답을 얻게 될 거예요.

풀리지 않는 관계의 어려움이 있을 때도 잠시 문제를 덮어두고 몸을 많이 움직이는 운동을 하며 땀을 냅니다. 불현듯 옹졸한 에고에 집착했던 마음이 풀리고 너그러워질 거예요. 이렇게 공간, 생각, 관계를 객관화하며 거리를 두고 그것들을 바라봅니다. 너무 잘하려는 마음의 힘을 빼고, 질적 목표의 허들을 낮추고, 장벽을 한번 넘어보는 겁니다. 돌아가고 싶고 안주하고 싶은 마음을 딛고 힘껏 도약해서 작은 장벽을 넘었을 때, 우리를 기다리고 있는 그것이 '자유'입니다.

・ 나를 위한 오늘의 질문 ・
너무 잘하려는 마음을 낮출 나만의 '최소 성공 기준'은 무엇인가요?

스스로를 보듬는 시간

#고난 #인생 주기 #하락기 #수용

"버텨야 삶이 지속되는 것이 아니라, 삶이 지속되니 버텨야 한다"라는 말이 있습니다. 인생은 마치 파도와 같아서 기운의 주기를 가지고 있어요. 밝은 기운이 상승할 때는 기쁨과 만족이 넘치지만, 언젠가는 하락기가 찾아오기 마련입니다. 주역에 따르면 3년간 불운이 지속되는 삼재가 있다고 해요. 하지만 어떤 고난도 끝없이 지속되지는 않습니다. 고난을 딛고 성장하기 위해 인생 주기를 이해하고 받아들이는 방법입니다.

첫째, 현재 하락기라면 그것을 알아차리고 수용합니다. '왜 내게만 이런 일이 생길까?' 하고 자책하지 마세요. 사람마다 맞이하는 인생의 계절이 다릅니다. 지금 겨울이라는 계절이 온 것뿐이에요. 월동 준비를 하듯 내 인생에 겨울이 왔음을 알아차리고 받아들입니다.

둘째, 지금 해야 하는 여러 역할 중 한 가지만 생각합니다. 가정이나 회사에서 무리하여 무언가를 더 하려 하지 말고, 꼭 해야 하는 일 한 가지만 합니다.

셋째, 나 자신과 연결되는 소중한 시간을 확보합니다. 좋아하는 것을 하며 나를 보듬어주세요. 삶을 견딜 수 있는 힘은 스스로를 위하는 시간에서 나옵니다.

· 나를 위한 오늘의 질문 ·
지금 내 인생의 계절은 언제이며 왜 그렇다고 생각하나요?

'잘된 실패'의 조건

#실패 #학습 #데이터 #성장 발판

'실패는 성장을 위한 데이터'라는 말은 이제 익숙합니다. 하지만 모든 실패가 약이 되지는 않지요. 감정적 자책과 후회로만 끝나는 '잘못된 실패'는 우리를 주저앉게 할 뿐입니다. 성장의 디딤돌이 되는 것은 오직 교훈을 명확히 추출해낸 '잘된 실패'뿐입니다. '잘된 실패'를 만드는 세 가지 조건입니다.

첫째, 명확한 가설을 세우고 시작했는가? 무엇을 시도하고 검증하려 했는지 명확히 인지해야 실패의 원인을 제대로 분석할 수 있습니다.

둘째, 원인을 객관적으로 분석했는가? '나는 역시 안돼'라는 감정적 자책이 아니라, 과정의 어떤 부분이 문제였는지 냉철하게 기록하고 분석해야 합니다.

셋째, 구체적인 교훈을 추출했는가? 이 경험을 통해 '다음에 절대 하지 말아야 할 것'과 '다르게 시도해볼 것'을 명확한 문장으로 정리해야 합니다.

・ 나를 위한 오늘의 질문 ・
나를 성장하게 한 '잘된 실패'는 무엇인가요?

회복탄력성을 키우는 연습

#회복탄력성 #마음 근력 #자기 조절 #긍정성

회복탄력성은 시련을 딛고 더 높이 튀어 오르는 마음의 근력입니다. 이는 타고나는 기질이 아니라, 의식적인 연습을 통해 누구나 기를 수 있는 '기술'이지요. 넘어진 뒤 다시 일어서는 마음의 근력을 키우는 세 가지 방법입니다.

첫째, 자기 조절 능력을 발휘합니다. 실패의 감정에 휩쓸리지 않고, 아주 작은 성공(책상 정리, 이불 개기 등)을 해내며 상황에 대한 통제감을 회복하는 겁니다.

둘째, 긍정적 관점으로 재해석합니다. '나는 실패자'라는 낙인 대신, '나는 귀한 데이터를 얻은 학습자'라고 관점을 전환하는 것이지요.

셋째, 건강한 관계에 기댑니다. 혼자 끙끙 앓는 대신, 신뢰하는 사람에게 과정을 공유하며 지지와 위로를 얻습니다.

하루 한 번, 이 기술들을 의식적으로 실천해보세요. 어느새 회복탄력성은 우리 몸에 단단히 뿌리내릴 것입니다.

· 나를 위한 오늘의 질문 ·
마음의 근력을 키우는 나만의 리추얼이 있나요?

누적의 힘

#특이성 #누적 #강도 #차이 #지속

질 들뢰즈Gilles Deleuze는 인간을 고정된 실체로 보지 않고 차이와 변화 그리고 생성의 관점에서 바라봅니다. 우리 모두를 여러 특이성singularity의 조화로 이루어지는 존재, 누적의 힘을 갖는 존재로 본 것입니다. 생각, 의지, 행동이 누적되면서 인간에겐 새로움이 생성됩니다. 결정적인 순간에 변화를 추동하는 이 힘을 '강도intensity'라고 합니다.

자전거를 처음 탈 때를 떠올려보세요. 수없이 페달을 밟고 넘어지고 다시 일어서는 그 반복이 누적되다 보면 어느 순간 넘어지지 않고 앞으로 나아갈 수 있잖아요. 그 순간 가해지는 힘이 강도입니다. 이때 강도는 만들어진 차이가 아니라 내가 '만들어낸 차이', 생성하는 힘으로서의 차이입니다. 자전거 타기가 나의 자유 영역으로 들어온 것이지요.

지속의 힘으로 우리는 이전의 내가 아닌 변화하는 존재, 차이를 만들어내는 존재가 '되어갑니다'. 일상에서 반복하고 지속해야 하는 세 가지는 읽기, 쓰기, 지식 능력 쌓기입니다. 읽기의 지속은 생각의 힘을 키워주고, 생각의 총합인 글쓰기는 나의 잠재성을 드러내며, 지속적인 지식 능력 쌓기는 무지로부터 나를 해방시킵니다. 이로써 우리는 세상을 더 넓고 깊게 볼 수 있습니다.

· 나를 위한 오늘의 질문 ·

수없이 단련하여 마침내 숙련된 능력이 있다면 무엇인가요?

will과 shall의 상호 작용

#인샬라 #마크툽 #will의 시간 #shall의 시간

파울로 코엘료Paulo Coelho의 소설 『연금술사』에 나오는 두 단어, '인샬라', '마크툽'이 처음에는 이해되지 않았습니다. '신의 뜻대로'라거나 '어차피 그렇게 될 일이다'라는 뜻인데, 이처럼 거부할 수 없는 숙명의 언어와 '자아의 신화'를 찾아가는 여정이 잘 연결되지 않았어요. 그런데 주인공이 스스로의 삶을 결정하는 것을 보면서 저 또한 깨달았습니다. 인생에서의 성취란 'will'과 'shall'의 상호 작용임을 말이죠.

어느 노인이 주인공 산티아고에게 자아의 신화를 찾아 떠나라며 이렇게 말합니다. "네가 무언가를 간절히 원할 때 온 우주는 너의 소망이 실현되도록 도와준다." 여기서 간절히 원하는 것이 'will의 시간'이고, 온 우주가 도와주는 것이 'shall의 시간'입니다.

일상의 루틴, 집중, 성취 역시 will과 shall의 상호 작용입니다. 시작은 의지로 하되 이루어가는 과정은 shall에 맡깁니다. 결정과 선택은 자신만이 할 수 있어요. will의 시간입니다. 그리고 shall의 시간은 사람들의 기운이 작동하여 이루어집니다. 혼자의 힘이 아니지요.

오늘 하루는 나의 모래알 같은 will과 우리의 shall의 역사가 쌓여서 이루어진 결과입니다.

• 나를 위한 오늘의 질문 •
나와 주변이 함께해서 이룬 성과가 있나요?

차이를 만드는 반복

#반복 #성장 #의미 #훈련 #차이

질 들뢰즈는 『차이와 반복』에서 "이 세상에 반복하지 않는 것은 없다. 그러나 차이 없는 반복도 없다"라고 이야기합니다. 미세한 차이가 존재하는 반복으로 우리는 성장합니다. 한 단계 성장하면 이전과는 확실히 다른 '나'가 됩니다. 일상에서 차이를 만드는 반복은 어떻게 이루어질까요?

첫째, 내가 하는 일에 나만의 의미를 부여해봅니다. 남들이 못 보는 본질을 찾고, 숨어있는 아름다움을 발견하는 거예요. 자격증 공부나 보고서 쓰기는 매일의 과정을 통해 능력을 키워간다는 의미를 부여할 수 있습니다.

둘째, 의식적 훈련을 합니다. 미세한 차이를 만들어 누적해가는 과정의 핵심입니다. 실력을 향상하기 위해 자신의 능력과 상태를 주의 깊게 살피고, 집중해야 할 부분을 판단하고 선택하며 진행하는 연습입니다. '차이'로 가는 변화와 성장을 자각해봅니다.

셋째, 어느 정도 역량이 향상되어 능숙해지면 일의 수행 시간이 단축됩니다. 이제 남는 시간에 새로운 시도와 도전을 하면 다음 단계의 큰 차이를 만드는 씨앗이 됩니다.

차이를 만드는 반복으로 우리는 '되어가는 존재'가 됩니다.

・ 나를 위한 오늘의 질문 ・
능숙한 역량을 쌓기 위해 노력하고 있는 일은 무엇인가요?

반복됨에서 반복함으로

#반복됨 #반복함 #주간 계획 #의식적 훈련 #기록

'반복됨'과 '반복함'의 차이는 자주적 결정, 의식적 훈련, 지속적 확인에 있습니다. 반복됨이 아닌 반복함으로 성장하는 3단계입니다.

첫째, 주간 계획으로 일주일 단위의 반복할 행동을 '자주적으로' 기획합니다. 이때 계획 내용, 목적, 방점을 둘 곳을 미리 설계합니다. 반복의 목적을 혁신에 두면 성과를 체감할 수 있어요. 혁신은 시간을 줄이는 것인즉, 환경을 만들고 능력을 키우면 달성할 수 있습니다.

둘째, 반복하면서 작은 차이를 지속하는 '의식적' 훈련을 합니다. 반복 행위를 할 때 목적을 떠올리고 의미 부여 포인트를 둡니다. 가사일을 할 때는 가족이 행복감을 느끼는 모습을 상상하고, 회사에서는 내가 기여한 상품과 서비스가 고객에게 좋은 경험을 주는 것에 포인트를 두는 거죠.

셋째, 일상 기록으로 나의 변화와 성장을 확인하고, 주말에는 시작점과 종료점의 변화를 종합하여 기록합니다. 나의 성장을 감각하며 스스로를 칭찬하는 것도 잊지 않습니다.

나아감은 반복의 결과입니다. 정상을 겨누는 걸음걸음이 어느새 성취에 다다르듯, 작은 차이를 이루는 반복함이 누적의 성과로 나를 빛나게 함을 기억합니다.

・ 나를 위한 오늘의 질문 ・
계획과 기록을 통해 반복적으로 해본 일이 있나요?

의식적 연습의 힘

#그릿 #끈기 #의식적 연습 #피드백 #성장

앤절라 더크워스Angela Duckworth는 『그릿』에서 열정적 끈기의 중요성을 이야기했습니다. 우리가 이 '그릿'의 세계에 도달하기 위해 반드시 통과해야 하는 단계가 바로 '의식적 연습'입니다. 기술을 몸에 붙이는 이 단계를 거쳐야만, 우리는 재미와 작은 성과를 맛볼 수 있어요. 그리고 그 즐거움이 다시 열정을 불러일으켜 오래도록 지속하게 하는 힘이 되어준답니다.

　의식적 연습은 맹목적인 노력이 아닙니다. 먼저 '어떻게 향상할 것인가'에 대한 방법적 목표를 설정하고, 자신의 문제를 냉철하게 분석한 뒤, 다시금 더 정교한 방법적 목표를 설정하는 과정의 반복이지요.

　컴포트 존, 즉 안전지대에 안주하지 않고, 자신의 기량을 약간 넘어서는 새로운 과제에 계속 도전하는 것이 핵심입니다. 하지만 기를 쓰고 자신을 단련할 필요는 없어요. 의식적 연습은 고통스러운 단련이 아니라 성장을 위한 가장 지혜롭고 효율적인 방법이기 때문입니다. 명확한 목표와 피드백 속에서 우리는 지치지 않고 단단해질 수 있습니다.

・ 나를 위한 오늘의 질문 ・
나의 기량을 넘어서는, 도전할만한 새로운 과제가 있나요?

1만 시간의 법칙을 넘어서

#양보다 질 #환경 #내적 지향 #목표 #방향성

'1만 시간의 법칙'은 지속적 노력이 성공에 이르는 절대적 조건임을 보여줍니다. 하지만 시간의 양이 성공을 보장하는 절대적인 조건은 아니에요. 그 법칙이 작동하려면 결정적인 전제들이 필요하지요. 바로 재능을 펼칠 수 있는 좋은 환경과, 그것을 지속하게 하는 강한 내적 지향입니다. 말콤 글래드웰은 『아웃라이어』에서 이 점을 강조하고 있어요.

단순한 양보다는 질이 중요합니다. 그리고 그 양질의 노력을 지속할 수 있게 하는 환경과 동기가 갖춰졌을 때, 1만 시간은 비로소 의미를 갖게 됩니다. 이 법칙을 모든 일에 적용하려 애쓰기보다, 우리 삶의 가장 중요한 과제, 즉 '인생 과제'에 투입하세요.

그냥 성실하게 사는 것과 인생의 목표를 향해 10년을 꾸준히 나아가는 것은 다릅니다. 명확한 목표 없이 노력만 해서는 나다운 인생의 결실을 볼 수 없음을 기억해야 합니다. 당신의 1만 시간은 어디를 향하고 있는지 꼭 물어보시기 바랍니다. 목표 없는 노력은 소모로 흐르지만, 목표가 있는 시간은 성장의 기록이 됩니다.

· 나를 위한 오늘의 질문 ·
1만 시간의 법칙을 적용할 가장 중요한 삶의 과제는 무엇인가요?

미세한 차이가 만드는 격차

#차이의 반복 #작은 노력 #변화 #성장

철학자 질 들뢰즈는 '차이와 반복'이라는 개념으로 세상의 생성을 설명했습니다. 그의 철학에 따르면, 어떠한 반복도 완전히 똑같은 반복은 없으며, 모든 반복은 미세한 차이를 만들어낸다고 합니다. 바로 이 '미세한 차이'가 성장의 비밀이지요.

일상의 작은 노력은 처음에는 아무런 변화도 일으키지 않는 것처럼 보일 수 있어요. 하지만 이 미세한 차이는 복리처럼 쌓여, 어느 순간 거대한 격차를 만들어냅니다. 이 큰 차이는 다시 새로운 반복의 기반이 되고, 그 위에서 또 다른 미세한 차이들이 생겨나며 우리의 성장을 가속합니다.

우리는 삶의 모든 영역에서 이 미세한 차이를 의식적으로 만들어가는 존재가 되어야 합니다. 어제와 다른 오늘을 만들려는 작은 '태도'의 차이, 좋은 일을 꾸준히 해나가는 '습관'의 차이, 그리고 현상을 더 깊이 이해하려는 '사유'의 차이가 그것입니다. 이 작은 차이야말로 평범한 하루를 비범한 성장으로 이끄는 힘입니다.

・ 나를 위한 오늘의 질문 ・
나를 위해 꾸준히 지속하는 일이 있나요?

성장의 S 곡선

#성장 곡선 #정체기 #임계점 #플래토

혁신 확산 이론의 대가 에버렛 로저스Everett Rogers는 모든 성장이 'S'자 형태의 곡선을 따른다고 말했습니다. 아무리 노력해도 성과가 보이지 않는 정체기에 좌절해본 적 있다면 이 곡선을 꼭 기억해야 합니다. 성장의 3단계입니다.

첫째, 초기 정체기입니다. 아무리 노력을 쏟아부어도 실력이 거의 늘지 않는 시간이지요. 대부분 여기서 포기하지만, 사실은 뿌리를 내리고 내실을 다지는 가장 중요한 '단단함'의 시간입니다.

둘째, 급성장기입니다. 노력의 임계점을 돌파하는 순간, 실력이 폭발적으로 향상됩니다.

셋째, 성숙기(플래토)입니다. 성장이 다시 완만해지며 안정기에 접어들지요. 이때는 안주하지 말고, 새로운 도전을 통해 다음 S 곡선을 시작할 준비를 해야 합니다.

지금 나의 위치가 어디쯤인지 진단하고 조급함을 내려놓는 지혜가 필요합니다.

・ 나를 위한 오늘의 질문 ・
성장의 3단계 중 나는 어느 단계에 있나요?

내 안의 거인 깨우기

#잠재성 #이론지 #실천지 #가능성

우리는 크고 다양한 가능성을 내 안의 잠재성으로 갖고 있습니다. 그것을 '거인'이라고 부르지요. 저는 인터뷰를 하면서 내가 누군가와 이야기하고 정리하는 걸 잘하는 사람이라는 사실을 알게 됐습니다. 그리고 우연히 산 사진을 찍으면서 제가 사진을 감각적으로 잘 찍는다는 사실을 깨달았어요. 주어진 우연이 저의 잠재성을 발견할 기회가 된 것입니다.

몸의 철학자 모리스 메를로 퐁티Maurice Merleau-Ponty는 지식을 '이론지'와 '실천지'라는 개념으로 분류했습니다. 흔히 의식에 기초한 이론지를 높이 평가하지만, 그는 몸을 쓰는 실천지가 진정한 지식이라고 말합니다. 실천지는 해봐야 알 수 있는 것입니다. 내 안의 거인은 다양한 경험과 실천으로 깨어나므로 우리는 다양한 경험에 항상 몸을 열어두어야 합니다.

예를 들어, 워크넷 사이트 같은 다양한 정보 채널에서 실천지의 장을 발견해보는 건 어떨까요? 가능성을 선택해서 주말에 실천해보며 그것이 혹시 나의 거인인지 확인해보는 것입니다. 내 안에 잠든 거인은 다양한 시도와 많은 우연 속에 서야 기지개를 켜기 시작함을 꼭 기억합니다.

• 나를 위한 오늘의 질문 •
확인해보고 싶은 실천지, 나만의 거인은 무엇인가요?

지속 성장을 위한 '나' 컨설팅

#속도 #방향 #컨설팅 #프레임워크

인생은 속도가 아니라 방향이 중요하다지만, 방향과 속도를 함께 챙겨보면 어떨까요? 내가 원하는 방향을 향해 속도를 내기 위해 스스로를 컨설팅해보세요. 컨설팅 프레임워크는 크게 세 가지 요소로 구성할 수 있습니다.

첫째, 전략 설계. 중점 업무를 중앙에 두고, 목적과 목표, 핵심 가치, 실천 방향성을 메모합니다. 실천 방향성을 찾고 포인트 분야를 발견하기 위해 SWOT 분석을 해요. 나 자신의 강점(S)과 약점(W) 그리고 외부 환경 기회(O)와 위협 요인(T)을 한 가지씩 적어봅니다.

둘째, 업무 분석. 일을 프로세스 관점에서 나열해봅니다. 예를 들어, 유튜브 채널 운영자라면 기획, 아이템 선정, 원고 작성, 촬영, 편집, 피드백 등 개선이 필요한 혁신 과제를 설정하고 계획을 세웁니다.

셋째, 교육. 역량 향상을 위해 지식 맵을 만들고 연구 과제를 도출합니다. 양질의 콘텐츠를 만들기 위해 독서 시간 확보하기, 구독자 취향 맞춤 공부하기 등을 우선 과제로 선정하고 실행을 위한 루틴을 만들어보세요.

스스로를 컨설팅하는 과정을 통해 나다움의 목표를 달성하고 더 나은 자신을 만들 수 있습니다.

• 나를 위한 오늘의 질문 •
나의 SWOT은 무엇인가요?

혁신과 성장에서 기쁨 찾기

#자신감 #혁신 #성장 마인드 셋

운동선수들은 시합을 앞두고 자신감을 갖기 위해 '의도적 훈련deliberate practice'을 합니다. 매일 훈련 과정을 통해 특정 포인트를 개선하는 것이지요. 자신감은 혁신과 성장의 과정에서 생깁니다. 이런 근본적인 자신감이 없으면 평가에 집착하게 되고, 평가가 없으면 기쁨을 느끼지 못하기도 합니다. 성과에 의존하는 기쁨은 일시적이지요. 혁신과 성장에서 진정한 기쁨을 찾는 방법입니다.

첫째, 자신의 삶에서 핵심 성공 요인을 파악합니다. 그리고 이를 달성하기 위해 헌신합니다. 핵심 가치와 삶의 가치를 일치시키는 과정에서는 성과보다 변화 자체가 기쁨이 됩니다.

둘째, 노력과 학습을 통해 내 능력을 키울 수 있다는 '성장 마인드 셋'을 구비합니다. 이를 갖추면 실패하거나 비판을 받더라도 그것을 배움과 성장의 기회로 삼을 수 있어요.

셋째, 타인의 성공을 벤치마킹합니다. 거기에서 영감을 받고 자신을 성찰하여 나의 부족한 점을 체크하고 개선합니다.

삶은 작은 혁신과 성장의 지속입니다. 이렇게 하루하루 나아가다 보면, 어느 날 문득 혁신의 뜰에서 진하게 풍겨오는 성장의 기쁨을 느낄 수 있습니다.

· 나를 위한 오늘의 질문 ·
기존 틀에서 벗어난 혁신을 통해 성장한 경험이 있나요?

담대한 성장

#욕망 #성장 #배움 #기록 #칭찬

우리 안에는 잘하고 싶은 것, 나아지고 싶은 것이 아주 많습니다. 그런데 욕망의 크기에 비해 성장 변화는 아주 미세하게 일어나지요. 그렇다 보니 스스로 성장을 인지하지 못해 쉽게 돌아서기도 합니다. 하지만 우리는 매 순간 어제와 다른 나를 입증하며 성장하는 중입니다. 다만 그 결과가 좀 더디 올 뿐이에요. 몇 번 해보고 나서 '난 안 돼'라고 섣불리 판단해서는 안 되는 이유입니다. 나다움으로 담대해지는 성장을 위해 세 가지를 실천해봅니다.

첫째, 다양한 시도와 배움을 적극적으로 받아들입니다. 서투르면 어떤가요. 모르면 부끄러워 말고 물어봐야 해요. 단, 내 일이니만큼 혼자 더 치열하게 반복하고 연습합니다.

둘째, 기록합니다. 매시간 촘촘히 지난 행위를 기록함으로써 내 지향과의 불균형을 발견하고 교정할 수 있습니다.

셋째, 칭찬합니다. 다른 사람은 다 알지 못하는 나의 강점을 들여다보세요. 부족하고 서툴러도 꾸준히 연습해서 변화하고 있는 나 자신에게 한가득 칭찬을 퍼붓습니다. 결국 나를 보듬어주고 나에게 힘을 줄 사람은 오직 '나'입니다.

・ 나를 위한 오늘의 질문 ・
담대한 성장을 위해 오늘 행할 행동 한 가지는 무엇인가요?

DAY 149 — CEO처럼 인생 경영하기

#인생 경영 #비전과 목표 #브레인스토밍 #SWOT 분석

지식 향상이 회사 경영의 핵심 목표인 시대입니다. 지식 경영의 양대 산맥인 피터 드러커Peter Drucker와 노나카 이쿠지로野中郁次郎의 조언을 토대로 지식 경영을 내 인생에 담는 법을 알아봅니다.

첫째, 기업이 목표를 정하고 경영을 하듯, 우리도 가고자 하는 방향을 정하고 인생을 경영해야 합니다. 비전과 목표를 수립하는 것이지요. 인생 목표를 고려해서 매월 목표를 설정하고, 브레인스토밍과 SWOT 분석을 합니다.

둘째, 지식 경영을 긍정하고 지속 가능한 학습 시스템을 구축합니다. 피터 드러커는 지식을 성장시키는 체계 그 자체를 중시했습니다. 매일 아침의 공부 루틴 같은 것입니다.

셋째, 노나카 이쿠지로가 이야기한 학습 조직을 구축합니다. 단순 공부 모임이 아니에요. 지식 경영 차원에서 공부 방향성을 정하고, 인생을 경영하는 핵심 도구로 모임을 활용해야 합니다. 함께하면 멀리 갈 수 있고 지속할 수 있으니까요. 최고의 리더는 최고의 일꾼을 만드는 사람이라는 말이 있습니다. 내 인생의 CEO인 우리는 스스로 최고의 리더이자 일꾼이 되어야겠습니다.

• 나를 위한 오늘의 질문 •
내 삶의 CEO로서 삶의 목표를 어디에 두고 있나요?

나의 잠재성을 발견하는 법

#잠재성 #메모 #반복 내재화 #피드백

우리는 종종 '잠재성'과 '가능성'을 혼동하곤 합니다. 가능성은 아직 존재하지 않는 것이지만, 잠재성은 이미 내 안에 존재하는 힘입니다. 아직 현재로 드러나지 않았을 뿐, 바로 지금의 내 모습 바로 밑에 들어 있는 것이지요. 이 사실을 깨닫는 것이 잠재성 발견의 첫걸음입니다.

그렇다면 내 안의 잠재성을 어떻게 끄집어낼 수 있을까요?

첫째, '지속적인 생각과 메모'입니다. 내가 무엇을 잘하는지, 무엇에 끌리는지를 꾸준히 생각하고 기록하는 반복적인 노력이 잠재성을 수면 위로 떠오르게 합니다.

둘째, '우연을 붙잡는 것'입니다. 우연히 무언가를 조금 잘 해냈을 때, 그 순간을 절대 놓치지 말고 기록해야 해요. 그리고 그것을 반복적으로 시도하며 의식적으로 현재의 능력으로 만드는 겁니다.

셋째, '타인의 시선'에 귀 기울이는 자세입니다. 당연하게 여겼던 나의 장점을 다른 사람들이 발견하고 말해줄 때가 많기 때문이지요.

잠재성은 찾는 것이 아니라, 이미 있는 것을 알아보고 키우는 것입니다.

・ 나를 위한 오늘의 질문 ・
타인에게서 나의 잠재성을 확인한 적이 있나요?

컴포트 존을 넓히는 용기

#컴포트 존 #안전지대 #성장통 #의식적 불편함

심리학자 로버트 여키스Robert Yerkes는 성장이란 심리적 안전지대인 '컴포트 존'의 경계에서 일어난다고 했습니다. 하지만 우리는 종종 컴포트 존을 무작정 '벗어나야' 한다고 오해하곤 합니다. 중요한 것은 급진적인 탈출이 아니라, 안전함을 느끼는 영역을 점진적으로 '넓혀가는' 용기입니다. 컴포트 존을 건강하게 넓히는 세 가지 방법입니다.

첫째, 작은 불편함을 감수합니다. 매일 다니던 길이 아닌 다른 길로 산책하거나, 늘 마시던 커피 대신 새로운 차를 시도하며 '낯섦'에 익숙해지는 겁니다.

둘째, 결과가 아닌 과정에 집중합니다. 새로운 시도의 성공 여부보다, '도전했다는 사실' 자체를 칭찬하며 심리적 부담을 덜어냅니다.

셋째, 안전장치를 마련합니다. 실패해도 언제든 돌아와 쉴 수 있는 '나만의 베이스캠프(취미, 좋은 관계 등)'가 있음을 기억하세요.

이런 작은 용기가 평범한 하루를 특별한 탐험으로 만듭니다.

· 나를 위한 오늘의 질문 ·
오늘 당장 시도해보고 싶은 '낯섦'은 무엇인가요?

Chapter

6

평범한 하루도 특별하게

지금, 여기에서의 행복

#행복의 빈도 #의식 #행복 감각 #감정

인간은 살기 위해 행복감을 느끼도록 설계되었을지도 모릅니다. 행복은 목적이 아닌 수단이고 강도보다 빈도가 중요하며, 우리 대부분은 이미 행복한 것인지도 몰라요. 실로 매 순간 느끼는 행복의 감각이 인생 전체의 행복을 결정합니다. 일상에서 행복의 빈도를 높이는 방법입니다.

첫째, 행복감을 의식하고 나열합니다. 식사, 대화, 활동 중에 행복감을 느끼도록 의도적으로 노력하면 점차 그것을 더 잘 느끼게 됩니다. 예컨대 나만의 힐링 푸드가 있다면 좋아하는 공간에서 그것을 먹는 것만으로 '지금, 여기'에서 나는 행복하지요.

둘째, 행복 감각을 기록합니다. 일상 한 줄 기록을 중시하는 이유입니다. 시간과 한 일을 간단히 쓰고 그 오른쪽에는 감각이나 감정을 적는데, 특히 행복 감각을 많이 메모합니다. 바람에 흔들리던 나무, 은은한 커피 향 그리고 경쾌한 웃음소리로 행복한 순간들을 캡처하여 감정에 이름을 붙여봅니다.

셋째, 자기 전에 하루 동안 행복했던 순간들을 돌아보고 미소 지으면서 잠듭니다. 이렇게만 한다면 행복은 결코 나를 떠나지 않고 내 삶의 명백한 증거로 작동할 거예요.

・ 나를 위한 오늘의 질문 ・
'지금, 여기'에서 찾은 행복은 무엇이며, 매일 어떻게 반복할 수 있을까요?

작은 만족과 기쁨

#관심사 #기쁨 #성취 #만족

'하고 싶은 것'을 하며 살면 좋겠습니다. 하지만 이를 방해하는 세 가지 오해 또는 착각이 있어요.

첫째, 하고 싶은 일이 하나뿐이거나 아예 없다고 생각하는 것입니다. 이때 다양한 관심사에 마음을 열면 자신이 무엇을 하고 싶은지 찾기 쉬워집니다.

둘째, 하고 싶은 일을 하면 항상 기쁘리라 생각합니다. 하지만 아닙니다. 실제로는 고통과 인내가 필요한 경우도 많습니다.

셋째, 하고 싶은 일을 하는 기쁨이 과정에서 오는지 결과에서 오는지 분별하려는 것입니다. 실제로는 두 가지 모두에서 존재합니다. 과정에서 기쁨을 느낄 수도 있고, 결과를 달성했을 때 큰 감격을 느낄 수도 있습니다.

이 세 가지 오해를 정리한 뒤, 하고 싶은 일을 하며 사는 삶을 실천합니다. "인생을 살아가는 데는 오직 두 가지 방법밖에 없다. 하나는 아무것도 기적이 아닌 것처럼 사는 것, 다른 하나는 모든 것이 기적인 것처럼 살아가는 것이다." 아인슈타인의 말입니다. 작은 기쁨과 만족으로 채워진 나의 하루를 매일의 기적으로 여기는 삶이 정말로 하고 싶은 것을 하는 삶이겠지요.

• 나를 위한 오늘의 질문 •
하고 싶은 일과 그 일의 '과정 기쁨', '결과 기쁨'은 무엇인가요?

매일매일 실천하는 행복

#세로토닌 #행복 #취미 #루틴 #기록

우리 뇌에서는 행복 호르몬이라 불리는 세로토닌이 활약합니다. 특별한 일이 없어도 만족과 감사, 행복을 느낄 수 있는 건 세로토닌 덕분이지요. 세로토닌을 활발히 분비시키는 가장 좋은 방법은 대낮에 햇빛을 받으며 걷는 것입니다. 그러니 잠시라도 짬을 내어 햇빛 바라기 시간을 가져봅니다. 더불어 우리 마음에도 따스한 햇볕을 놓아 행복 호르몬이 샘솟게 합니다.

첫째, 일에서 받는 스트레스는 그 일의 가치에 집중함으로써 날려버립니다. 의지의 작가 헬렌 켈러Helen Keller도 말했지요. "행복은 자기만족이 아닌 가치 있는 목적에 충실함으로써 이루어진다"라고요. 내 업무의 성격과 목적을 확실히 규정하면 나의 일 자체가 행복이 됩니다.

둘째, 행복감을 느끼는 구체적인 취미나 루틴을 만들어봅니다. 오후 산책, 휴일마다 가는 사우나, 주말 저녁에 먹는 소울 푸드 등이지요. 그 시간으로 달려가는 행복을 느낄 수 있습니다.

셋째, 내가 행복해하는 것을 기록으로 챙깁니다. 아침 플래닝 시간에 행복감을 주는 행위 한 가지를 추가하는 거예요. 저녁에는 오늘 느낀 행복감을 적어보고요. 세로토닌이 몸과 마음에서 확실히 분비되도록 구체적인 노력을 기울여봅니다.

· 나를 위한 오늘의 질문 ·
매일 실천하고 있는 작은 행복이 있다면 언제, 어떻게 실천하고 있나요?

'기쁨의 나' 찾기

#기쁨 #성장 #성과 #주관자

지난 일주일 동안 가장 기뻤던 순간을 돌아봅니다. 돌아보지 않으면 기쁨의 순간은 휘발되어 사라집니다. 먼저 일주일을 머릿속으로 영화 보듯이 돌려봅니다. 다이어리를 참조해서 월요일부터 주말까지의 영상을 빠른 속도로 돌려보는 거예요.

그리고 영역별, 아이템별로 나누어 생각합니다. 일, 성장, 관계, 가족, 쉼 등으로 영역을 구분해서 각각의 영역 내 아이템의 시작점과 끝 지점을 생각해봅니다. 그것을 선으로 이어보면 '월요일의 나'보다 '지금 이 순간의 나'는 조금 더 성장해 있음을 인식할 수 있습니다.

그리고 각각의 아이템별로 나에게 기쁨을 준 정도를 상중하로 표시하고, 그중에서 나를 가장 기쁘게 한 것을 선정합니다. 이 과정을 거치면 내가 일주일 동안 무엇 덕분에 기뻤고 또 무엇 때문에 힘들었는지 명백해집니다. 이렇게 기쁨의 성과를 스스로 새기는 과정에서 나는 내 삶의 주관자로 성장합니다.

미국의 시인 제임스 오펜하임 James Oppenheim 은 "어리석은 자는 멀리서 행복을 찾고, 현명한 자는 자신의 발치에서 행복을 키워간다"라고 했습니다. 매일 매 순간 내가 찾은 '기쁨의 나'가 곧 행복한 나임은 물론입니다.

· 나를 위한 오늘의 질문 ·
다음 주의 '기쁨 점수'를 높이기 위한 아이템은 무엇인가요?

나에게 주는 즐거움

#즐거움 #발산 #메타인지

사랑하는 사람이 생기면 그 사람이 무엇을 좋아하는지 궁금하고, 어떻게 하면 그 사람을 기쁘게 할지 골똘히 생각하게 됩니다. '그 사람'을 '나'로 바꿔보는 건 어떨까요? 내 안에 행복감의 재료가 바닥나기 시작했다면, 서둘러 나에게 줄 즐거움을 고민해봅니다.

일단 무엇이든 나를 발산하는 경험이 좋습니다. 내가 즐거워하는 일들을 구체적으로 생각하고, 그 아이템을 누리는 내 모습을 그리면서 감각해봅니다. 그리고 실제 그 즐거움을 누리며 나를 소중하게 여기고, 나를 기쁘게 하는 스스로를 흡족하게 바라봅니다. 음악에 빠져 미친 듯 춤을 추거나 친구와 시간 가는 줄 모르고 수다를 떨어도 좋고, 그 순간의 행복과 감사의 마음을 글로 남겨보는 것도 좋습니다.

나를 잘 아는 힘을 메타인지라 합니다. 내가 무얼 좋아하는지 아는 것, 내가 무얼 하며 노는 것을 좋아하는지 아는 것도 우리 인생에서 매우 중요한 능력입니다. 나 자신에게 주는 즐거움이 밝음의 기운이 되어 주위 사람들에게도 쏠쏠히 전해질 거예요. 또한 그 즐거움의 감각은 내적 동력이 되어 우리의 일상을 힘차게 만들어줄 것입니다.

・ 나를 위한 오늘의 질문 ・
요즘 나를 가장 즐겁게 하는 것은 무엇인가요?

나에게 베푸는 친절

#친절 #일상 기록 #위로 #칭찬

가족이나 친구에게 쉽게 하는 "오늘 고생했어", "수고했어"라는 말. 왜 정작 나에게는 이런 격려의 표현을 하는 데 인색할까요? 우리 스스로 평가당하는 일에 익숙해져 있기 때문이에요. 이를 극복하려면 하루를 자세히 돌아보는 습관이 중요합니다. 그래야 나쁜 감정에 휘둘리지 않고 나를 더 잘 이해하고 사랑할 수 있게 되지요. '나에게 베푸는 친절' 3단계입니다.

1단계, 감정과 느낌을 담아 일상 기록을 상세히 적습니다. 어떤 행위를 한 직후, 바로 내 삶의 현장을 글로 써 갈무리합니다. 낮과 저녁, 자기 전에 구체적으로 하루를 되돌아보는 습관도 중요합니다.

2단계, 힘들었던 일이나 아쉬운 점을 되돌아보며, 하루를 잘 견뎌낸 자신에게 "수고했어"라고 위로합니다. 힘든 일은 하루의 일부이고, 나머지는 평범하거나 좋은 일들입니다. 부정적인 경험은 내 삶의 일부에 불과하다는 사실을 깨닫고, 그 어려움을 잘 이겨낸 자신을 다독여 줍니다.

3단계, 성과나 잘한 일에 대해 "참 잘했어"라고 칭찬합니다. 오늘 하루를 평가하고, 자신을 칭찬하며 타인에게 감사하는 내용을 기록합니다. 나에게 친절한 하루로 오늘의 나다움을 완성합니다.

· 나를 위한 오늘의 질문 ·
오늘 하루도 수고한 내게 어떤 위로의 말과 칭찬을 건넬 수 있을까요?

만족하는 마음 습관

#목표 #수준 #만족 #과정 #습관

바쁜 일정 속에서도 꼭 완료해야 하는 일이 있습니다. 그런데 그 일을 잘 해내고 싶은 마음과 현실 조건 사이의 간격이 클 때는 어떤 마음과 태도를 가져야 할까요?

우리에게는 저마다 이루고 싶은 절대적인 목표와 수준이 있습니다. 비현실적인 허상으로서의 바람이라 할 수 있어요. 우리는 그 바람에 집착하는 대신 내 현재 수준을 먼저 파악해야 합니다. 나의 상황, 객관적이고 주체적인 조건을 바탕으로 현재 내가 할 수 있는 최선의 목표를 정하는 것입니다. 목표를 조정한 다음에는 어디에 포인트를 둘지 순간의 생각으로 떠올려봅니다.

이렇게 목표를 내 현재 수준에 맞춰 조정하면 소소한 성장, 내적인 변화에도 기쁨을 느낄 수 있습니다. 목표를 달성할 때의 만족감과 더불어 그 과정에서 흡족감을 누릴 수 있어요. 바로 '만족하는 마음 습관'이 생기는 것입니다. 현재의 나를 존중하여 목표를 조정할 때 만족감은 커지고, 그것은 습관으로 저장됩니다.

행복은 우리 뜻대로 해낼 수 있는 것과 그렇지 못한 것을 구분하는 능력에 비례한다고 합니다. 만족하는 마음 습관이 뿌리내릴 수 있도록 현재 내 목표를 조정해봅니다.

· 나를 위한 오늘의 질문 ·
여러 목표 중 내 수준에 맞게 조정해야 할 목표는 무엇인가요?

소확행을 넘어선 의미 있는 즐거움

#몰입 #플로우 #기쁨 #창조의 즐거움

우리는 종종 몰입을 극한의 노력과 동일시하곤 합니다. 하지만 심리학자 미하이 칙센트미하이Mihaly Csikszentmihalyi가 말한 '플로우Flow'는 억지로 쥐어짜는 상태가 아니라, 물 흐르듯 자연스럽게 빠져드는 즐거움의 과정이에요. 안타깝게도 우리는 이런 상태에 이르는 법을 제대로 배운 적이 없어요. 그래서 많은 이들이 무언가에 온전히 빠져들어 얻게 되는 깊은 기쁨을 경험하지 못합니다. 어쩌면 '소확행'에 대한 열광은, 이 깊은 몰입의 즐거움을 경험하지 못한 마음의 반작용일지도 모릅니다.

의미 있는 즐거움은 소비가 아닌 창조와 성장의 과정에서 찾아옵니다. 나의 능력을 발휘하고, 어제보다 조금 더 나아지는 나를 발견하며, 시간 가는 줄 모르고 깊게 즐기는 것 말이에요. 일주일에 단 한 시간이라도 나의 기술을 필요로 하는 활동에 온전히 빠져보는 건 어떨까요? 창조의 즐거움이 우리 삶을 더 깊고 풍요롭게 만들 것입니다.

· 나를 위한 오늘의 질문 ·
나를 몰입하게 하는 활동이 있다면 무엇인가요?

DAY 160 문득 느끼는 계절

#창조 #순환 #시작 #계절 맞이 #다시 태어남

책상에 드는 햇살의 질감이 달라지고, 뺨에 닿는 공기의 온도가 어제와 다름을 느낍니다. 이것이 바로 계절이 온몸으로 보여주는 창조와 순환의 리듬입니다. 이렇듯 계절이 선명히 옷을 갈아입는 지금이야말로, 익숙해졌던 우리 삶에 새로운 변화를 주기 좋은 때입니다. 특히 이 새로운 기운은 무언가를 시작하기에 좋습니다. 올해 책 쓰기가 목표라면, 창밖의 달라진 공기를 핑계 삼아 첫 문장을 쓰기에 가장 좋은 때이지요.

어김없이 뚜렷한 감각으로 다가오는 계절을 느끼면서, 좀 더 적극적으로 '계절 맞이'를 해보면 어떨까요? 창을 활짝 열어 새로운 공기를 들이고, 계절을 알리는 작은 꽃이나 나뭇가지 하나를 식탁에 둡니다. 매일 하는 일도 조금은 다른 기분으로 임해봅니다. 그리고 무엇보다 이 생생한 감각의 변화 속에 살아있음에 감사하며, 스스로가 계절과 함께 다시 태어남을 느껴봅니다.

"지난간 그 겨울을 우두커니라고 불렀다/ (…) 떠나가는 길 저쪽을 물끄러미라고 불렀다/ (…) 나무에 피어나는 꽃을 문득이라 불렀다/ (…) 내가 이 세상에 왔음을 와락이라고 불렀다" 권대웅 시인의 시 「삶을 문득이라 불렀다」의 일부입니다. 시인이 명명하는 삶의 순간이 참으로 애틋하게 다가옵니다. '문득' 코끝의 냄새로, 피부의 감각으로 계절을 느끼는 지금 이 순간이라 더욱 그러하네요.

• 나를 위한 오늘의 질문 •
오늘의 일상에 계절의 감각을 불어넣을 행동 세 가지는 무엇인가요?

낮에 하는 산책

#산책 #융합 #생각력 #감각 #행복

바쁘다는 핑계로 놓치고 있었던 즐거움인 식전 산책을 다시 해보기로 마음먹었습니다. 이제 하루를 되뇌어보는 습관이 붙어서 아침 다이어리를 쓸 때, 잠자기 전 일기를 쓸 때 하루를 잘 떠올려봅니다. 그에 반해 낮에는 그런 생각 시간을 가질 기회가 마땅치 않더군요. 그래서 저는 하루 중 낮에 시간을 정해두고 산책 시간을 가져보려 합니다.

산책은 우리 마음을 안정시키고 이완하게 할 뿐만 아니라 생각을 융합하여 생각력을 키우게 합니다. 매일 규칙적인 시간에 산책한 것으로 유명한 칸트는 산책 루틴을 통해 『순수이성비판』 등의 역작을 저술했습니다. 몸을 움직이는 동적 상태에서 우리의 생각은 더 유연해지고 기억력도 향상되며, 깨달음을 얻을 수 있습니다.

특별히 낮에 하는 산책은 감각하는 일상을 누리게 합니다. 산책하다가 잠시 멈추고 발끝에서 머리까지 전해오는 감각을 느껴보세요. 주변 풍경도 감상해보고요. 천천히 걸으면서 생각하고 감각하는 기쁨이 은근한 행복으로 다가올 거예요. 행복은 정녕 감각의 선물입니다.

・ 나를 위한 오늘의 질문 ・
감각하는 일상을 선물하는 나만의 활동이 있나요?

단단함을 만드는 산책

#산책 #사유 #통찰 #몸 #감각

산책은 오롯이 나와 만나는 시간 안에서 깊이 사유할 수 있는 행위입니다. 지극히 철학적이고 예술적인 행위이기도 하지요. 자연과의 조화를 경험하며 마음의 평화를 찾고 돌연한 성찰을 얻을 수도 있습니다. 철학자 장 자크 루소 Jean Jacques Rousseau 는 이렇게 고백했습니다. "나는 걸을 때만 사색할 수 있다. 내 걸음이 멈추면 내 생각도 멈춘다. 내 두 발이 움직여야 내 머리가 움직인다."

산책은 내 몸과 마음이 한편이 되어 세상이라는 정원을 노니는 일입니다. 그 한갓진 '노님'이 하루 동안 쌓인 분노와 부끄러움을 치유하기도, 때로는 예기치 못한 통찰을 선물하기도 합니다.

우리의 걷기는 몸에 대한 생각으로 시작합니다. 발목의 움직임, 허리 근육의 느낌과 힘을 빼고 편안한 상태의 어깨를 감각합니다. 그리고 파노라마 사진을 찍듯이 묘사적으로 눈앞에 펼쳐진 경관을 바라봅니다. 그 감각 상태에서 오늘 하루의 일상을 돌아봅니다. 회사 일, 가족 그리고 개인적인 프로젝트에서 넘치고 부족한 것들을 생각합니다.

우리는 일상에서 반드시 산책을 습관화해야 합니다. 더 오래, 더 깊이 걸으면 그만큼 하루는 더 단단해집니다.

・ 나를 위한 오늘의 질문 ・
산책하며 느낀 몸의 감각, 떠올린 생각, 얻은 통찰은 무엇인가요?

일상에서 찾는 풍요

#이타성 #정신적 향유 #물질적 향유 #이동의 향유

향유하는 일상은 이타성의 최고 경지입니다. 의지적으로 실천하면 하루하루 삶의 길목에서 완연히 만개한 행복을 만날 수 있습니다. 내가 가는 길에 언제나 행복이 도사리고 있다면 세상에 하지 못할 일도, 안아주지 못할 사람도 없을 거예요.

정신적 향유를 위한 것들에는 독서, 음악 듣기, 그림 감상, 요가나 명상하기 등이 있어요. 햇볕 좋은 오후, 벤치에 앉아 책과 소통하며 향긋한 공기와 산들바람을 느끼는 그 순간이 쨍하고 살아 있는 나의 현재입니다.

물질적 향유도 있지요. 나 자신에게 주는 선물입니다. 저는 핑크색의 모양 예쁜 찻잔을 스스로에게 선물했어요. 따뜻한 차를 예쁜 잔에 담아 저 자신에게 대접해주고 싶었거든요.

이동의 향유로 기쁨을 강화할 수도 있습니다. 대표적인 것이 여행입니다. 일상에서 누리는 짧은 산책도 여행입니다. 여행자의 감각으로 오감을 활짝 열고 산책하다 보면 어제는 보지 못했던, 지천의 풀잎들이 파르르 노래하는 순간을 만날 수 있을 거예요.

일상의 풍요와 지금 여기에서의 행복감을 느끼는 것이 진짜 부자의 마음입니다.

· 나를 위한 오늘의 질문 ·
일상에서 여유로움을 느끼는 때는 언제인가요?

귀로 느끼는 황홀, 음악

#음악 #아름다움 #향유 #감각

출근길에 쇼팽의 〈피아노 소나타 3번〉을 들었습니다. 쇼팽이 연인과 함께 지내면서 작곡한 곡이어서인지 안정감이 느껴지는 화려함과 정열이 듣는 귀를 황홀케 하지요.

저는 해설이 있는 음악회를 좋아합니다. 아는 만큼 들리고 아는 만큼 아름다움을 향유할 수 있기 때문이에요. 예를 들어, 베토벤의 〈교향곡 5번〉은 구성력의 정점을 보여주는 완결성 있는 앙상블임에도, 대개 '운명'이라는 제목과 유명한 도입부만을 인용하며 이 곡에 대해 아는 체를 하곤 합니다. 하지만 이 곡을 제대로 감상하려면 모든 세부 요소와 악장의 연결, 주제의 흐름을 총체적으로 살피는 것이 좋습니다.

교회 음악인 그레고리안 성가가 중요 역할을 했던 중세 음악부터 귀족들의 여흥을 위한 음악이 주를 이룬 바로크 시대, 간결하고 선명한 선율의 화성 음악이 주를 이룬 고전주의 시기와 인간의 감정을 자유롭게 표현한 낭만주의 시기까지. 서양 음악사를 간단히 알면 클래식 음악을 들을 때 귀가 열리는 재미를 느낄 수 있습니다. 한층 심화한 아름다움을 감각할 수 있지요. 바쁜 일상의 배경으로 음악이 주는 황홀을 경험해보길 권합니다.

• 나를 위한 오늘의 질문 •
나의 마음을 풍성하게 하는 음악 또는 노래가 있나요?

쉬라는 몸의 신호, 감기

#인과율 #감기 #치유 #쉼 #위로

물리학자 김상욱 교수의 책 『하늘과 바람과 별과 인간』에서 인과율에 대한 내용이 마음에 와닿았습니다. 인과율에 따르면 원인은 결과에 앞서고, 특별한 원인은 특별한 결과를 준다고 해요. 철학이나 불교 개념이라 생각했던 인과의 의미가 물리학에서도 통용된다는 점이 신선했습니다.

저는 평소 의학에도 인과율이 적용된다고 생각해왔습니다. 대표적으로 감기가 그렇습니다. 감기에 걸렸을 때 그 원인을 곰곰이 따져보면 분명 과로, 스트레스, 잘못된 식습관, 수면 부족 등의 이유가 있습니다. 따라서 감기 증상은 우리에게 쉴 것을 명령하는 신호이자, 우리 몸이 스스로를 치유하는 과정입니다.

감기에 걸렸을 때 우리가 할 수 있는 일은 그저 쉬는 것입니다. 요즘 많이 힘들었던 스스로를 위로하는 시간을 갖는 거예요. 나를 최고로 잘 보살필 수 있는 사람은 바로 나 자신입니다. 또한 화내고 짜증내는 대신 감사, 긍정의 마음을 갖는 편이 회복에도 도움이 되지요.

몸이 아픈 게 꼭 나쁜 일만은 아닙니다. 몸을 재정비하며 지친 마음도 덩달아 회복되기도 하니까요. 감기에 걸릴 때면 꼭 기억하세요. 가장 따뜻한 치유자는 바로 나입니다.

· 나를 위한 오늘의 질문 ·
휴식이 필요할 때 나의 몸은 어떤 신호를 보내나요?

감각을 열면 세상이 달라진다

#감각의 세계 #지금, 여기 #현재의 삶

'지금, 여기'를 살라는 조언은 많은 철학자가 강조해온 지혜입니다. 문제는 우리 대부분이 '지금 여기'가 무엇인지 실제로 느끼지 못하고 살아간다는 데 있습니다.

'지금 여기'는 추상적인 개념이 아니라, 우리 감각의 세계에서 가장 선명하게 열리는 문입니다. 과거에 대한 후회와 미래에 대한 불안이라는 생각의 감옥에서 벗어나려면, 의식적으로 감각의 문을 열어야 해요. 아침 공기의 서늘함, 찻잔의 온기, 귓가를 스치는 바람 소리를 판단 없이 있는 그대로 느껴보는 겁니다. 감각은 우리를 생각의 세계에서 존재의 세계로, 바로 '지금 여기'로 데려오는 가장 직접적인 통로니까요.

그리고 그 감각을 긍정적인 행위로 완성하는 것이 중요합니다. 따스한 햇살을 온전히 느꼈다면, 그 햇살에 감사하는 것처럼 말이지요. 감각으로 현재를 느끼고, 그 느낌을 긍정으로 완성해나갈 때 비로소 하루는 온전한 나의 것이 됩니다.

· 나를 위한 오늘의 질문 ·
오늘 나의 감각의 문을 연 존재는 무엇인가요?

'나를 사랑하기' 의례화

#의례 #내면 #성장 #시간의 점 #재생

휴일 아침이면 '나를 사랑하기'라고 메모합니다. 저만의 의례이지요. 스스로를 사랑하는 세 가지 방법이 있습니다.

첫째, 나에게 주는 선물 하나 챙기기. 평소 메모해두었던 원하는 물건 하나를 스스로에게 선물합니다.

둘째, 내 몸 돌보기. 주말이면 목욕 시간을 평소보다 늘려 몸과의 친밀도를 높입니다. 늘 바깥으로 향하는 시선을 몸 안으로 들여 내밀한 유폐幽閉의 시간을 즐기는 것이지요. 마사지하거나 얼굴에 팩을 하는 것도 내 몸을 귀하게 대하는 소중한 의례입니다.

셋째, 가족에게서 완전히 분리된 진공의 시간 가지기. 홀로 고요하게 존재하는 심심한 시간 속에서만 살갗을 스치는 아주 미세한 바람의 느낌을 감지할 수 있어요. 그 시간이 나를 되살아나게 합니다.

윌리엄 워즈워스 William Wordsworth는 자연과 마주침으로 내면이 성장하는 순간을 '시간의 점spot'이라고 표현했습니다. 제게는 나만의 의례를 갖는 시간이 그런 순간입니다. 매주 나를 사랑하는 시간이 재생의 힘이 되어 더 높이 날아오르는 일상을 살게 하는 것이지요.

· 나를 위한 오늘의 질문 ·
오늘 나 자신에게 주고 싶은 선물이 있나요?

내 인생의 정원 가꾸기

#인생 #관계 #이타성 #성장 #나눔

인생은 마치 화단을 가꾸듯 토양을 다져 씨앗을 키우는 여정입니다. 그렇게 공들이고 정성을 다해 수고하는 일이지요. 나의 꽃밭은 지속 가능한 단단한 토양인지, 나만의 향기를 주변에 나누고 있는지 돌아봅니다. 우리 인생을 화단 가꾸듯 돌보며 인생의 정원을 기쁨과 풍성함으로 가꾸는 방법입니다.

첫째, 쿨 트러스트 네트워크로 사랑의 관계를 맺습니다. 화단을 가꿀 때 중요한 것이 토양 다지기입니다. 토양이 핵심이지요. 토양 가꾸기는 우리 인생에서 관계에 해당합니다. 이타성으로 마음을 나눌 때 관계가 확장됩니다.

둘째, 꽃밭이 풍성해지듯 내면이 성장해야 합니다. 내면의 성장은 꽃밭에 물을 주는 행위와 비슷합니다. 공부와 독서, 글 쓰기, 기록 등으로 내면을 풍성하게 가꿀 수 있습니다.

셋째, 나의 가치를 나누며 함께 성장합니다. 나만이 품고 있는 씨앗은 무엇인지 생각해봅니다. 내가 세상에 전하고 싶은 가치를 잘 전달하기 위해 어떠한 노력을 더 해야 할지 고민하는 것이죠. 진정한 부는 나의 가치를 많은 사람이 호응해줄 때 따라옵니다. 나의 화단이 '나눔'으로 빛나야 하는 이유입니다.

· 나를 위한 오늘의 질문 ·
나의 인생 화단을 풍성케 하기 위해 어떤 노력을 하고 있나요?

식물에게서 배우다

#관조 #이타성 #사유 #조화

생각의 전환이 필요할 때, 식물처럼 사유해보는 건 어떨까요? 식물에게는 넓은 시야와 전체를 관조하는 힘이 있습니다. 위로 뻗어가는 나무의 시선으로 숲 전체를 바라보면 작은 일에 휘둘리지 않습니다.

당장 풀리지 않는 문제를 바라볼 때 우리도 나무의 시선을 닮아봅니다. 상황이나 관계의 어려움 앞에서 조금 멀리 떨어져 보세요. 집착하지 않고 긴 호흡으로 충분히 시간을 가지면 복잡했던 문제들도 어느새 풀릴 테지요.

식물은 숲이라는 공동체 속에서 산소를 내뿜고 낙엽을 만들어 토양을 비옥하게 하며, 자신에게 찾아온 존재들에게 아낌없이 자신을 나눠줍니다. 내 것이 아닌 것을 탐하지 않는 식물에게서 내가 가진 것을 나누는 이타성의 지혜를 배웁니다. 우리 마음에 불쑥불쑥 솟아오르는 불편한 감정의 근원은 끊임없이 소유하려는 마음에 있습니다.

식물처럼 사유하며 살고자 다짐해봅니다. 싹을 틔우고, 성장하고, 개화해서 결실을 보고, 다시 흙으로 돌아가는 식물의 그 모든 시간을 닮고 싶습니다. 지금 있는 이 자리에 단단히 머무르면서 다른 존재들과 자연스럽게 조화를 이루며 살아갈 수 있기를 소망합니다.

・ 나를 위한 오늘의 질문 ・

소유와 집착을 줄이고 이타성을 키울 오늘의 작은 나눔은 무엇인가요?

식물 키우듯 꿈 키우기

#꿈 #실행 #지속 #정성

먼 미래의 꿈을 어떻게 구체적 실행과 연결시킬까요? 꿈을 위한 시간은 식물을 키워가는 시간과 같다고 생각합니다. 우리가 화분에 물을 주고, 햇볕을 쬐게 하고, 분갈이를 해주는 것처럼 우리의 꿈에도 조금씩 지속적으로 정성을 들여봅니다.

식물을 키울 때 빨리 꽃을 피워야겠다는 마음이 앞서면 오히려 식물에 해롭잖아요. 그저 매일 조금씩 돌봤더니 어느 순간 잎이 풍성해지고 꽃이 핀 것을 알게 되듯이, 우리의 인생을 가꾸는 일도 마찬가지입니다. 결과가 눈앞에 당장 나타나지 않아도 꿈을 위한 조그만 실천을 지속하다 보면 내 꿈의 뿌리와 줄기는 굵고 단단해집니다.

도종환 시인은 흔들리지 않고 피는 꽃이 어디 있겠느냐 노래했지요. 시인의 전언이 아니더라도 이 세상 모든 꽃은 전부 흔들리면서 줄기를 곧게 세웁니다. 서두르지 않고 조금씩 흔들리며 피어나는 꽃을 보듯, 그렇게 우리의 소중한 꿈을 키워봅니다.

• 나를 위한 오늘의 질문 •
꿈을 위해 오늘부터 어떤 작은 실천을 해볼 수 있을까요?

공간과의 존재적 만남

#차경 #문방사우 #공간 #창의적 외침 #교감

옛 한옥은 차경借景 구조입니다. 창과 문을 통해 바깥 경치를 빌려왔지요. 선비들은 그 경치를 표현할 수 있는 문방사우文房四友들로 공간을 채웠습니다. 텅 빈 여백은 덤이었고요. 요즘 제 문방사우는 생화 한 송이, 블루투스 스피커, 모래시계입니다.

내가 사랑하는 공간을 빛내주는 사물 친구들이 누구나 있을 거예요. 그 사물들과 함께 공간을 존재적으로 만나봅니다. 공간이나 사용하는 사물을 몸의 일부로 감각하는 것입니다. 매일 마주하는 책걸상에 앉으며 말을 걸어보고, 책상 위 붉은 제라늄에 미소로 인사합니다. 마치 운전할 때 어느 순간 자동차와 내가 한 몸처럼 느껴져 편안함을 느끼듯이, 친밀한 공간과 사물 친구들을 몸의 일부처럼 여기고 사랑을 주고받으며 그 안에서 편안하게 머물러봅니다.

내가 머무는 공간은 사실상 나의 일부입니다. 그렇기에 내 몸처럼 공간을 쾌적한 상태로 만들기 위해 정리 또한 필요해요. 반년 또는 1년 동안 한 번도 안 쓴 물건은 과감히 버리는 게 좋습니다.

문방사우들과 벗하며 나만의 '창의적 외침'을 계획하고 지속하는 일상은 공간과의 존재적 교감 안에서만 가능하답니다.

• 나를 위한 오늘의 질문 •
내가 가장 사랑하는 공간 혹은 물건은 무엇인가요?

열망하는 것의 가치

#열망 #기록 #누적 #방향 #가치

로마 황제 마르쿠스 아우렐리우스Marcus Aurelius는 『명상록』에서 "우리가 열망하는 것의 가치가 곧 우리의 몸값이다"라고 했습니다. 남들과 비교하지 않는 삶을 주창한 스토아학파다운 언사이지요. 세상의 잣대가 아닌 '나의 열망'에 충실한 삶을 최고의 삶으로 본 것입니다.

나의 열망에 충실하기 위해 우리는 생각하고 또 생각하며, 기록하고 또 기록해야 합니다. 기본적으로 일주일 단위로 생각을 정리하면 누적의 힘을 토대로 그다음 단계를 향해 새로운 생성과 창조를 해나갈 수 있습니다. 일주일 단위로 하루하루를 머릿속으로 돌려보는 것은 과거가 휘발되지 않고 현재에 잘 붙게 하면서 동시에 내 열망의 방향을 점검하는 일입니다.

이렇게 선형으로 자신을 돌아보지 않으면 나의 무의식은 '뭔가 부족한 것 같다'라고 속삭이며 나를 자꾸 작아지게 합니다. 그러니 일주일 동안 한 일의 시작점과 끝 지점의 변화를 정리함으로써 내가 나아지고 있음을 확인해야 합니다.

내가 열망하는 것의 가치는 생각하고 기록하며 다시 생각하는 일의 반복을 거듭하며 상승합니다. 그렇게 열망의 크기도, 나의 가치도 높아지는 것입니다.

· 나를 위한 오늘의 질문 ·
최근 내가 가장 열망하고 있는 것은 무엇인가요?

혼자만의 시간이 필요한 이유

#나만의 시간 #주도권 #자기 이해 #성장

매일 아침, 누구에게도 방해받지 않는 나만의 시간을 가져보세요. 출근이나 다른 일과를 시작하기 두 시간 전에 일어나, 적어도 한 시간 정도의 고요한 시간을 보내는 것만으로도 인생이 바뀔 수 있어요.

이 시간에 우리는 하루를 주도할 힘을 얻습니다. 저는 요가와 같은 가벼운 체조로 몸을 깨우고, '눈 운동 독서'로 뇌를 예열합니다. '아우토겐 명상'autogen training'으로 마음을 차분히 가라앉힌 뒤, 하루의 계획을 세우고 성공적인 모습을 상상하지요. 그 후 30분에서 1시간 정도는 가장 집중이 필요한 공부나 어려운 일을 합니다.

아침 의식은 우리에게 세 가지 귀한 선물을 줍니다.

첫째, 하루를 스스로 이끌어간다는 '주도권'.

둘째, 소음에서 벗어나 나를 들여다보는 '깊은 자기 이해'.

셋째, 가장 맑은 정신으로 중요한 과업을 해내는 '성장의 시간'입니다.

이 고요한 아침의 힘을 꼭 경험해보셨으면 좋겠습니다.

· 나를 위한 오늘의 질문 ·
혼자만의 시간이 주어진다면 무엇을 가장 하고 싶나요?

나를 위한 작은 사치

#대접 #만족감 #긍정 #자기 존중

사치奢侈라는 한자는 '큰 사람'과 '옮길 사람'으로 해석할 수 있다고 합니다. 즉, 나를 더 큰 사람으로 옮겨주는 행위로도 볼 수 있지요. 사치는 비싼 물건으로 허세를 부리는 것이 아니라, 평범한 일상에 특별한 의미를 더하여 나를 스스로 귀하게 대접하는 행위입니다.

가격표가 아닌, 마음의 만족감이 기준이 되는 나만의 사치를 누려 보세요. 평소 쓰던 머그잔 대신 아껴두었던 예쁜 찻잔에 차를 마시거나, 시장에서 사 온 싱싱한 꽃 한 송이를 책상에 두는 것도 좋겠네요. 자신을 정성껏 대접하는 습관은 "나는 소중한 존재다"라는 긍정적인 메시지를 스스로에게 끊임없이 각인시키는 일이에요.

이러한 자기 존중의 경험이 쌓일 때, 우리는 고된 일상을 견뎌낼 힘을 얻게 됩니다. 타인에게는 관대하면서 정작 자신에게는 인색하지 않았나요? 나를 위한 작은 사치를 허락하는 것은 내 삶의 주인이 되는 즐거운 연습이랍니다.

・ 나를 위한 오늘의 질문 ・
오늘 나를 위해 어떠한 '작은 사치'를 선물할 수 있을까요?

내가 만드는 삶의 의미

#삶의 의미 #절망 #의미 서사

많은 이들이 삶의 의미를 상실한 채 살아가고 있습니다. 어떻게 해야 할까요? 어떻게든 삶의 의미를 일으켜야 합니다.

『죽음의 수용소에서』의 저자 빅터 프랭클Viktor Frankl은 나치의 강제수용소에 갇혀서도 자신의 존엄성을 잃지 않는 선택을 하며 하루하루를 살아냅니다. 깨진 유리 조각을 주워 아침마다 면도하고, 식수의 일부를 아껴 얼굴을 씻었습니다. 오직 삶의 의미를 붙들기 위해서였죠.

절망적인 상황에서 문제에 어떻게 반응할지, 스스로에게 어떤 의미를 부여할지는 오직 자신에게 달려 있어요. 나의 의미와 가치를 이야기로 풀어가는 힘이 우리에게 있습니다. '의미 서사'입니다.

그러니 어떤 행동을 할 때 그것에 이름을 붙이고 가치를 부여해서 나의 의미 서사에 잘 올려둡니다. '내 행위에는 이러이러한 의미가 있어'라고요. 그리고 식사 전 또는 잠들기 전에 하루를 돌아봅니다. 오늘의 의미를 발견하면서 말이죠.

살아간다는 것은 힘듦의 연속입니다. 슬픔과 아픔, 예상치 못한 어려움이 차례를 기다리고 있지요. 그 만남을 피할 수는 없지만, 내가 그들의 기대와 달리 반응할 수 있음을 잊지 않습니다.

・ 나를 위한 오늘의 질문 ・
내게 가장 중요한 삶의 의미는 무엇인가요?

소모가 아닌 가치 축적

#소모 #가치 #일의 결과 #누적 #매일의 성과

우리는 하루 중 많은 시간을 일을 하며 보냅니다. 저마다의 책임과 의무를 다하며 살아가지요. 그런데 그저 생존 수단으로만 일을 대한다면 일의 가치는 하릴없이 추락하고 삶의 의미도 허무해질 거예요.

문제는 태도입니다. 내 일을 나를 수시로 소모하는 수단이 아니라 내 정체를 확립하고 표현하는 성취로 여긴다면 최선을 다하지 않을 이유가 없습니다. 혹여 지금 일로써 내 삶이 소모 당한다고 생각한다면, 당장 일을 대하는 태도를 '소모'가 아닌 '가치'로 전환합니다.

첫째, 일을 할 때 내 일의 결과를 상상해봅니다. 내 일의 산출물을 이용하는 사람들의 행복한 표정을 상상해보는 거예요. 일은 상품이나 산출물이 되어 타인에게 도움을 주는 행위입니다. 나 자신, 가족, 타인, 세상에 도움을 주는 방향으로 내 일이 기여할 수 있기를 상상하고 염원합니다.

둘째, 내가 하는 일이 나의 소중한 인생을 채워간다는 생각을 가져봅니다. 일을 숙제로 보지 않고 나를 성장시키는 매일의 성과로 보는 거죠. 일이 가치 있게 느껴지는 그 순간부터 삶은 진정한 성장을 시작합니다.

· 나를 위한 오늘의 질문 ·
일을 대하는 나의 태도는 어떠한가요?

재미와 의미의 변증법

#의미 #재미 #여유 #집중

삶에서 의미를 추구하는 데는 재미가 힘이 되어줍니다. 재미는 어디에서 찾을 수 있을까요? 주로 발산하는 데 재미가 있습니다. 저는 최근 헬스를 시작했습니다. 무심한 반복을 통해 몸에 땀이 흐르면서 묘한 쾌감이 느껴지더군요. 탄탄한 근육질이 되어가는 상상을 하니 운동이 더 즐거워졌습니다. 생각해보니 수영할 때도 그랬네요. 그렇게 어렵던 접영 팔동작이 되던 순간의 그 짜릿함이 떠오릅니다.

재미를 즐기려면 어느 정도 재미없는 시간이 필요합니다. 저는 운동뿐 아니라 책을 읽고 요약정리해서 나의 지식으로 만드는 일에도 재미를 느낍니다. 그것이 지금의 재미가 되기까지는 사실 숱하게 읽고 쓰는 반복의 시간이 필요했습니다.

재미를 느끼려면 시간의 여유를 가지고 찬찬히 나에게 집중하는 시간이 필요합니다. 예컨대 여행을 가서 분주하게 관광지를 보고 인증하는 데 급급하면 정작 남는 게 없지요. 아름다운 순간에 머무는 여유 자체가 재미입니다.

삶에서 누리는 나만의 재미를 발견하는 시간이 진정 의미 있는 시간입니다. 의미로 향하는 재미야말로 우리 삶의 필수 요소라 하겠습니다.

· 나를 위한 오늘의 질문 ·
삶을 더욱 즐겁게 하는 나만의 취미는 무엇인가요?

돈에 대한 생각 정리

#돈 #자본주의 #사용 가치 #선한 영향력

돈에 대한 자신의 생각을 점검해봅니다. 모두가 추종하니 나 또한 덩달아 추앙하고 있지는 않은지 또는 필요 이상으로 애써 경시하고 있지는 않은지 돌아봅니다.

자본주의 사회에서 돈의 노예가 되기는 아주 쉽습니다. "자존심은 줄이고 부는 늘려라" 같은 험한 구호를 등에 업고, 부정적 방식일지라도 어떻게든 돈을 벌고자 애쓰고는 합니다. 비싼 물건에 집착하기도 하고요. 하지만 공동체 감각으로 사는 우리는 소비 가치가 아닌 사용 가치에 더 주목해야 합니다. 상품 자체의 의미를 따지고 그것이 환경과 나에게 주는 진정한 효용을 생각하며 소비해야 하는 것입니다.

물론 돈을 무조건 무시하는 태도도 올바르지 않습니다. 자신이 꿈꾸는 세상을 이루고 싶은 열망으로 부자가 된 사람도 많으니까요. 이들은 자신의 가치를 공유하는 일로써 자본주의적 행위를 실천하며, 사람들의 관심과 의견을 중요시합니다.

무엇보다 우리는 '인간의 얼굴'을 한 자본주의를 지향해야겠습니다. 내 재물로 세상에 선한 영향력을 행사하고자 하는 사람이 넘쳐나는 세상으로 함께 나아가는 일입니다.

· 나를 위한 오늘의 질문 ·
나에게 돈이란 어떤 의미인가요?

DAY 179 — 삶이 무의미하게 느껴질 때

#무의미 #재미 #기쁨 #내면 #집중

어느 순간 삶이 무의미하다고 느껴질 때, 우선 단기 처방으로 '재미'를 계획으로 세워 일상을 '기쁨'으로 채우고자 노력합니다. 의도적, 창의적으로 재미를 만들어내어 행복 지수를 높이는 것입니다.

첫째, 일상의 리듬을 살려 45분 일했으면 15분은 꼭 쉬어줍니다. 몰입해 있는 나를 주기적으로 꺼내주는 거예요. 이때 좋아하는 차를 마시는 등 막간의 즐거움을 위한 행위를 의식적으로 준비하고 실천합니다.

둘째, 일주일에 최소 한 번은 적극적으로 기쁨을 만드는 활동을 합니다. 운동처럼 몸을 움직이는 활동이나 도예, 수공예 등 만들기 활동도 좋겠어요. 이런 활동은 급작스러운 무의미의 침범을 몰아내주기도 합니다.

셋째, 현재 하는 일의 의미를 종합 보고서 형태로 작성해봅니다. 한 달 정도 진지하게 기록하다 보면 어느새 의미가 되살아나기도 하지요.

아무리 긍정적으로 노력해도 잘 안된다면, 지금이 인생의 전환기라 그럴 수 있어요. 더 큰 도약을 기다리는 때일 겁니다. 이때는 나다움을 찾으려 노력하고, 나의 내면에 더 집중해야 합니다.

· 나를 위한 오늘의 질문 ·
삶이 무의미하게 느껴질 때 어떤 노력을 해보았나요?

인생관 기록하기

#인생관 #가치관 #삶의 지향성 #나다움 #공동체적 삶

누군가가 나에게 인생관을 묻는다면, 선뜻 답하기가 힘듭니다. 인생관이 없어서가 아니라 그것을 정리해볼 기회가 없어서입니다. 마음속에 잠재된 인생관을 글로 기록해보면 삶을 바라보는 나만의 방식과 목적, 가치관이 선명해집니다.

인생관의 핵심은 나의 욕망을 지렛대 삼아 삶의 방향을 정하는 것입니다. 먼저 나의 욕망과 꿈이 무엇인지 적어봅니다. 내 삶의 지향과 부딪히는 다양한 주제에 대한 나만의 입장을 명확히 정리합니다. 나의 감정, 감각, 생각의 틀을 점검하고, 외부의 영향과 나의 주체성 중 무엇이 더 중요한지도 고민합니다. 그리고 가족 관계, 사회관계, 다양성의 가치, 소수자에 대한 생각 등을 비롯해 이기심과 이타성에 대한 나의 관점을 정리합니다.

인생관 쓰기 노트를 마련해서 '삶의 지향성', '나다움의 관점', '공동체적 삶'이라는 세 가지 영역에 대한 세부 주제를 정리하고, 각 주제에 대한 현재 생각을 메모하는 것이 인생관 기록입니다.

"내가 헛되이 보낸 오늘은 어제 죽어간 이들이 그토록 바라던 하루"라고 하지요. 살아 있음에 감사하며, 살뜰히 정리한 인생관으로 더욱 풍요롭고 인정적인 하루를 만들어갑니다.

· 나를 위한 오늘의 질문 ·
나의 인생관을 한 문장으로 어떻게 표현할 수 있을까요?

나의 일이 세상을 어떻게 이롭게 하는가

#가치 실현 #행복 #이타적 #연결고리 #소명

자신의 일을 단순히 생계를 위한 '노동'으로만 생각하면 삶은 고되기 마련입니다. 철학자 한나 아렌트는 일이란 생존을 위한 노동을 넘어, 세상 속에서 나만의 가치를 실현하는 행위가 될 수 있다고 말했어요. 어쩌면 이것이야말로 우리가 인간답게 살아가는 가장 기초적인 '조건'일지도 모릅니다.

심리학자들 대부분은 인간이 가장 큰 행복감을 느끼는 순간 중 하나로 이타적인 행동을 할 때를 꼽습니다. 이 지혜를 우리의 일에도 적용해볼 수 있어요. 내가 하는 일이 결국 무엇을 만들어내고, 그것이 사람들에게 어떤 이로움을 주는지를 생각해보는 겁니다.

나의 작은 업무가 누군가의 불편함을 덜어주고, 내가 만든 물건이 누군가의 일상을 더 즐겁게 만들어준다는 연결고리를 발견할 때, 일의 의미는 완전히 달라집니다. 나의 일이 세상을 어떻게 이롭게 하는지 생각해보세요. 그 질문에 대한 답을 찾는 순간, 고된 노동은 의미 있는 소명으로 변모할 것입니다.

・ 나를 위한 오늘의 질문 ・
나의 일은 누구를 어떻게 이롭게 하나요?

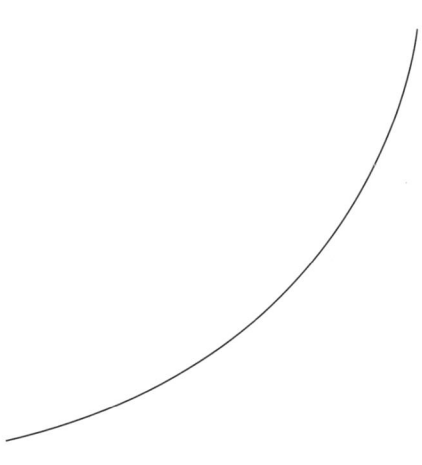

Chapter

흔들리는 마음을 붙잡아줄 기록의 습관

기록형 인간으로 살기

#기록 #플래너 #생각 #실행 #무기

기록의 중요성은 아무리 강조해도 모자랍니다. 기록형 인간으로 살면 확실히 삶이 달라지거든요. 물론 절대 어려운 일이 아닙니다. 기록으로 삶을 변화시키는 세 가지 방법을 제안합니다.

첫째, 아침에 하루를 쭉 그려보면서 꼭 하고 싶고 해야 할 일을 적어봅니다. 예를 들어, 오늘 점심으로 추어탕을 먹겠다는 '생각'을 하고 플래너에 '기록'을 합니다. 그리고 점심에 추어탕을 먹는 '실행'을 하는 거죠. 소소한 기록부터 시작해서 기록한 것을 실행하는 삶이 주관자로서의 삶입니다.

둘째, 점심에 잠시 시간을 내어 오전에 한 행위를 간단하게 기록해봅니다. 그때 했던 생각과 감각, 감정이 떠오르면 한 단어로 또 적어봅니다. 그러면 지난 시간이 현재에 밀착됨을 느낍니다.

셋째, 강의를 듣다가 또는 책을 읽다가 알게 된 것, 깨달은 것 그리고 대화를 하다가 느낀 것 등 모든 것을 기록합니다.

기록형 인간이 되면 스스로 일상의 주관자가 됩니다. 기록을 통해 길고 짧은 전략을 세울 수도 있어요. 생각하고 기록하는 습관이 그렇게 삶의 든든한 무기가 되는 것입니다. 간단하지만 절대 간단치 않은 삶의 무기를 오늘부터 장착해보세요.

• 나를 위한 오늘의 질문 •
기록하여 실천해보고 싶은 버킷리스트가 있다면 무엇인가요?

생각하고 기록하는 삶

#경험 #통찰 #잠재성 #기록 #생각

한 주를 마감하면서 지난 일주일이라는 시간 속 풍경을 다시 한번 걸어 봅니다. 어깨 힘을 빼고 몸을 편안하게 한 상태에서 천천히 걷다 보면 지난 시간이 선명하게 떠오릅니다. 이때 무엇에 집중해야 할까요?

첫째, 내가 느꼈던 감각, 감정, 기분을 떠올리고 다시금 느껴 봅니다. 유독 아름다웠던 장면, 맛있었던 음식, 시원한 계곡 물소리, 하늘 가득했던 구름, 위내시경 직후 목의 뻐근함 등 기억에 남는 특별한 경험을 떠올립니다.

둘째, 내게 깨달음을 준 것, 생각의 균열을 일으킨 신선한 통찰이 무엇이었는지 가만히 돌이켜봅니다. 기대보다 넘치게 받은 사랑도 되새겨봅니다. 일과 공부에서 어떤 성취와 변화가 있었는지도 살펴보고요. 내가 이미 지닌 잠재성에 집중하면서 그것을 어떻게 성과로 만들어낼지 궁구합니다.

셋째, 생각에 이어서 기록합니다. 기록하기 위해서 생각하고, 생각한 것을 기록하면 또 다른 생각이 이어집니다. 사유의 지평을 한껏 넓히는 것이 기록이지요. 삶은 이렇듯 생각과 기록의 연속이어야 합니다. 생각하고 기록하는 삶이 바로 나를 일상의 주인으로 만드는 주관자의 삶입니다.

· 나를 위한 오늘의 질문 ·
오늘 하루 가장 특별했던 경험은 무엇인가요?

1분 기록으로 나 챙기기

#1분 기록 #일상 기록

'1분 기록'이란 어떤 행위를 하고 그것을 간단하게 기록하는 것을 말합니다. 일상 기록이라고도 말해요. 예를 들어, 한 시간 동안 공부를 하거나 책을 읽었다면, 그 시간을 채운 내용에 대해 간단히 적고 그때 느낀 감정도 추가해봅니다. 그리고 시간을 지켜 공부하거나 독서를 한 자신을 마음으로 칭찬하면서 보듬어줍니다. '잘했구나. 조금 피곤했어도 좋은 시간이었어'라고요.

우리는 쉼 없이 무작정 달려가다 쉽게 지치곤 합니다. 이렇게 1분 기록을 하다 보면 중간에 자신을 잘 붙들고 챙길 수 있어요. 멀어지는 과거의 기억을 기록을 통해 비교적 현재에 붙들어 둘 수도 있고요.

혹시 기록을 놓쳤다면 이후에 빠진 기록을 보충하면 됩니다. 기록을 통해 일상 속 짬을 내어 나를 아끼고 소중하게 대해주는 습관을 갖는 거예요. 생각과 기록이야말로 나를 이루는 힘입니다. 내가 가진 힘을 자각할 때 그 힘은 더 커지는 법이지요. 많이 생각하고 기록하는 일이 곧 나 자신을 비범하게 챙기는 비결입니다.

· 나를 위한 오늘의 질문 ·
1분 기록을 위해 지금 당장 할 수 있는 일은 무엇이 있을까요?

기록한다는 것의 의미

#자기 계발 #만능 노트 #생각 #메모 #기억

저는 평생 기록학을 연구한 사람입니다. 오랜 시간 쌓아온 학문적 경험을 자기 계발에 적용하여 이타적 삶을 살려 하지요.

기록한다는 건 생각하며 산다는 것 그리고 나 자신을 돌보고 알아가고 느끼며 산다는 것을 의미합니다. 저는 항상 만능 노트를 가까이에 두고 무엇을 할 때 떠오르는 발상 및 깨달음 그리고 기억해둘 만한 지식을 메모합니다. 그날의 주된 일을 끝낸 후 또는 책을 몇 단락 읽고 나서 생각을 돌려주고, 핵심을 몇 가지 잡아서 기록합니다. 플래너나 일기를 쓸 때도 마찬가지고요. 만약 '생각-메모'의 과정을 놓쳤다면, 점심 또는 저녁 식사 전과 같은 전환 시간을 이용해서 지난 일들을 떠올려보고 적습니다. 이런 습관의 세 가지 효과입니다.

첫째, 기억을 현재에 밀착시킵니다.

둘째, 생각하고 느끼면서 자기와 대화하게 됩니다.

셋째, 떠다니는 생각 조각들이 메모를 통해 명시화되면 정리가 되고, 뇌에 강하게 각인됩니다.

우리는 다름 아닌 우리의 생각입니다. 기록한다는 건 지금 이 순간 내 생각을 명확히 하는 것, 깨어 있는 삶을 산다는 것입니다. 기록으로 내 삶을 바꾸는 시간은 5분이면 충분합니다.

· 나를 위한 오늘의 질문 ·
기록이란 나에게 어떤 의미인가요?

모든 순간과의 포옹

#메모 #일상 기록 #상기 #주관자의 삶

무엇을 하든 시작하기 전에 간단히 적어보고 시작합니다. 독서를 한다면 책을 읽기 전 이전에 읽은 부분을 떠올리고 오늘 읽을 부분을 대충 넘겨 봅니다. 그리고 어떻게 읽을지 생각을 메모합니다. 예를 들어, "2페이지 읽고 중요한 문구에 표시해야지", "생각하고 메모하고 또 생각을 이어야지"와 같이 말이죠. 일종의 예습에 해당합니다. 이렇게 메모한 다음 독서를 합니다.

책을 다 읽고는 간단하게 일상 기록으로 남깁니다. 복습입니다. 즉 행위 전에 생각하고, 행위하고, 상기하고, 일상 기록 남기기의 순입니다.

사람과 만날 때도 마찬가지입니다. 만남 전에 어떤 태도로 임할지, 주의할 점은 무엇인지 생각하고 기록합니다. 대화를 끝내고는 만남에 대한 짧은 감상을 곁들여 일상 기록을 남기고요. 잠자기 전에도 다시 한번 그 만남을 떠올립니다.

이 습관이 물 흐르듯 자연스러운 일상 패턴이 되면, 무엇을 하든 내 생각을 기반으로 하는 전략적 삶을 기획할 수 있어요. 모든 순간과 포옹하는 '나'가 되는 것입니다.

· 나를 위한 오늘의 질문 ·
오늘 어떤 대화의 감상을 기록으로 남겨보고 싶나요?

사라지는 것들을 붙잡는 힘

#일상 기록 #되새김 #좋은 기억 #긍정적 순간 #성장

우리의 하루는 수많은 것들로 채워집니다. 감명 깊게 읽은 책의 내용, 기억하고 싶은 풍경, 아름다운 노래 가사처럼 좋은 것과 필요한 것들이지요. 하지만 이상하게도 이런 것들은 쉽게 사라지고, 기분 나빴던 만남이나 실패의 기억 같은 부정적인 것들은 오래도록 우리를 붙잡곤 합니다. 이는 우리 뇌가 긍정적인 것보다 부정적인 자극에 더 강하게 반응하기 때문이라고 해요.

그렇기에 의식적인 노력이 필요합니다. 그 답은 바로 메모와 기록에 있습니다. 하루 동안 있었던 일들을 '하루 한 줄 일상 기록'으로 간단히 남겨보세요. 그리고 틈틈이, 마치 영화를 보듯 나의 하루를 머릿속으로 떠올려보는 겁니다. 이 기록과 되새김의 과정이 우리 뇌의 자연스러운 경향을 바로잡고, 사라지기 쉬운 긍정적인 순간들을 붙잡아주는 힘이 됩니다.

이렇게 좋은 기억들이 휘발되지 않고 '누적되는 삶'을 살게 되면, 우리는 비로소 깨닫게 됩니다. 내 하루가 생각보다 훨씬 더 좋은 일들로 가득했다는 사실을 말이지요. 이것이 바로 성장의 감각이자, 삶의 의미를 더 환하게 발견하는 방법입니다.

· 나를 위한 오늘의 질문 ·
잊고 싶지 않은 오늘의 기억은 무엇인가요?

DAY 188 | 기록은 어떻게 나를 객관화하는가

#사고 기록 #객관화 #자기 관찰

머릿속에서 맴도는 생각과 감정은 종종 '나 자신'과 뒤섞여 우리를 혼란스럽게 만들곤 합니다. 하지만 그 생각들을 종이 위에 글로 옮겨 적는 순간, 놀라운 변화가 시작되지요. 심리 치료에서도 '사고 기록'은 감정을 다스리는 중요한 기법으로 사용됩니다. 글로 쓰인 생각은 더 이상 내가 휩쓸리는 감정의 파도가 아니라, 내가 관찰할 수 있는 객관적인 '대상'이 되기 때문입니다.

이것이 바로 기록을 통해 나를 객관화하는 힘입니다. 기록은 나와 내 생각 사이에 안전한 거리를 만들어 감정의 소용돌이에서 한 걸음 물러나 스스로를 바라보게 합니다.

나를 객관적으로 바라보는 세 단계가 있습니다. 첫째, 불편한 마음을 검열 없이 그대로 종이 위에 쏟아내는 거예요. 둘째, 잠시 시간이 흐른 뒤 그 기록을 다시 읽어보며 내가 어떤 상황에서 흔들리는지 반복되는 패턴을 발견하는 겁니다. 셋째, 한 걸음 떨어진 관찰자의 시선으로 "정말 그럴까?"라는 질문을 던지며 생각의 타당성을 검토해보는 것이지요.

이 과정을 통해 우리는 감정의 주인이자, 나 자신의 가장 지혜로운 관찰자가 될 수 있습니다.

· 나를 위한 오늘의 질문 ·
내 생각을 기록하고 한 걸음 물러나 돌아봤을 때, 나에 대한 느낌은 어떠했나요?

창의적 글쓰기 훈련법

#창의적 글쓰기 #글감 #묘사 #감정 #의미

창의적 글쓰기를 시작하기란 사실 막막합니다. 무엇을 어떻게 써야 할지 아득하지요. 글감이 주어지는 독서 리뷰나 강의 요약과는 엄연히 다릅니다. 하지만 반복 훈련을 통해 글쓰기 뇌 회로를 뻥 뚫을 수 있습니다. 매일 5분씩 세 번 글쓰기 연습을 하는 것입니다.

첫째, 글감을 선택합니다. 글을 쓰는 순간의 내 생각과 감정, 감각을 들여다보고 글쓰기 소재를 순간의 감각으로 선택합니다.

둘째, 묘사적으로 생각합니다. 글을 쓰는 대상의 구체적 장소와 대화 내용, 분위기 등을 떠올립니다. 있는 그대로를 나타내기 위해 영화처럼 장면을 묘사해봅니다.

셋째, 감정과 의미를 생각해봅니다. 그때의 온갖 감정들, 내 인생에서 그 순간이 갖는 의미를 생각하고 글에 담아봅니다.

이렇게 3단계로 생각한 다음 메모 없이 바로 글쓰기를 시작합니다. 매일 5분씩 세 번 반복하는 거예요. 한 달만 연습하면 술술 써내려가는 내 글솜씨에 놀라며, 창의적 글쓰기에 자신감이 생긴답니다. 내 안의 작가가 비로소 깨어나 활약하는 순간입니다.

・ 나를 위한 오늘의 질문 ・
한 편의 글을 쓴다면 어떤 글감으로 써보고 싶나요?

짧고 강렬한 글쓰기

#카피라이팅 #메모 #수집 #독자

요즘에는 어떤 일을 하든 카피라이팅 실력, 즉 짧은 문장에 강렬한 메시지를 담아내는 능력이 중요합니다. 카피라이팅의 핵심은 '필요성을 구체적으로 제시하기', '문제 해결을 진정성 있게 설명하기' 그리고 '삶의 변화를 상상하게 하기'입니다. 이를 연습할 수 있는 실천법입니다.

첫째, 타인의 입장을 이해하기 위해 직간접적 경험을 합니다. 여행을 통해 새로운 시각을 얻거나, 여행자의 시선으로 일상을 관찰할 수 있어요. 특히 소설 읽기를 통해 여러 캐릭터와 상황을 경험해보는 것도 좋습니다.

둘째, 생각이 떠오르거나 매력적인 텍스트를 발견하면 즉시 메모합니다. 좋은 문구라면 광고를 보다가도 수집합니다. 문장 형태가 아닌 키워드로 적어두면 놓치지 않을 수 있어요.

셋째, 사전과 친해집니다. 글을 읽거나 쓸 때 처음 접하거나 뜻이 애매한 단어는 사전을 통해 명확히 합니다. 유의어를 찾아보는 것도 멋과 글맵시를 키우는 데 도움이 됩니다.

버지니아 울프Virginia Woolf는 "독자를 알면 어떻게 써야 할지 알 수 있다"라고 했습니다. 상상의 독자를 곁에 두고 대화하며 그에게 초점을 맞춰 글을 써봅니다. 장문의 보고서나 연작 소설, 짧고 강렬한 카피도 모두 마찬가지이지요.

• 나를 위한 오늘의 질문 •
가장 기억에 남는 매력적인 문장은 무엇인가요?

분류식 메모의 효과

#걱정 #해결 #분류식 메모법 #실천

살다 보면 한없이 가라앉는 날이 있어요. 해야 할 일에 대한 걱정만 늘고, 어려운 문제에 봉착해 고민이 많아지는 그런 날입니다. 때로 넘어야 할 작은 산들과 마주하면 아무것도 하기 싫어지고 부정적 감정에 휩싸이게 됩니다. 어떻게 하면 이 시기를 잘 통과할 수 있을까요?

그 해답을 '분류식 메모법'에서 찾을 수 있어요. 먼저 원인 세 가지를 찾아 적습니다. 예를 들어, 무기력감이 느껴질 때라면 이렇게 적는 거예요. 1. 일이 진도가 안 나가서 답답함. 2. 인간관계에서 실망감을 느낌. 3. 몸 상태가 안 좋음.

그다음 각 원인에 대한 나만의 해결 방안을 생각하고 적어봅니다. 1. 전체 일 중에서 지금 쉽게 할 수 있는 것부터 바로 시작해보자. 2. 직접 만나서 풀거나 아니면 깔끔하게 잊자. 3. 식단을 조절하면서 몸을 가볍게 해보자.

그러고는 내가 할 수 있는 작은 실천을 하는 거예요. 분류식 메모의 효과는 명징합니다. 우선 추상적으로만 느껴지던 문제가 구체적으로 또렷해집니다. 그리고 부정적이던 마음 상태가 어느새 밝아지지요.

문제가 무엇이든 일단 적어보세요. 어느새 그 문제가 나보다 작아져 있음을 깨닫게 됩니다.

· 나를 위한 오늘의 질문 ·
분류식 메모를 해볼 만한 고민이 있다면 무엇인가요?

나와의 깊은 대화는 글쓰기로

#글감 #생각 #경험 #감정 #감각

나아지는 '나'를 위해 가장 좋은 습관이 '글쓰기'입니다. 생각에 몰두할 수만 있다면 책상은 어디에나 있다고 하지요. 여러분의 책상이 무엇이든 일단 쓰기 시작하는 게 중요합니다. 그런데 무엇을 쓰면 좋을까요? 글쓰기를 시작하는 이들에게 글감 네 가지를 소개합니다.

첫째, 용기, 비겁함, 사랑 등 내 '생각'을 적습니다.

둘째, '경험'에 대한 감상 글을 적으면 나를 위로할 수 있어요. 일단 적다 보면 한없이 부정적으로 뻗어나가던 마음이 잠시 멈추고 정화됨을 느낄 수 있습니다.

셋째, 누군가가 너무 싫거나 좋을 때처럼 솔직한 '감정'을 짧게 표현합니다.

넷째, '감각'을 적습니다. 예컨대 오랜만에 간 미술관에서 마주친 그림을 바라보며 그림의 색감, 터치, 모양 등에 대한 내 감각을 적어볼 수 있어요.

글쓰기는 어려운 일이 아닙니다. 두려움 없이 거칠게, 짧게, 메모하듯이 그냥 쓰면 됩니다. 계속 쓰다 보면 글솜씨는 늘 수밖에 없습니다. 글쓰기는 글쓰기를 통해서만 배울 수 있으니까요. 이제부터 나와의 깊은 대화는 글쓰기로 시작해봅니다.

· 나를 위한 오늘의 질문 ·
오늘 나에게 글로 전하고 싶은 말은 무엇인가요?

매일 글쓰기

#글쓰기 #나와의 대화 #생각 표현

글 쓰는 데 익숙해지려면 매일 써야 하고, 매일 쓰려면 글 쓰는 일이 편해야 합니다. 글쓰기를 괜한 부담이 아닌 꽤 특별한 위안과 격려로 인식해야 합니다. 그 누구도 나보다 더 나를 이해할 수는 없기에, 스스로에게 보내는 위안의 힘은 클 수밖에 없습니다. 솔직하기도 쉽고요. 소중한 시간을 오직 문장으로 채우는, 매일 글쓰기 방법 세 가지입니다.

첫째, 글감을 정합니다. 그리고 설명글, 주장 글, 묘사 글 등 다양한 글 종류 중 한 가지를 정해서 그에 맞는 스타일로 표현합니다.

둘째, 메모를 먼저 하고 글을 씁니다. 메모를 통해 대략적으로 글을 구성할 수 있고, 잠재된 생각들을 놓치지 않고 끌어낼 수 있어요.

셋째, 유려함보다는 내용이 먼저입니다. 처음부터 완성형 문장을 쓰려고 애쓰지 말고, 내 생각을 자연스럽게 표출하는 데 집중합니다. 그리고 나서 고치는 거죠.

글을 쓰는 행위 자체가 나와의 대화입니다. 매일 글을 쓰는 시간, 오롯이 나와 함께 있는 고독의 시간이 삶 속에서 만날 수밖에 없는 모든 힘듦을 만만히 견디게 합니다.

· 나를 위한 오늘의 질문 ·
매일 글을 쓰기 위한 나만의 루틴이 있나요?

의식적인 힘주기

#글쓰기 #서사 #구조화 #조탁 #글맛

미셸 드 몽테뉴Michel de Montaigne는 『수상록』에서 "글을 잘 쓴다는 것은 잘 생각한다는 것이다"라고 했습니다. 글이 우리 생각을 그대로 드러내기 때문입니다. 거꾸로 매일매일 글쓰기를 하다 보면 그만큼 생각이 깊어질 텐데, 좋은 글을 쓰기가 어려운 이유는 무엇일까요? 글쓰기의 본질이 부정형의 생각을 고체화시키는 과정이라서 그렇습니다. 따라서 의식적인 힘주기가 필요합니다. 이를 위한 세 가지 방법입니다.

첫째, 글의 전체적 서사 구성하기. 서론-본론-결론의 패턴으로 생각의 흐름을 잘 정돈할 수 있도록 메모하며 글의 서사를 만듭니다.

둘째, 본문 내용 구조화하기. 주제의 본질에 밀착된 구성을 여러 가지로 고민합니다. 글의 설득력과 논리를 고민하는 과정에서 잠재성이 발현되고 생각이 깊어집니다.

셋째, 퇴고하면서 글 조탁하기. 글을 응축하고 압축해서 표현을 수정하는 단계로, 여러 수사 기능을 적용해서 글맛을 더 진하게 풍기게끔 합니다. 예컨대 '미움받을 용기'와 같이 낯선 단어의 조합으로 신선한 표현을 만드는 것이지요.

내 생각, 내 삶을 발견하는 가장 좋은 도구는 글쓰기입니다. 의식적인 힘주기로 아주 조금씩 마음의 키를 높여갑니다.

· 나를 위한 오늘의 질문 ·
내가 생각하는 좋은 글이란 무엇인가요?

어떤 순간에 메모해야 하는가

#기록의 습관 #누적적 삶 #풍요로운 삶 #전략적 삶

메모는 언제 해야 할까요? 이상적으로는 모든 순간을 기록해야 하지만, 현실적으로는 불가능한 일이지요. 하지만 메모가 습관이 되면, 우리는 자연스럽게 삶을 풍요롭게 만드는 결정적인 순간들을 포착하게 됩니다. 그 순간은 다음 세 가지로 정리할 수 있습니다.

첫째, 무엇인가를 '끝냈을 때'입니다. 일이든, 독서든, 대화든, 하나의 행위를 마친 직후에 간단히 메모해보세요. 나의 경험을 흩어지지 않게 해주는 기록의 습관은 '누적적 삶'의 기초가 됩니다.

둘째, '강렬한 감각을 경험할 때'입니다. 예기치 못한 아름다움, 사소한 발견, 잊고 싶지 않은 맛의 기억 같은 것들이지요. 바로 기록할 수 없다면 그 감각을 머릿속에 남겨두었다가, 자리에 앉을 기회가 생겼을 때 꼭 메모해보세요. 이는 '지금 여기의 풍요로운 삶'을 만들어줍니다.

셋째, '앞으로 할 일을 구상할 때'입니다. 거창한 계획이 아니더라도, 무언가를 하기 전에 잠시 어떻게 할지 메모하는 습관은 우리에게 '전략적 삶'을 선물한답니다.

· 나를 위한 오늘의 질문 ·
가장 최근에 한 메모의 내용은 무엇인가요?

존재적 기억법, 요약

#요약 #제목 #소환 #기억

소유가 아닌 존재적 기억을 위해 중요한 것은 요약하기입니다. 우리는 요약을 통해 기억하는 삶을 살 수 있어요. 그 과정은 강의를 듣거나 책을 읽거나 일을 할 때 전체 맥락을 이해하는 데서 출발합니다.

　요약에 앞서 이해한 것의 내용을 포함하는 표상적 키워드, 즉 제목을 정해봅니다. 그리고 제목에 해당하는 키워드를 나열하면서 요약합니다. 제목과 키워드 요약을 끝냈다면, 이제 키워드를 중심으로 전체 내용을 소환합니다. 생각으로 떠올리고, 말로 설명하고, 글을 써보는 것입니다. 이것이 존재적 기억법인 '요약'입니다.

　하루를 소환할 때도 유사한 과정을 거칩니다. 한 줄 일상 기록에 남겨둔 키워드를 바탕으로 그 장면을 떠올려보고 하루를 요약합니다. 키워드와 상징적 장면이 기억을 불러일으키는 일종의 트리거trigger 역할을 하지요.

　나의 잠재력을 신뢰할 때 이 모든 과정이 가능해집니다. 이미 내 안에 가득 차 있는 지식, 경험, 능력을 믿을 때 우리는 거침없이 요약할 수 있고, 그것을 바탕으로 기억할 수 있답니다.

・ 나를 위한 오늘의 질문 ・
오늘 하루를 어떤 키워드로 요약정리할 수 있을까요?

구조를 보면 핵심이 보인다

#요약 #구조 파악 #뼈대 #마인드맵

많은 사람이 '요약하기'를 어려워하는 이유는 보통 세부적인 내용에만 매몰되어 전체적인 '구조'를 보지 못하기 때문입니다. 숲을 보지 못하고 나무 하나하나에만 집중하는 셈이지요. 글이든 생각이든 모든 것에는 보이지 않는 뼈대, 즉 구조가 있습니다. 이 구조를 파악하는 훈련이야말로 효과적인 요약의 핵심 기술입니다. 글의 구조를 파악하는 세 가지 절차입니다.

첫째, 서론-본론-결론을 찾아냅니다. 저자가 어떤 문제로 시작해서, 어떻게 논리를 전개하고, 무엇으로 결론을 맺는지 큰 흐름을 파악하는 겁니다.

둘째, 각 문단의 핵심 문장을 찾아 연결해봅니다. 이것이 바로 글 전체의 논리적 뼈대입니다.

셋째, 마인드맵 등을 활용하여 핵심 개념들의 관계를 시각적으로 그려봅니다. 이 반복적인 훈련을 통해 우리는 핵심을 꿰뚫어 보는 통찰력을 기를 수 있습니다.

· 나를 위한 오늘의 질문 ·
오늘 읽은 기사 중 가장 기억에 남는 핵심 문장은 무엇인가요?

삶의 핵심을 꿰는 기술, 요약

#요약력 #이해 #해석 #구성 #독서 습관

요약력은 삶을 단순하고 명확하게 만드는 힘입니다. 중요한 것과 그렇지 않은 것을 구분해서 선택의 순간마다 쉽게 결정할 수 있게 해주는 도구이지요. 이를 실질적인 삶의 기술로 활용하는 방법입니다.

첫째, 이해와 해석의 과정을 거쳐 요약합니다. 숙고하고 추상화하는 단계에서 생각을 명확히 하기 위해 메모하고 기록하여 핵심 메시지를 파악합니다.

둘째, 요약할 내용을 생각으로 정리하여 구성합니다. 이때 전체적인 흐름을 먼저 파악한 후 세부 사항을 살펴보며 요약합니다. 번호나 기호를 사용해 간결하게 정리하고, 서론은 짧게, 결론에서 핵심 메시지를 명확히 제시합니다.

셋째, 평소 독서하는 습관을 기릅니다. 요약을 위한 배경지식을 자산으로 삼도록 다양한 독서를 합니다.

요약력은 단순히 책을 많이 읽고 글을 잘 쓰는 능력이 아니라, 삶을 잘 살아가는 기술입니다. 복잡한 세상에서 핵심만을 남겨두는 것. 그것이 요약의 진정한 힘입니다. 이 요약의 힘으로 막막한 삶의 압축과 성장이 가능해집니다. 요약은 삶의 우선순위를 정하는 비결입니다. 우리가 요약력을 갖추는 일에 결코 소홀해서는 안 되는 이유이지요.

· 나를 위한 오늘의 질문 ·
나의 삶을 요약했을 때 가장 중요한 것과 중요치 않은 것은 무엇인가요?

일상의 핵심 도구, 만능 카드

#만능 카드 #지식화 #종합 #창조

독서 후에 책 한 권을 카드 한 장으로 아웃풋하는 도구가 '만능 카드'입니다. 독서뿐만 아니라 강의, 대화, 생각, 아이디어 등 모든 것을 지식화할 수 있는 에디톨로지 도구이지요. 아웃풋을 만드는 최고의 방법인 만능 카드를 어떻게 친구로 만들 수 있을까요?

첫째, 다이어리와 만능 카드의 역할을 명확히 구분합니다. 메모 위주 다이어리는 인풋 도구입니다. 다이어리는 휘발되기 쉬운 생각을 잡아두는 용도로 쓰고, 만능 카드는 뇌에 각인시킨 것을 종합하여 정자체로 6~7줄 정리할 때 이용해보세요.

둘째, 무엇에 대해 쓸 것인지 체크합니다. 책 내용, 떠오른 생각, 감각, 대화 등 지식과 지혜로 활용하고 싶은 분야를 고릅니다. 특히 책 한 권을 카드 한 장에 쓰는 습관이 중요해요. 극단적으로 요약하고 종합해야 기억에 남거든요.

셋째, 카드 정리도 중요합니다. 한 달 단위로 책꽂이로 옮기고, 주제별로 분류해서 견출지를 붙여둡니다.

만능 카드를 쓰는 것은 사고를 종합하는 일입니다. 습관이 되면 카드 한 장이 단위 지식이 되고, 이를 조합해서 새로운 지식을 쉽게 창조할 수 있습니다.

· 나를 위한 오늘의 질문 ·
만능 카드를 활용해보고 싶은 분야가 있나요?

요약은 어떻게 창의성이 되는가

#요약 #창의성 #에디톨로지 #융합

요약의 마지막 단계는 단순히 정보를 압축하는 것을 넘어, 새로운 가치를 창조하는 '응용'의 단계입니다. 지식융합학자 이어령과 심리학자 김정운이 강조한 '에디톨로지(편집학)'가 바로 그것입니다. 이는 서로 관계없어 보이던 정보(A)와 정보(B)를 연결하고 재조합하여, 세상에 없던 새로운 통찰(C)을 만들어내는 창의적 행위이지요.

이것이 바로 요약이 창의성이 되는 순간입니다. 예를 들어, 역사책에서 읽은 리더십(A)과 심리학책에서 본 동기부여 이론(B)을 요약하고 연결하여 '새로운 시대의 리더십 모델(C)'이라는 자신만의 통찰을 만들어내는 것입니다.

진정한 요약은 지식의 소비자가 아니라, 지식의 생산자가 되는 과정입니다. 단순히 줄이는 것을 넘어, 연결하고 융합하여 새로운 것을 창조해보세요.

・ 나를 위한 오늘의 질문 ・
'지식의 생산자'가 된다면 어떤 정보와 가치를 전달하고 싶나요?

내 마음에 이르는 '자기화된 독서'

#독서법 #삼도 #낭독 #대화 #글쓰기

중국 남송의 학자 주희는 독서법으로 삼도三到를 권했습니다. 입으로 다른 말을 하지 않는 구도口到, 눈으로 다른 것을 보지 않는 안도眼到, 마음을 하나로 가다듬는 심도心到. 그중에서도 특별히 마음의 정비를 강조했습니다. "마음이 이미 이르렀다면 눈과 입이 어찌 이르지 않겠는가"라고 하면서요.

마음을 가다듬기 위한 저만의 책 읽기 방법 세 가지를 소개합니다.

첫째, '낭독하며 읽기'입니다. 최소 10페이지를 5분에서 10분 정도 낭랑한 목소리로 소리 내어 읽다 보면 내 목소리가 주는 위안을 느낄 수 있어요.

둘째, '대화하듯 읽기'입니다. 저자와 친구가 되어 이런저런 대화를 나누듯이 책을 읽다 보면 이해가 더 잘 됩니다.

셋째, '글 쓰면서 읽기'입니다. 어느 정도 분량을 읽고 이해한 후 A4 용지 반쪽 분량으로 책을 읽고 떠오른 내 생각을 자유롭게 적어봅니다.

이렇게 조금 다른 방식으로 책을 읽다 보면 '자기화된 독서'가 가능해집니다. 비로소 내가 내 마음에 다다르게 되는 것이지요.

• 나를 위한 오늘의 질문 •
남들과는 다른 나만의 독서법이 있나요?

핵심을 재창조하는 글쓰기

#해체와 분석 #분류와 통합 #재배치 #종합

AI 시대라지만, 나의 개입이 없는 요약은 지식과 지혜가 될 수 없습니다. 내 안의 창의성을 단련하고 긴장케 하는 요약을 통해 나만의 지식 창조 능력을 키워봅니다.

1단계는 지식의 해체와 분석입니다. 책을 읽거나 강의를 들을 때 선택과 집중을 통해 키워드를 메모합니다. 저자의 의도를 기록하는 것이 그 시작입니다. 아직은 저자의 언어를 발췌하는 단계이지요.

2단계는 분류와 통합입니다. 저자의 지식을 내 기준으로 분류하고 통합한 뒤, 이를 나의 언어로 표현해봅니다. 단위 지식에 제목을 붙이고 저자의 언어를 나의 언어로 전환하며 내 생각을 추가합니다.

3단계는 재배치입니다. 나만의 서사로 만들어봅니다. 단위 지식을 내 생각의 흐름과 논리 체계에 따라 전개합니다. 내 생각이 선명해지도록 개조식 요약과 목차 작성으로 순서를 정합니다.

4단계는 종합입니다. 목차에 맞춰 메시지를 선명히 하기 위해 자료를 추가합니다. 다른 책, 통계, 인용 등을 활용해 요약을 풍성하게 만들어 나의 글로 완전히 전환하는 단계입니다. 이로써 우리는 '핵심을 재창조하는 기쁨'을 느낄 수 있습니다.

· 나를 위한 오늘의 질문 ·
AI 시대, 나만의 지식을 쌓는 일이 중요한 이유는 무엇일까요?

 **나만의 지식 창고, 어떻게 구축할까**

#지식 창고 #PARA #평가 #선별 #지식 관리

티아고 포르테Tiago Forte는 그의 저서 『세컨드 브레인』에서 생각을 외부의 체계에 저장하고 관리하는 지식 창고의 중요성을 강조했습니다. 그가 제안한 'PARA'는 이 창고를 만드는 아주 효과적인 방법이지요. P(프로젝트)는 시작과 끝이 있는 모든 일, A(영역)는 꾸준히 관리하는 삶의 영역들, R(리소스)는 관심 주제 자료, A(아카이브)는 완료된 기록을 의미합니다.

우선 노트북의 폴더부터 'PARA'로 정리해보세요. 이것만으로도 생각의 질서가 잡히기 시작합니다. 그리고 매주 시간을 정해, 프로젝트와 영역 폴더에서 작업이 끝나거나 당장 활용하지 않는 파일들을 리소스와 아카이브로 옮겨보는 겁니다.

이때 기록학의 기본 원리인 '평가와 선별'이 중요해요. 모든 것을 남기는 것이 아니라, 정말 중요한 핵심만 남기고 나머지는 과감히 정리하는 작업이지요. 이 요령이 몸에 붙으면 우리는 유능한 지식 관리자가 될 수 있습니다. 나만의 지식 창고가 단단히 구축되어야, AI에 휘둘리지 않고 내 데이터를 기반으로 AI와 주체적으로 협력하는 전문가가 될 수 있음을 꼭 기억합니다.

· 나를 위한 오늘의 질문 ·
컴퓨터나 스마트폰의 자료를 정리하는 나만의 방법이 있나요?

정보 과잉 시대의 요약력

#이해 #요약 #세 문장 훈련 #핵심 #요약력

과거에는 '많이 아는 것'이 힘이었습니다. 하지만 정보가 홍수처럼 밀려오는 지금, 진정한 힘은 '핵심을 꿰뚫는 것'에서 나옵니다. 이런 시대에 '요약력'은 정보를 줄이는 단순한 기술이 아니라, 정보의 본질을 추출하여 온전히 나의 것으로 만드는 최고의 지혜입니다.

요약과 이해는 깊은 관계가 있습니다. 무언가를 제대로 요약할 수 없다는 것은, 아직 그것을 제대로 이해하지 못했다는 가장 명확한 증거이지요. 반대로, 요약하는 과정 자체가 얕은 이해를 깊은 통찰로 바꾸는 가장 효과적인 훈련이 되기도 합니다. 핵심을 추려내기 위해 노력하는 과정에서 우리는 자연스럽게 본질에 더 가까이 다가가게 됩니다.

일상에서 요약력을 길러보세요. 책의 한 챕터를 읽은 뒤, 딱 세 문장으로 요약해보는 겁니다. 긴 회의가 끝난 뒤 핵심 결정 사항 한 가지를 명확히 말해보는 연습도 좋습니다. 복잡한 세상 속에서 길을 잃지 않고 가장 중요한 것에 나의 시간과 에너지를 집중하게 하는 힘. 그것이 바로 요약력의 진정한 가치입니다.

· 나를 위한 오늘의 질문 ·

정보의 홍수 속 핵심을 '나의 것'으로 만들기 위해 무엇을 버리고 무엇을 남길 것인가요?

플래너 쓰기의 핵심 3가지

#아침 플래닝 #방향성 #1-5-1

'오늘'이라는 하루가 나의 북극성을 향한 한 걸음이 되게 하려면 아침 플래닝이 중요합니다. 이때 절대로 놓쳐서는 안 될 핵심 세 가지가 있습니다.

첫째, 오늘 일과 중 제일 중요한 일을 먼저 선택하고, 그것을 중심으로 하루의 방향성을 생각합니다. 월간·주간 계획에 정리된 일, 새롭게 추가하고 싶은 일, 오늘 꼭 끝내야만 하는 일 등등. 그중 하루의 방향성을 결정하는 가장 중요한 일을 선택하는 것이지요. 오늘 하루의 '원씽one thing'을 내 의지로 결정합니다.

둘째, 오늘 해야 하는 과제를 다섯 개 미만으로 설정합니다. 과제별로 CSF를 생각하며 적어봅니다. 이로써 소모적으로 하루를 살지 않고, 나의 가치관을 그 행위에 담아 표출할 수 있습니다.

셋째, 나를 위한 선물 하나를 하루 일정에 꼭 포함합니다. 선물이 '멋진 삶의 무늬'가 되어 행복하게 하루를 시작하고 따뜻하게 마무리할 수 있답니다.

효과적인 플래너 활용을 위해 '1-5-1'을 상기합니다. 오늘 하루 중 가장 중요한 일 하나, 나의 꿈과 가치를 담아내는 핵심 과제 다섯, 사랑하는 나를 위한 선물 하나입니다.

• 나를 위한 오늘의 질문 •
오늘 가장 중요한 일-핵심 과제-나에게 줄 선물은 무엇인가요?

시급한 일과 중요한 일

#관리 도구 #플래너 #일정표

대개 시급한 일은 중요하지 않고, 중요한 일은 시급하지 않습니다. 시급한 일은 타이밍이 정해진 일이고, 중요한 일은 성과나 영향도가 큰 일이지요. 예를 들어, 건강관리를 위한 운동, 꿈을 이루기 위한 발성 훈련, 그림 그리기, 말하기 연습 등은 시급하지는 않지만 중요한 일입니다. 시급한 일과 중요한 일을 동시에 잘 챙겨 하루를 충실하게 보내도록 돕는 핵심 도구 두 가지는 플래너와 스마트폰 일정표입니다.

일단 일을 네 가지 속성으로 분류하고 속성별로 관리 도구를 활용합니다. 첫째, 반복적인 일에는 도구가 필요 없습니다. 둘째, 반드시 해야 하는 일, 미팅이나 행사 등은 스마트폰 일정표에 등록합니다. 셋째, 꿈과 장기 목표 달성을 위해 중요한 일은 루틴을 정해 스마트폰 일정표에 입력합니다. 요일별, 월간 주기를 설정하고요. 넷째, 매일 아침 플래닝 시간에 '오늘의 가장 중요한 일'을 선택합니다. 그 일의 성과를 만들기 위한 CSF, 프로세스, 아웃풋 등을 플래너에 메모하고요.

아침에 스마트폰 일정표와 플래너를 종합하는 습관을 들여보세요. 시급한 일과 중요한 일을 모두 놓치지 않고 하루를 보낼 수 있습니다.

· 나를 위한 오늘의 질문 ·
지금 가장 시급한 일과 중요한 일은 무엇인가요?

인생 나침반 만들기

#꿈 #목표 #인생 지도 #나침반 과제 체계

인생은 우리의 꿈과 목표를 향한 여행입니다. 이 여정에 꼭 필요한 것이 나침반입니다. 굳이 연초가 아니더라도 다시 새해를 맞이한다는 기분으로 내가 열망하는 꿈을 향한 인생 설계 시간을 가져보면 어떨까요?

첫째, '인생 지도 그리기'를 해봅니다. 가운데에 꿈을 그리고, 일·가족·관계·성장·향유·종교 등 영역별로 지난달 행한 것 세 개, 미래에 하고 싶은 것 하나를 적어봅니다.

둘째, 자기 발견과 탐색 시간을 갖고 나의 꿈을 선언문으로 작성합니다. 내가 좋아하는 것, 나를 즐겁고 행복하게 하는 것에 대해 적어봅니다. 예를 들어, 유년 시절부터 30세 이전까지를 돌아보면 어린 시절부터 내가 간직한 꿈을 만날 수 있어요. 그 꿈을 구체적인 숫자가 들어가는 목표로 만들어 선언문을 작성해봅니다.

셋째, 인생 과제를 피라미드 형태의 '나침반 과제 체계'로 만들어봅니다. 꿈-목표-과제로 분해하는 과정이지요. purpose 1개-goal 3개-task 3개-sub task 3개와 같이 계층적으로 세분화합니다. 이렇게 하면 꿈을 향한 나의 사다리를 만들 수 있어요. 꿈이 하늘에 떠 있는 별처럼 멀리 있는 것이 아니라, 내 손에 닿을 만큼 가까워지지요.

· 나를 위한 오늘의 질문 ·
꿈을 향한 인생 나침반을 만들기 위한 나만의 선언문은 무엇인가요?

작은 아웃풋 그리기

#내용적 아웃풋 #형식적 아웃풋 #만능 카드

아웃풋을 구체적으로 떠올리면서 실행하면 무엇을 하든 전략적, 주체적으로 해낼 수 있습니다. 아웃풋은 크게 내용적 아웃풋과 형식적 아웃풋으로 나뉘어요. 일상에서 작은 아웃풋 그리기를 실천해봅니다.

첫째, 일단 제한 시간을 세팅합니다. 45분 동안 책 50페이지를 읽겠다고 계획했다면 먼저 읽을 분량을 쭉 훑어보고, 어느 챕터의 어떤 개념을 이해할 것인지를 정합니다. 이것이 내용적 아웃풋이지요. 그리고 만능 카드 한 장에 핵심 키워드를 정리하겠다고 미리 설정합니다. 이것이 형식적 아웃풋입니다. 아웃풋 설정 단위 시간은 짧게 잡을 수도, 일주일, 한 달과 같이 길게 잡을 수도 있습니다.

둘째, 대인 관계에도 아웃풋을 설정할 수 있습니다. 만남 전에 어떤 방향으로 어떻게 상대와 대화할지 미리 그려보는 거예요. 우정 또는 즐거움, 그동안 쌓인 속상함 풀기 등으로 만남의 콘셉트 방향을 잡습니다.

셋째, 시작에 앞서 잠시 생각하는 시간을 가집니다. 거창한 계획이 아니어도 좋습니다. 무엇을 시작하든 차분한 마음으로 아웃풋을 그려보는 거예요. 상상하는 것 자체가 일상의 멋진 내비게이션이 되어준답니다.

・ 나를 위한 오늘의 질문 ・
인생의 목표를 이루기 위한 소소한 목표는 무엇인가요?

DAY 209 포스트잇으로 이루는 '해내는 삶'

#기억 #메모 #포스트잇 #각인 #해내는 삶

대학자 정약용은 "기억은 흐려지고 생각은 사라진다. 머리를 믿지 말고 손을 믿어라. 쉬지 말고 기록하라"고 당부했습니다. 일찍이 메모의 중요성을 설파한 것입니다. 메모를 잘 활용하는 방법으로 포스트잇을 사용해보길 권합니다.

특히 아침에 일간 계획을 세우고 기록한 것을 살펴보면서 포스트잇을 활용하면 좋습니다. 오늘의 중요한 일을 포스트잇에 적어보는 거예요. 다시 한번 적을 때 그 일은 뇌에 각인되면서 선명해집니다. 주의할 점, 체크할 것을 함께 기록하면서 그 일에 대해 구체적인 상상을 합니다. 그 포스트잇을 모니터나 책상 위 등 잘 보이는 곳에 붙여둡니다.

그런 다음 일의 달성 기준을 미리 정해두고 하루 중 어느 때라도 그것을 충족하면 포스트잇을 떼어냅니다. 이때 해냈다는 성취감을 느낄 수 있어요. 그냥 하는 삶이 아닌 '해내는 삶'을 경험할 수 있습니다.

포스트잇을 떼어내고는 해낸 시간과 해낸 일을 간단하게 기록하는 것도 좋습니다. 번거롭고 시간이 많이 쓰이리라는 우려는 행위의 반복과 지속으로 극복할 수 있습니다. 일단 사흘만이라도 시도해보면 그 효과를 느낄 수 있을 거예요.

• 나를 위한 오늘의 질문 •
포스트잇에 기록하고 기억할만한 중요한 일이 있나요?

주기적으로 기록하는 나의 역사

#연사 #월별 정리 #기록 #욕망

일본에서는 대학, 기업, 개인 등이 저마다 연사annual report, 즉 1년 기록을 쓰는 문화가 있습니다. 지난 한 해를 돌아보는 작업입니다. 우리에게도 필요한 문화입니다.

저는 연말이 되면 하루에 한 달씩 정리를 합니다. 12일간의 대장정이지요. 1월부터 차근차근 스마트폰과 다이어리에 적어둔 기록을 확인합니다. 큰 이벤트가 있었는지, 인간관계는 어떠했는지, 어떤 책을 읽고 얼마만큼 성장했는지, 여행은 어디로 갔는지 등을 기록을 통해 돌아봅니다. 월별 정리가 끝나면 다음의 세 가지를 기준으로 1년을 종합해서 기록합니다.

첫째, 일, 관계, 성장, 쉼 영역별로 잘한 것과 좋아하면서 지속했던 것.

둘째, 공부, 독서, 글쓰기 등을 통해 깨닫고 실행한 것.

셋째, 부족하고 아쉬웠던 점 그리고 새해에도 지속하고 싶은 것.

연사 쓰기를 통해 지난 한 해를 긍정의 마음으로 돌아보고, 나를 칭찬하며 깨달음을 얻을 수 있습니다. 이러한 작업 없이 새해를 계획하면 페르소나의 욕망에 휘둘릴 수 있어요. 진정한 내 것이 아닌 가짜 욕망에 속을 수 있지요. 연사 쓰기로 확실한 나의 욕망을 점검해보세요.

・ 나를 위한 오늘의 질문 ・
올해의 가장 큰 이벤트는 무엇인가요?

인생관을 찾는 마인드 박스

#기록 #메모 #마인드 박스 #자기 이해

기록은 세 가지 차원으로 나눌 수 있어요. 첫째, 생각을 즉각적으로 표현하는 '메모'입니다. 순간의 생각과 맞닿아 있는 메모는 모든 기록의 원천입니다. 둘째, 메모를 주제 중심으로 정리하거나 작은 지식을 체계적으로 재정리한 '기록'입니다. 셋째, 기록에서 나아간 기록의 최고 단계로 '박스 친 기록'입니다. 여기에는 메모리 박스, 퓨처 박스, 마인드 박스 등이 있습니다. 특히 '마인드 박스'는 판단 기준이 될 '주제별 박스화된 기록'을 뜻합니다.

제가 쓴 책 『마인드 박스』에는 박스 친 기록을 만들어보자는 제안이 담겨 있습니다. 우리의 다양한 생각을 간단한 박스 형태로 정리하면, 그것이 인생관의 핵심이 되거든요. 사실상 우리 삶의 중심 질문은 '나는 누구인가'입니다. 이에 대한 답을 찾기 어려워 삶이 심하게 굴곡질 때가 있지요.

'나는 어떻게 살아왔는가'에 대한 답이 되는 메모리 박스, '나는 어떤 삶을 살고 싶은가'를 궁구하는 퓨처 박스 그리고 '나는 현재 어떤 판단 기준으로 행동하는가'를 질문하고 답을 찾는 마인드 박스를 통해 자기 이해의 결론에 도달할 수 있습니다. 메모와 기록에 그치지 않고, 박스 친 기록을 정리해 살아가야 하는 이유입니다.

· **나를 위한 오늘의 질문** ·

지난 인생을 마인드 박스로 정리해본다면 나의 인생관은 어떻게 표현될까요?

쓰는 대로 이루어지는 삶

#이야기 #미래 서사 #시각화 #청사진

프랑스의 철학자 폴 리쾨르Paul Ricoeur의 말대로 서사, 즉 이야기는 우리가 스스로의 삶을 구성하고 이해하는 방식 그 자체입니다. 우리는 스스로의 삶을 이야기로 만들어가는 존재이지요. 여기서 중요한 점은 미래에 대한 글쓰기가 단순한 상상이 아니라, 내면의 진짜 욕구를 발견하고 그것을 현실로 이끄는 강력한 행위라는 것입니다.

미래 전체를 막연하게 쓰려고 할 필요는 없어요. 대신 내가 살고 싶은 집의 모습, 언젠가 경험하고 싶은 만족스러운 하루, 이상적인 만남의 한 장면처럼 구체적인 부분을 생생하게 그려보는 겁니다. 이러한 미래 서사는 나의 깊은 내면과 연결되어 있어, 이것을 글로 쓰는 것만으로도 강력한 실행력과 연결됩니다.

막연한 바람은 힘이 없지만, 글로 쓰인 미래는 구체적인 청사진이 됩니다. 우리의 뇌는 생생하게 상상하고 기록된 것을 현실과 구분하지 못하고, 그것을 이루기 위한 길을 찾기 시작한다고 해요. 오늘, 내 진짜 욕망이 담긴 미래의 한 장면을 글로 써보세요. 쓰는 행위 자체가 이미 그것을 현실로 만드는 첫걸음입니다.

· 나를 위한 오늘의 질문 ·

막연한 바람이 아니라 실행으로 이어지도록 떠올릴 '미래의 한 장면'은 무엇인가요?

Chapter 8

삶에 지친 몸과 마음의 균형

운동으로 맑은 하루를

#운동 #활성화 #달리기 #러너스 하이

운동에 대한 두 가지 오해가 있습니다. 건강 염려증으로 지나친 신체 학대라는 시선 그리고 극단적 몸매 관리의 수단으로 보는 것입니다. 하지만 가벼운 산책이든 힘든 근력 운동이든 상관없이 평상시와는 다른 모든 운동적 움직임은 나의 현재를 활성화하는 일입니다. 또한 운동은 몸과 마음을 동시에 활성화시킵니다.

철학과 교수이자 아마추어 마라톤 주자이기도 한 기욤 르 블랑 Guillaume Le Blanc 은 『달리기』라는 책에서 달리기를 스포츠 이상의 것, 삶의 능력이라고 예찬합니다. 걷기의 경험으로는 접근할 수 없는 새로운 모험으로 바라보지요.

30분 이상 달리면 몸이 가벼워지고 경쾌한 역동에 빠지는데, 이것을 '러너스 하이 runners high'라고 합니다. '반복적으로 바닥을 치는 몸의 리듬'이 만들어내는 이 행복감은 경험해보지 않으면 알 수 없는 영역인 듯합니다.

운동의 목적은 우리 일상을 통째로 맑게 해주는 것입니다. 운동은 의지로 노력해야 하는 이벤트가 아닌, 우리의 일상 그 자체여야 합니다. 쾌활하고 쾌적한 하루를 위해 저마다 수준에 맞는 운동을 계획해보세요. 운동에 대한 새삼스러운 다짐이 필요한 순간입니다.

· 나를 위한 오늘의 질문 ·
운동을 이벤트가 아닌 일상으로 만들기 위해 할 수 있는 일은 무엇이 있을까요?

영혼을 담은 몸이 곧 나

#몸 #영혼 #관심 #돌보기

중세에는 몸보다 영성과 신을 우선시했고, 근대에는 정신과 이성을 강조했습니다. 반면 현대 철학에서는 '영혼을 담고 있는 몸이 곧 나'라고 하며 몸을 중요시합니다. 실제로 명상하며 몸에 대한 '알아차림'을 하다 보면 오직 '몸'만이 현재에 있음을 알게 됩니다. 생각은 과거와 미래를 왔다 갔다 하지만 몸은 늘 현재에 머물러 있으니까요.

몸은 나의 영혼이 사는 집입니다. 몸을 사랑하는 것이 주체적 삶의 출발이자 '지금 여기'를 온전히 사는 일입니다. 그럼에도 몸을 수단화하거나 혹사하는 때도 있어요. 갓난아기 돌보듯 내 몸을 소중히 다룰 때 일상의 효율도 높아집니다.

내 몸을 사랑으로 가꾸는 세 가지 방법입니다. 첫째, 외부로만 향하던 나의 시선을 몸으로 돌립니다. 관심이 사랑의 시작이지요. 둘째, 오감을 통해 온몸으로 기쁨을 느낍니다. 음악을 듣는 순간, 포근한 촉각의 느낌, 후각으로 느껴지는 좋은 향기의 순간에 머물러봅니다. 셋째, 그 느낌을 한 줄 일상 기록으로 남겨보세요.

이렇듯 내가 몸을 지극히 감각하고 돌보면 몸도 나를 지극히 돌볼테지요. 몸이 곧 내 삶의 출처니까요.

· 나를 위한 오늘의 질문 ·
내 몸을 돌보기 위해 바꿀 수 있는 습관 한 가지는 무엇인가요?

감각하는 주체로서의 삶

#바디스캔 #아우토겐 명상 #심신일원론

몸을 감각하는 것에 관해 이야기해볼까요? 저는 독일의 아우토겐 명상을 자주 한답니다. 주로 바디스캔body scan 방식을 쓰는데요. 몸 특정 부위, 특히 내수용 감각 기관에 해당하는 부위를 생각하는 명상입니다. 어깨와 팔, 오른쪽 발가락, 단 전, 심장, 이마 등 우리 몸의 한 부위를 생각하고 느껴보는 것이지요. 신기하게도 이렇게 감각하는 것만으로 편도체가 안정된답니다.

현대 철학은 뇌과학과 심리학의 발전과 더불어 심신일원론心身一元論을 강조합니다. 우리 몸의 작은 세포 하나하나조차도 모두 마음과 연결되어 서로 영향을 주고받는다는 것입니다. 그러니 생각하는 주체로서 스스로 자기 몸을 느끼는 것은 매우 중요합니다.

발끝에서 머리까지 몸에 집중하고 몸을 느끼며 감각하는 시간을 가져봅니다. 그런 시간에 나를 두지 않으면 우리는 중요하지 않은 것들에 이끌려서 그저 닥치는 대로 정신없는 삶을 살게 됩니다. 생각하고 몸을 느끼는 것이야말로 주체로서 사는 삶의 시작이랍니다. 불교 경전에 기대면, "소리에 놀라지 않는 사자처럼, 그물에 걸리지 않는 바람처럼" 그렇게 자유롭게 사는 길입니다.

• 나를 위한 오늘의 질문 •
몸의 특정 부위를 생각했을 때 떠오르는 감각은 무엇이며 왜 그렇게 느껴지나요?

쇼펜하우어에게 배우는 성장

#행복 #심신일원론 #성장 #변화와 생성 #비커밍

아르투어 쇼펜하우어Arthur Schopenhauer를 흔히 염세주의 철학자라고 하지만, 최근 그의 책을 보며 그가 누구보다 행복한 삶을 이야기했다는 사실을 알았습니다. 쇼펜하우어의 철학적 특징은 두 가지로 요약할 수 있어요. 하나는 심신일원론이고, 다른 하나는 우리 바깥의 존재들을 중요하게 보는 것입니다.

몸과 마음의 조화를 강조한 심신일원론은 몸의 철학자라 불리는 모리스 메를로 퐁티나 에드문트 후설Edmund Husserl의 원조 격이지요. '몸이 의식의 하인이 아니라 주인'이라는 생각의 근원이기도 한 쇼펜하우어에게서 다시금 건강한 '성장'의 기술을 배웁니다.

첫 번째는 몸 튼튼히 하기입니다. 정신적으로 힘들고 집중이 잘 안되면 몸을 움직여줍니다. 몸을 튼튼하게 하는 것이 성장의 토대를 닦는 일이지요.

두 번째는 튼튼한 몸을 만들기 위한 기초 체력 키우기입니다. 특히 근육 운동이 중요해요. 평상시에 튼튼한 몸만들기를 위한 루틴을 세우고 운동해야 나 자신을 이성적으로 통제할 수 있습니다.

세 번째는 공동체 감각 갖기입니다. 나 이외의 존재들과 내가 하나의 자기장으로 연결되어 있음을 느껴봅니다. 이것이 쇼펜하우어로부터 이끌어낸 변화와 생성, '비커밍'의 철학입니다.

· 나를 위한 오늘의 질문 ·
건강한 성장을 위해 오늘 하루 어떤 노력을 해볼 수 있을까요?

몸과 마음의 동시 활성

#연결 #활성 #운동 #쉼 #발산

양자 이론에 따르면 인체를 구성하는 분자 및 세포, 조직, 장기 등은 각기 고유의 양자 파동을 지니며, 마음 또한 물리적 에너지양을 갖는 양자 에너지라고 합니다. 몸과 마음의 파동이 공명으로 연결되어 서로에게 영향을 미친다는 것이죠. 결코 '몸 따로 마음 따로'가 아닙니다.

이렇게 연결된 나의 소중한 몸과 마음을 가장 활성화된 상태로 만드는 것이 최선의 삶이자 최대한의 삶입니다. 우리는 몸과 마음을 활성 상태로 만들어 스스로를 잘 주조해가는 일상을 살아야 합니다. 몸과 마음을 최고의 활성 상태로 만드는 세 가지 방법입니다.

첫째, 몸의 활성화를 위해 근육 운동과 스트레칭을 합니다. 단단함과 유연성을 모두 기르는 거예요.

둘째, 마음의 활성화를 위해 집중을 멈추어 '쉼'을 하고, 감정을 '발산'합니다.

셋째, 일상에서 움직임과 쉼의 리듬감을 유지합니다.

몸과 마음이 함께 활성화될 때, 우리는 비로소 만족하는 삶을 살아갈 수 있습니다.

・ 나를 위한 오늘의 질문 ・
하루의 '활성 루틴'을 몸, 마음, 리듬으로 설계한다면, 각 단계의 구체적인 행동은 무엇인가요?

몸 전체로 최대화하는 일상

#몸의 체험 #숙면 #능률 #쉼

현대 철학자 메를로 퐁티는 진정한 의미의 지식은 생각이나 외부 감각이 아닌 '몸의 체험'을 통해서만 얻을 수 있다고 주장합니다. 의식과 감각은 항상 몸이라는 한계 속에 있으며, 모든 존재 의미는 그것의 지각적 토대인 몸이 실존함으로써 성립된다는 것입니다. 이로써 메를로 퐁티는 '몸의 철학자'로 불립니다.

몸은 우리의 의식적 활동 자체를 추동하고 연금하며 살아가게 합니다. 이런 몸에 대한 관심은 능력을 최대화하는 일상으로 연결됩니다. 이를 위해서는 무엇보다 수면의 질이 중요해요. 적정한 시간 동안 충분히 숙면하여 최상의 몸 상태를 만듭니다. 그리고 낮에는 땀을 내어 운동해서 몸의 활력을 치솟게 하고요. 몸의 최적화는 일의 능률도 함께 오르게 한답니다.

일상에서 몸을 움직이는 쉼 또한 중요해요. 45분간 일을 했으면 15분은 움직임으로 쉬어줍니다. 몸을 움직여 어슬렁거리며, 실내 환기를 하고 얼굴 마사지를 하는 등 내 몸을 보살피는 행동을 하는 거예요. 머리만 쓰는 일은 시야를 좁게 하니, 시야를 넓게 하려면 몸 전체를 사용합니다. 몸 전체로 생각하고 실행하면 더 큰 존재로서의 나를 느낄 수 있습니다.

・ 나를 위한 오늘의 질문 ・
몸의 활력치를 높이는 나만의 방법이 있나요?

의도된 낯섦

#지침 #환기 #이동의 힘 #낯섦 #성찰

몸과 마음이 축 처져, 마치 젖은 솜처럼 무거울 때가 있습니다. 그럴 때 저는 일부러 '먼 곳의 영화관'을 찾습니다. 연희동에 산다면 광진구나 경기도 부천의 상영관을 예약하는 식이지요. 영화를 보는 것만이 목적이 아닙니다. 익숙한 동네를 벗어나는 '이동'의 과정이 핵심입니다. '공간의 환기'는 굳어 있던 생각의 회로를 깨우는 가장 강력한 처방입니다. 버스나 지하철의 작은 진동을 느끼며 낯선 창밖 풍경을 바라보는 동안, 복잡했던 마음이 조금씩 단순해지는 것을 느낍니다.

마음을 가만히 다독여줄 영화 한 편에 몰입합니다. 거대한 스크린이 뿜어내는 빛과 소리에 온 감각을 집중하다 보면 현실의 무게는 잠시 잊힙니다. 감동적인 이야기는 지친 내면을 씻어주고, 잊고 있던 근원적인 가치로 마음을 이끌어주지요.

영화가 끝나면 근처의 카페로 향합니다. 아무도 나를 모르는 곳에서 '익명의 편안함'을 느낄 수 있지요. 그곳에서 따뜻한 커피 향을 음미하며 방금 본 영화의 감동을 기록합니다. 이 기록은 흩어진 내 일상을 '관조'하게 하고, 다시 나아갈 미래를 '구상'하게 합니다.

몸과 마음이 지쳤을 땐 '의도된 낯섦'으로의 작은 여행을 떠나보세요. 낯선 풍경과 감동, 그리고 기록의 힘이 우리를 다시 일으켜 세울 것입니다.

• 나를 위한 오늘의 질문 •
내 마음을 환기할 '작은 이동'의 장소는 어디인가요?

나는 감각한다, 고로 나는 존재한다

#휴일 #내향성 #내수용 감각 #몸

휴일은 나를 감각하기 좋은 내향성의 시간입니다. 이때 내수용 감각에 집중해봅니다. 내수용 감각은 체내에서 일어나는 자극이나 변화를 감지하는 감각입니다. 예를 들어, 손으로 맥을 짚지 않아도 심장의 움직임을 느끼는 것, 눈 운동 독서할 때 눈의 움직임을 느끼는 것 등이 뇌가 내부 장기 신호로부터 신체 상태를 파악하는 내수용 감각 능력입니다.

내 몸을 감각한다는 것은 뇌가 신체의 움직임을 감지한다는 것입니다. 내수용 감각에 민감해지면 우리는 모든 것을 더 잘 인식할 수 있어요. 눈 운동 독서할 때 더 집중이 잘 되고, 움직이면서 생각할 때 더 좋은 아이디어가 나오는 것처럼 매사에 능률이 오른다는 뜻입니다.

온전하고 현명한 나로 살아가기 위해서는 내 몸을 느끼며 살아야 합니다. 감각이 살아 있는 사람은 머리에만 의존하는 사람보다 판단과 결정에 능숙합니다. 감각적으로 살아야 100퍼센트의 나로 활약할 수 있습니다.

이번 주말에는 산책이나 트레킹을 하면서 '나는 감각한다. 고로 나는 존재한다'는 사실을 새롭게 느껴보는 건 어떨까요? 내 몸의 움직임이 신비한 감각으로 살아나 강렬한 존재의 체험을 하게 될 거예요.

・ 나를 위한 오늘의 질문 ・
감각하고 존재하는 하루를 살기 위해 어떤 활동을 계획해볼 수 있을까요?

불안과 우울 대처하기

#불안 #우울 #글쓰기 #자기 신뢰

불안이나 우울은 자연스러운 감정이지만 병리적 현상으로 해석하기도 합니다. '마음의 감기'에도 약을 처방코자 하는 시도지요. 불안이나 우울은 스스로 완화하고 제어하려는 노력이 우선시되어야 합니다. 그것이 불가능해졌을 때 우울을 병리로 보아도 늦지 않습니다.

첫째, 불안과 우울이 찾아오면 그것의 구체적 원인을 글로 명시합니다. 그리고 그 원인이나 요인들을 하나씩 대면해서 제대로 인식합니다. 내 감정 상태도 '나'이고 '나의 것'입니다. 나 스스로가 제어할 수 있는 '대상'이라고 생각합니다.

둘째, 자신만의 창의적인 해결 방안을 찾아 실행합니다. 이동과 발산의 원리를 적용해서 여행을 떠나거나, 격렬한 운동을 하거나, 코인 노래방에서 목이 터져라 노래하는 것도 좋답니다.

셋째, 무엇보다 자기 신뢰를 회복합니다. 지금 우울하고 불안한 나는 단지 '지금의 나'일 뿐입니다. 우리는 고정된 존재가 아닌 끊임없이 변화해가는 존재임을 상기하면서 스스로의 노력으로 우울과 불안의 총량을 줄여나갑니다. 모든 터널에는 끝이 있음을 믿으면서요.

• 나를 위한 오늘의 질문 •
우울과 불안을 줄이기 위해 내게 해주고 싶은 말은 무엇인가요?

'나'라는 우주 들어올리기

#무기력 #기분 전환 #우울 #감사 일기

내 몸 하나 일으키는 것이 온 우주를 들어올리는 일처럼 힘들 때가 있습니다. 무기력과 우울감이 엄습할 때, 자꾸만 가라앉고 싶을 때, '나'라는 우주를 벌떡 들어올립니다.

과감히 바닥을 치고 솟아오르는 방법으로는 '몸, 생각, 말로 발산하기', '이동하기', '자연과의 만남'을 꼽을 수 있습니다. 먼저 하루에 한 가지 내 기분을 좋게 만들 행위를 계획합니다. 땀을 흘릴 수 있는 노동 또는 운동을 하거나, 기분을 좋게 만드는 장소로 이동하거나, 가볍게 여행을 떠나는 것도 좋습니다.

생각을 이용한 기분 전환은 욕심을 내려놓고 힘을 빼는 것입니다. 공부든 일이든 너무 잘하려 하면 기대에 미치지 못했을 때 스스로를 책망하게 되며 기분이 내려앉지요. 그럴 때 목표를 세분화하고 작은 실행을 하는 것이 도움이 됩니다.

밤 루틴으로 감사 일기를 쓰는 것도 좋습니다. 쓴 글을 낭독하면 기분이 좋아집니다. 다음 날 내게 찾아올 좋은 기회, 멋진 일을 상상하면서 잠들어봅니다. 그러면 하루가 기쁨으로 마무리될 거예요.

이렇게 구체적으로 내가 기뻐할 행위를 계획하고 실행하면서 그렇게나 무겁던 '나'라는 우주가 사뭇 경쾌해지는 것을 느껴봅니다.

• 나를 위한 오늘의 질문 •
나를 '들어올리는' 활동에는 무엇이 있나요?

마음이 비틀거릴 때

#불만 #계획 #밝음의 기운

니체는 "지금 이 인생을 다시 한번 완전히 똑같이 살아도 좋다는 마음으로 살라"고 했습니다. 모두 그렇게 살고 싶겠지만, 가끔 비틀거리는 일상은 어찌할 수가 없지요. 일이 잘 안 풀려 마음이 답답할 때 실행해야 하는 세 가지가 있습니다.

첫째, 불만 찾기입니다. 원인을 파고들면서 불만의 실체와 만나고, 관계 개선이나 역량 향상에는 시간이 걸린다는 사실을 수용합니다. 그리고 '그래도 할 일은 해야지' 하고 스스로를 다독입니다.

둘째, 힘든 시기일수록 계획을 시간대별로 촘촘하게 짭니다. 계획 안에 나를 속박하면 오히려 자유를 찾게 되고, 무력감을 극복하는 데 도움이 됩니다.

셋째, 의도적으로 밝음의 기운을 끌어옵니다. 이동과 발산의 원리를 적용해서 낯선 곳으로 움직인다거나 햇볕을 쬐는 등의 즐거운 일을 매일 사소하게라도 실행합니다.

일상은 항상 기쁘고 성과적이지 않습니다. "개울 바닥에 돌이 없다면 시냇물은 노래를 부르지 않을 것"이라는 말이 있어요. 답답한 마음을 돌에 부딪히는 시냇물의 심정으로 이해해봅니다. 돌이라는 장애 덕분에 시냇물은 아름다운 소리를 낼 수 있음을 기억하는 것입니다.

· 나를 위한 오늘의 질문 ·
내 마음속 불안은 무엇이며 어떻게 극복할 수 있을까요?

감정에 이름 붙이기

#감정 #감각 #언어화 #일상 기록 #일기

이해인 수녀는 『감정은 사라져도 결과는 남는다』에서 "인생의 중요한 기회를 놓친 순간엔 불필요한 감정이 있었고, 이는 판단력을 흐리게 했다"라고 말했습니다. 삶에서 불필요한 감정의 전횡을 예방하는 일이 얼마나 중요한지 언급한 것이지요. 나의 감정과 감각을 잘 느끼고 그것에 대처하기 위해서는 감정을 언어화하는 연습이 필요합니다. 일상에서 매일 감정을 언어화하는 세 가지 방법입니다.

첫째, 한 줄 일상 기록으로 감정과 감각을 다양하게 표현합니다. 아침 식사 시 '서두름, 불안' 같은 감정을 추가하고, 문구점에서 물건을 사며 '지식인 느낌, 흐뭇' 등을 적어봅니다.

둘째, 일기를 낮에 자주 기록합니다. 밤에 20분씩 쓰는 것보다 낮에 잠깐씩 자주 기록하는 편이 더 좋을 수 있습니다.

셋째, 자기 전 다이어리에 쓴 일상 기록과 일기를 보며 하루 전체의 감정과 그날의 유별한 감정을 되새기고 자신을 보듬어줍니다.

감정은 우리 안에 충분히 머물렀을 때 자연스럽게 지나갑니다. 이름 붙이고 충분히 배려해준 감정은 허튼 부정의 여운 없이 지나가지요. 그 뒤에는 좋은 쓸모의 감정만 남아 현명한 삶의 배후로 작동하게 될 거예요.

• 나를 위한 오늘의 질문 •
나만의 감정 사전을 만든다면 오늘 기록할 감정과 그것의 의미는 무엇인가요?

감정에 휩쓸리지 않는 이성적 말하기

#감정의 말 #이성의 말 #가치 공유 #가치 공감

말은 감정의 말과 이성의 말로 나눌 수 있어요. 계절과 날씨에 맞는 옷을 골라 입듯, 말 또한 상황에 따라 구분해서 하는 지혜가 필요합니다. 이성적 대화를 잘하는 프로세스는 '사실 고정-가치 공유-처방'이랍니다. 서로 인정하는 사실 안에서 공감할 수 있는 가치를 향해 양보와 합의로써 타협점을 찾아내는 것입니다. 예를 들어, 아이가 게임만 할 때는 감정을 배제하고 다음처럼 이성적 대화를 시도합니다.

"공부만 열심히 하는 건 어려운 일이지?"(사실 고정)
"그렇지만 열심히 공부해야 네 삶이 좋아지겠지."(가치 공유)
"게임 시간과 공부 시간을 함께 정해보자."(처방)

상호 합의가 가능한 이성적 말하기 기술에서의 고려 요소입니다.

첫째, 논제 밖으로 빠지면 안 됩니다. 감정에 휩싸여 논제 밖으로 나가버리면 어떠한 합의에도 도달하기 어렵거든요.

둘째, 상호 인정하는 고정값을 찾습니다. 서로 합의할 수 있는 사실에서 시작해야 서로에게 유익한 대화가 됩니다.

셋째, 가치 공감을 전제로 처방합니다. 공감하는 마음으로 약간의 밀고 당기기를 거쳐 합의에 도달하는 것이지요.

· 나를 위한 오늘의 질문 ·
최근 겪은 갈등 상황은 무엇이었으며 대화 방식은 어떠했나요?

감정은 신호다

#파토스 #신호 #메시지 #주체성

우리는 종종 감정을 억누르거나 이성으로 통제해야 할 대상으로 여깁니다. 하지만 아리스토텔레스가 말한 이성(로고스logos), 품성(에토스ethos), 감정(파토스pathos)은 서로 분리된 것이 아니라 함께 작동하는 우리 삶의 세 기둥이지요. 특히 감정은 나머지 두 가지를 움직이게 하는 가장 원초적인 '신호'입니다.

기쁨이나 환희 같은 긍정적 신호는, 나의 행동(에토스)과 가치관(로고스)이 올바르게 나아가고 있음을 알려줍니다. 반면 분노나 불안 같은 부정적 신호는, 나의 경계가 침범되었거나(에토스) 상황을 다시 분석해야 한다(로고스)는 경고등과 같아요. 이처럼 감정은 우리의 이성과 품성이 올바르게 작동하도록 방향을 알려주는 역할을 합니다.

감정이라는 신호를 무시하면 우리는 길을 잃기 쉽습니다. 감정이 찾아올 때, 그것이 긍정적이든 부정적이든 '지금 나에게 어떤 메시지를 주고 있는가?'라고 질문해보세요. 그 신호를 정확히 읽어낼 때, 우리는 비로소 이성과 품성의 힘을 제대로 발휘하는 온전한 주체가 될 수 있습니다.

• 나를 위한 오늘의 질문 •
나도 모르게 무시하거나 억누르고 있는 감정이 있나요?

부정적 감정의 긍정적 활용법

#인지적 틀 #감정의 방향 #인지적 재해석 #성장 동력

부정적인 감정이 찾아올 때 우리는 종종 그 감정 자체에 압도되곤 합니다. 하지만 심리학적으로 중요한 것은 사건 자체가 아니라, 그 사건을 해석하는 우리의 '인지적 틀'입니다. 감정의 방향을 바꾸는 열쇠는 우리 자신에게 있지요. 이것이 바로 부정적 감정이 긍정적으로 활용되는 핵심적인 메커니즘입니다.

우선, 불편한 감정이 찾아왔음을 알아차리는 것이 첫 단계입니다. 그다음 그 감정에 '이것은 나를 성장시킬 에너지원이다'라고 새로운 의미를 의식적으로 부여하는 겁니다. 이것이 바로 '인지적 재해석'입니다. 예를 들어, 실패에 대한 좌절감은 '나는 역시 안돼'라는 생각 대신 '성공에 필요한 데이터를 얻었구나'라고 재해석할 수 있습니다. 비판에 대한 분노는 '나를 공격하다니'라는 마음 대신 '더 나은 방향으로 나아가라는 강력한 조언이구나'라고 바꿀 수 있지요.

이처럼 감정의 이름을 새로 붙이고 그 의미를 재정의할 때, 부정적 감정의 에너지는 파괴적인 힘에서 우리를 앞으로 나아가게 하는 강력한 동력으로 변모하게 됩니다.

· 나를 위한 오늘의 질문 ·
오늘 느낀 불편한 감정에 어떤 새로운 의미를 부여할 수 있을까요?

나를 소진하는 감정 노동

#감정 노동 #선 긋기 #감정 분리 #회복 의식

감정 노동은 피하기 어려운 현실입니다. 사람은 저마다 다르기에 상호작용에는 늘 에너지가 필요하고, 때로는 상식적이지 않은 사람도 존재하기 때문이지요. 중요한 것은 '이 불가피한 상황 속에서 나를 어떻게 지킬 것인가'입니다.

대응법은 두 가지입니다. 상대방과 가치관이 달라 생기는 일반적인 마찰에는, 다름을 인정하고 이해하려는 '사랑 나누기'의 태도가 필요합니다.

하지만 일방적으로 나를 힘들게 하는 상대를 만났을 때는, 그 감정을 내 것으로 받지 않고 '나와 분리하는' 기술이 필요합니다. "저것은 저 사람의 문제이지, 나의 문제가 아니다"라고 선을 긋는 겁니다.

감정 노동 후에는 '나로 돌아오는 회복 의식'을 가집니다. 퇴근 후 샤워를 하며 오늘의 감정들을 씻어내거나, 좋아하는 음악을 들으며 나만의 공간에서 온전히 쉬는 거예요. 이런 의식적인 분리를 통해 감정적 소진을 막고, 다음 날을 살아갈 건강한 마음을 회복할 수 있습니다.

• 나를 위한 오늘의 질문 •
감정 노동에 지친 나를 회복하게 하는 일은 무엇인가요?

쉼과 놀이 체크리스트

#쉼 #놀이 #향유 #계획 #조화

원시인들의 삶을 떠올려봅니다. 하늘을 바라보고, 바람을 느끼고, 코끝에 전해지는 향기에 취하며 시간을 향유했을 우리 선조들을. 물론 생존을 위한 삶도 중요하기에 종족 번식과 양육을 위해 치열하게 살았을 겁니다. 그런데 오늘날 우리는 그들 삶의 모습 중 치열한 생존 형태에만 과하게 몰입되어 있습니다. 그것만이 전부인 양 각박하게 살고 있죠. 그렇게 지내다 보면 문득 우울해지고 쉽게 무기력해집니다.

이제 다이어리에 쉼과 놀이 목록을 만들어봅니다. 첫째, 식물처럼 쉬고 놀아봅니다. 깊은 호흡을 하고, 명상하고, 아름다운 경치를 즐기고, 음악을 듣는 거예요. 둘째, 순수 내적 욕망에 따라 즐거움을 느껴봅니다. 맛있는 음식을 먹고 잠을 충분히 자는 등 나를 행복하고 기쁘게 하는 소소한 행위들을 잘 챙겨서 적어봅니다. 셋째, 적극적인 놀이와 취미도 빠질 수 없지요. 운동, 소설 읽기, 목공, 도예, 악기, 노래 부르기 같은 것들 말입니다.

목록을 다 적었으면 이제 내 삶으로 가져옵니다. 시간을 계획할 때 쉼과 놀이의 자리도 잘 마련하는 겁니다. 그것을 하루, 일주일, 한 달 계획에 잘 넣어주고, 일과 쉼이 황금 비율로 조화를 이룬 일상을 만들어봅니다.

・ 나를 위한 오늘의 질문 ・
나만의 쉼과 놀이 목록을 만든다면 가장 먼저 하고 싶은 일은 무엇인가요?

질 높은 수면 리추얼

#수면 리추얼 #루틴 #융합 #창조

잠잘 때 뇌는 무슨 일을 할까요? 하루 동안 우리가 생각하고 경험한 것을 융합하고 새로운 창조를 이루어냅니다. 아리아나 허핑턴Arianna Huffington은 『수면 혁명』에서 우리가 실패하는 이유는 노력 부족이 아니라 수면 부족 때문이라고까지 주장합니다. 수면 활동의 중요성을 강조하는 사람들은 잠자는 상태가 진짜 삶이고, 낮은 생각력으로 구체적 행위를 실현하는 단계로 보기도 합니다.

그렇다면 밀도 높은 잠을 위한 나만의 수면 리추얼ritual을 가져보는 건 어떨까요? 수면 리추얼은 잠들기 전 하루를 정리하는 습관입니다. 잠에서 얻은 에너지로 활기찬 하루를 시작할 수 있도록 돕지요. 걱정과 고민으로부터 멀어지는 작은 루틴을 의식적으로 만들어보세요.

첫째, 샤워를 합니다. 저절로 긴장이 풀어질 거예요.

둘째, 기록과 정리, 일기 쓰기를 합니다. 하루를 영화 보듯이 돌려보고 좋았던 점, 깨달은 점 등을 떠올리고 스스로를 칭찬해줍니다.

셋째, 마음 정리를 통해 감사와 용서를 합니다. 그리고 아우토겐 명상을 하며 호흡을 가다듬다 보면 어느새 잠이 들 거예요. 그다음에는 우리 뇌가 알아서 융합과 창조를 시작합니다.

· 나를 위한 오늘의 질문 ·

오늘 하루 마음 정리를 하며 떠오르는 감사와 용서의 순간이 있나요?

도둑맞은 집중력 되찾기

#집중력 #성과 #구체적 아웃풋 #쉼

『도둑맞은 집중력』이라는 제목의 책이 나올 정도로 집중력 위기의 시대입니다. 우리의 주의를 빼앗는 것은 카톡 알림 같은 외부 요인 그리고 높은 목표나 어려운 과제로 압박받는 두려운 내면입니다. 에너지로서의 집중력은 한정된 자원이라서 효과적인 관리가 필요합니다. 도둑맞은 집중력을 되찾아 성과를 내는 구체적인 방법입니다.

첫째, 카톡 금지 시간을 설정합니다. 메시지 알림이 집중의 최대 방해 요인이니 휴대전화를 무음으로 해서 멀리 두거나 시간을 미리 정해두고 사용하면 좋아요.

둘째, 양적인 아웃풋과 투입 시간을 함께 설정합니다. 구체적인 아웃풋을 설정하고 제한된 시간 안에 빠른 속도로 일을 끝냅니다. 지금 당장 무엇을 해야 하는지 정확히 알고 속도감 있게 하다 보면 그 일은 끝나 있을 테죠. 어려운 책 읽기는 한 시간에 20페이지 정독하기, SNS 글쓰기는 20분 내 완료하기 등입니다.

셋째, 과제를 해낼 수 있다는 적극적인 사고방식과 함께 주기적 쉼, 휴식의 리듬감을 유지합니다. 45분 집중하고 15분 쉬는 리듬 속에 있다 보면, 성과를 실현해줄 '집중력 되찾기'는 어렵지 않습니다.

・나를 위한 오늘의 질문・
집중을 방해하는 요인을 제거하기 위해 어떤 노력을 할 수 있을까요?

집중과 쉼의 율동

#집중 #쉼 #속도 #율동감

오늘 당신의 주요 일정은 무엇인가요? 제 주요 일정 세 가지는 심사를 위한 논문 읽기, 외부 행사 관련 회의, 강의안 작성하기입니다. 저는 오늘 이 세 가지 일에서 어디에 중점을 둘지 미리 생각하고 집중력을 높여 일할 계획입니다. 집중력을 높이는 저만의 방법을 소개합니다.

첫째, 집중과 쉼의 주기 지키기. 집중이 한 시간을 초과하지 않도록 중간에 꼭 끊어줍니다. 45분 동안 일했으면 15분은 쉬는 것이지요.

둘째, 서둘러 하기. 일의 총량을 10퍼센트 초과하도록 계획하고, 속도감 있게 서둘러 작업합니다.

셋째, 시작과 끝에 생각 돌려주기. 집중의 효율을 극대화하는 것이 바로 생각의 힘입니다. 일을 끝낼 때 무엇을 했는지를 생각합니다.

완벽한 집중을 위해 가장 중요한 건 집중하기 전에 쉬는 시간을 갖는 것입니다. 이때는 장소를 옮기거나 편한 자세를 취하거나 독서를 하며 여유를 누립니다. 깊은 집중과 순수한 휴식을 잘 분리해야 집중이 끝났을 때의 만족감이 커집니다. 다시 말해 집중과 쉼의 율동감이 집중의 비결인 셈입니다.

· 나를 위한 오늘의 질문 ·
업무와 업무 사이에 쉬기 위한 나만의 행동이 있나요?

'슬렁슬렁 시간'의 의미

#이완 #응축 #잠재성 #공동체 감각

매사에 빠른 속도로, 강하게 집중하는 시간 감각으로 살고 있나요? 그렇다면 '슬렁슬렁 시간'이 필요합니다. 슬렁슬렁하는 시간이 '미친 지속성'을 가능하게 하여 좋은 성과를 만들어내기 때문이지요. '슬렁슬렁'의 구체적 의미는 이렇습니다.

첫째, 육체적 이완, 릴랙스 상태입니다. 축구 스타 리오넬 메시Lionel Messi는 슬렁슬렁 시간의 진수를 보여줍니다. 그는 경기 중 대부분의 시간 동안 그라운드에서 슬렁슬렁 걸어 다니며 전체를 조망하고, 현재 자신과 공의 위치를 가늠합니다. 힘을 폭발시킬 짧은 순간을 위해 긴 응축의 시간을 여유롭게 누리는 거예요.

둘째, 내면의 잠재성이 현재성으로 발휘되는 순간을 준비합니다. 두려움이나 걱정하는 마음 없이 '퍽' 하고 시작할 수 있는 상태입니다.

셋째, 공동체 감각으로 자연 또는 다른 사람들과 좋은 기운으로 협력하는 상태입니다. 함께하는 기운으로 일이 자연스럽게 되어감을 느낄 수 있어요. 나의 의지로 만들어내는 '함'보다 '되어감'의 세계라는 큰 힘을 경험하는 것, 한정된 시간의 효용을 최대화하는 것이 바로 슬렁슬렁 시간입니다.

• 나를 위한 오늘의 질문 •

'슬렁슬렁 시간'이 '미친 지속성'을 가능케 하는 이유는 무엇일까요?

응축과 이완의 리듬 향유

#응축 #이완 #리듬 #속도

어떤 속도로 하루를 보내고 있나요? 응축과 이완의 리듬으로 힘을 어디에 주고 어디에서 뺄지를 알고 하루를 실천하면 모든 시간을 경쾌하게 자기 주도적으로 보낼 수 있습니다.

먼저 이완의 시간은 플래너 쓸 때와 걸을 때 그리고 쉴 때입니다. 하루를 계획할 때 이것저것 모두 욕심내지 말고 마음의 기쁨이 크게 느껴질 일만 최소한으로 적습니다. 계획이 많으면 달성에 대한 압박감으로 자칫 자괴감만 커질 수 있거든요. 그리고 걸을 때나 쉴 때도 속도에 유념합니다. 속도를 늦추면 보이지 않던 것들이 보이고, 내 마음도 선명히 읽을 수 있습니다. 클래식 음악을 듣거나 명상하며 쉬면 몸과 마음을 이완하는 데 더욱 좋습니다.

이제 응축의 시간, 즉 책을 읽고 일하고 공부할 때입니다. 시작 시각과 끝내는 시간을 먼저 정합니다. 책을 읽을 때는 몇 분간 몇 페이지를 읽을지 정합니다. 그리고 오늘 읽을 분량을 미리 훑어보며 예열 시간을 가지면 본격적으로 속도를 붙이기가 한결 쉬워져요. 확실히 시작과 끝의 경계를 구분하는 것이 집중하는 데 도움이 된답니다.

· 나를 위한 오늘의 질문 ·
나만의 '자기 주도적인 하루'를 어떻게 계획해볼 수 있을까요?

제대로 쉬는 기술

#휴식 #비움과 채움 #맞춤 휴식 #회복

우리는 휴식을 단순히 '몸을 쉬게 하는 것'이라고 생각하기 쉽습니다. 하지만 때로는 격렬한 운동이 복잡한 머리를 효과적으로 쉬게 하는 방법이 되기도 해요. 제대로 쉬기 위해서는 먼저 휴식에 대한 고정관념부터 바꿀 필요가 있습니다.

휴식에는 여러 차원이 있습니다. 첫째, '정신적 휴식'과 '육체적 휴식'의 차이입니다. 머리를 많이 쓴 날에는 몸을 움직여주고, 몸을 많이 쓴 날에는 고요히 앉아 정신을 쉬게 해주어야 균형이 맞아요.

둘째, '비움의 휴식'과 '채움의 휴식'의 차이입니다. 스트레스로 가득 찬 마음은 명상이나 산책을 통해 비워내야 하고, 무기력하고 공허한 마음은 좋은 책이나 영화, 영감을 주는 대화를 통해 새로운 에너지로 채워야 합니다.

오늘 나에게는 어떤 휴식이 필요한가요? 나의 피로를 정확히 진단하고 제대로 쉬는 것은 그냥 멈추는 것이 아니라, 나를 회복시키는 적극적인 기술입니다.

• 나를 위한 오늘의 질문 •
지금 나에게 가장 필요한 휴식은 무엇인가요?

깊은 지혜, 알아차림

#관계 #감정 #알아차림 #삶의 지혜

나아가고 있지만, 우리는 여전히 크고 작은 문제에 시달립니다. 언제나 편한 길로 도망가고 싶은 마음과 경쟁하고, 욕구와 능력의 괴리로 힘들어하고 자책합니다.

관계에서도 그렇습니다. 상대에게 바라는 마음은 한량없는 반면, 먼저 주는 일에는 인색합니다. 감정 또한 쾌속선에 올라탄 듯 조금 좋다가도 한없이 바닥을 치기도 하고, 사람이 미웠다가 좋기도 하고, 다 할 수 있을 것 같다가 아무것도 하기 싫어지기도 합니다.

그러나 괜찮습니다. 알아차림이 있으면 알게 됩니다. 첫째, 관계 속 나를 알아차리고, 둘째, 자연 속 나를 알아차리고, 셋째, 일하는 나를 알아차리면 인생이 지혜로워집니다.

타인의 얼굴과 마주하면 인생과 인생이 만나 새로운 생성을 만들어가지요. 자연의 기운과 만나면 편안하고 겸손한 나 자신을 알아차립니다. 일의 가치에 조우하면 보잘것없는 작은 노동조차 이타성의 실천임을 깨닫게 됩니다.

알아차림은 '바깥세상의 완벽한 종료'가 아닙니다. '지금 이 순간'으로 나를 인도해서 이 순간이 훨씬 나아지도록 하는 일입니다. 알아차림의 기쁨과 지혜로움의 평안으로 충만한 하루하루를 만들어보세요.

・ 나를 위한 오늘의 질문 ・
'알아차림'을 통해 극복하고 싶은 나의 가장 큰 고민은 무엇인가요?

깊고 고귀한 능력, 성찰

#성찰 #가치 #삶의 주관자 #공동체 감각

성찰省察이란 살핀다는 뜻으로, 자신이 한 일을 돌이켜보고 깊이 생각하는 것을 의미합니다. 넓은 의미의 성찰은 생각에서 나아가 해석 및 판단을 거쳐 실행으로 이어지는 변화와 성장까지 아우릅니다.

성찰 대상은 크게 꿈, 일, 관계, 성장, 쉼(놀이), 신앙이나 습관으로 나눌 수 있어요. 영역별로 지나온 시간을 돌아보고 앞으로의 방향을 가다듬어봅니다.

성찰 내용을 구체화해보면, 첫째는 가치에 관한 성찰입니다. 추구하는 가치 지향이 이타적 성장의 삶이라면 그 방향으로 잘 나아가고 있는지 살피는 것이죠. 둘째는 주관자로서의 삶에 관한 성찰입니다. 내 안의 순수한 욕망을 지지하고 존중하는 펍진한 삶을 살고 있는지, 아니면 불안과 허명에 휘둘려 곤궁하고 난처한 삶을 살고 있지는 않은지 깊이 생각해보는 것입니다. 셋째는 감각에 관한 성찰입니다. 타인과 자연과의 관계에서 함께 살아가고 있다는 공동체 감각을 잘 유지하며 살고 있는지 생각해봅니다.

성찰은 인간만이 가진 고귀한 능력입니다. 거울에 전신을 비추듯 마음을 비쳐 탈색되고 더럽혀진 부분을 깨끗이 하는 일이지요. 진정 아름다운 능력이 아닐 수 없습니다.

· 나를 위한 오늘의 질문 ·
나의 가치관을 한 문장으로 어떻게 표현할 수 있을까요?

DAY 238 비우지 않고 채우는 명상

#명상 #채움 #일신우일신

명상mindfulness은 텅 빈 마음 이후의 '가득 찬 마음' 상태입니다. 단지 비우는 데서 나아가 비운 뒤 새로이 채우는 데 마음을 다하는 일입니다. 하루 세 번의 명상 습관을 지녀보세요. 삶에 대한 투정이 잦아들며 새로운 채움이 우리를 맞이한답니다.

첫 번째 아침 명상은 하루를 시작하는 힘을 줍니다. 샤워할 때 물의 감각에 집중하며 오늘 할 일을 정리하는 것도 명상입니다. 아침 명상은 정신을 맑게 하고, 집중력을 높여 일신우일신日新又日新의 기상을 만들어줍니다.

두 번째 명상은 점심 식사 후에 합니다. 가사 없는 클래식 음악을 들으며 자연의 소리나 풍경을 상상하면 오전의 피로와 스트레스가 사라집니다. 정신이 맑고 투명해지며, 오후 일과를 더욱 창의적으로 수행할 수 있게 됩니다.

자기 전에 세 번째 명상을 합니다. 잠자리에 누워 하루를 빠르게 돌려본 뒤 아우토겐 명상을 하면 깊은 숙면을 할 수 있어요. 하루 종일 서성거리던 몸과 마음이 비로소 평화의 품에 안착하지요.

하루에 세 번 명상을 하면 1년에 천 번의 명상 경험을 쌓을 수 있습니다. 숱한 명상의 시간을 경유한 우리 마음이 어떻게 '채움'으로 빛날지, 기대되는 일 아닌가요?

• 나를 위한 오늘의 질문 •
명상을 통해 비우고 싶은 마음의 짐이 있나요?

명상이 주는 평안

#평안 #두려움 #욕심 #고통 #명상

평안함은 고요함에 이르러 삶을 치유하는 마음의 힘입니다. 드라마〈나의 아저씨〉에서 주인공의 이름이 '지안'이지요. '편안함에 이르다'라는 뜻으로, 이름과 정반대의 삶에서 이름 그대로의 삶을 향해 나아가는 주인공의 변화가 인상적이었습니다.

왜 우리는 평안에 머물지 못할까요? 기대와 현실의 불일치로 발생하는 불안이나 두려움, 욕심, 마음의 고통 때문입니다. 이때는 바로 그 순간을 알아차려야 그 속에 침잠하지 않습니다. 의도적으로 명상 상태에 드는 게 큰 도움이 되지요. 가사 없는 클래식 음악을 배경 삼아 나를 보듬는 시간을 가져봅니다.

먼저 바닷속 해초가 된 나를 상상합니다. 표면에서는 험한 폭풍이 칠지라도 나는 안전하므로 부정적 자극을 멀리하고 나와 나를 둘러싼 사람들에게 선한 의지를 드러냅니다. 그리고 스스로 예수님이나 부처님이 되어봅니다. 성인들의 형상을 상상하며 미소 짓다 보면 나보다 더 불안하고 상처받았을 누군가의 마음까지 헤아리게 됩니다.

불교에서는 마음의 환란 상태를 '술에 취한 코끼리', '성난 물소'에 비유합니다. 의도적 명상으로 그 불손한 짐승들을 멀리 떠나보내고, 천천하고 곡진曲盡하게 평안함에 이르러봅니다.

· 나를 위한 오늘의 질문 ·
나의 마음을 '성난 물소'에 이르게 하는 고통은 무엇인가요?

일상에 숨결 불어넣기

#아우토겐 명상 #이완 #삶의 모양

일상의 긴장을 풀기 위한 이완 요법으로 아우토겐 명상이 있습니다. 우리 몸 특정 부위를 느끼고 상상하면서 편안한 상태에 이르게 하는 훈련이지요. 이 훈련을 특정 시간이 아닌 일상의 모든 순간에 해보는 건 어떨까요? 일명 '일상에 숨결 불어넣기'입니다.

예를 들어, 아침에 샤워할 때는 피부에 물이 닿는 느낌을 감각하고 내 몸 돌봄을 깨달으며, 상쾌한 기분으로 오늘의 의지를 다짐합니다. 이렇게 샤워라는 무심한 행위에도 숨결을 불어넣듯 의미를 부여할 수 있어요. 퇴근하고 드라마를 볼 때도 그저 무심히 화면만 바라보지 말고 한 편의 소설을 보듯 나의 시선을 높입니다. 드라마 속 사연들에 울고 웃고 공감하는 나를 보며 내 감각을 새로이 느끼는 것입니다.

일상에 숨결을 불어넣을 때는 세 가지를 기억합니다. 첫째는 내 몸 특정 부위를 생각하고 느끼고 상상하기, 둘째는 일상에서 어떤 행위를 할 때 속도를 조금 늦춰보기, 셋째는 모든 행위 이후의 느낌 기록하기입니다.

순간순간의 소중한 숨결이 모여 내 삶은 나만의 형태를 이룹니다. 더 많이 느끼고 사랑할수록 내 삶의 모양이 갖추어진다는 사실을 기억합니다.

· 나를 위한 오늘의 질문 ·
일상에 숨결을 더하는 노력을 통해 완성하고 싶은 삶은 어떤 모습인가요?

하루 5분, 마음 챙김의 시간

#마음 챙김 #주의 전환 #자기 배려

마음 챙김의 핵심은 흩어진 나를 지금 여기로 데려와 들여다보고 느끼며 돌봐주는 것입니다. 아우토겐 명상처럼 신체의 고유 감각에 집중하는 것은 번다한 생각을 멈추고 내 몸을 온전히 느끼게 하는 아주 유효한 방법이지요.

철학자 미셸 푸코Michel Foucault는 후기 사상에서 '자기 배려Self-care'를 중요한 철학적 실천으로 제시했습니다. 이는 단순히 몸을 챙기는 것을 넘어, 나 자신을 성찰하고 스스로를 주체적으로 만들어가는 기술을 의미하지요. 하루 5분의 마음 챙김은 바로 이 '자기 배려'의 가장 쉽고 강력한 실천입니다.

먼저 5분간 호흡이나 신체 감각에 집중하며 '나'에게로 돌아오세요. 그리고 그렇게 확보된 고요한 내면의 공간을 내가 원하는 좋은 것들로 채워주는 겁니다. 좋아하는 책을 한 단락 읽거나, 내 손으로 어깨를 마사지하거나, 좋아하는 취미를 잠시 즐기는 것처럼 말이에요. 단 5분의 실천만으로도 우리는 일상에 휘둘리는 존재에서 스스로를 적극적으로 돌보는 존재로 변화할 수 있습니다.

• 나를 위한 오늘의 질문 •
나 자신을 돌보는 자기 배려가 중요한 이유는 무엇일까요?

걷기 명상, 일상 명상

#명상 #집중 #비움 #채움

그냥 걷는다고 저절로 명상이 되지는 않습니다. 진정한 걷기 명상은 의식의 초점을 한곳에 두어 머릿속을 비우는 과정이지요. 예를 들어, 걸을 때 허리 아래 근육의 미세한 움직임을 계속 느끼는 데에만 집중해보세요. 정신이 육체의 한 곳에 집중되면서, 복잡했던 생각들이 자연스럽게 멀어지는 효과를 경험할 수 있습니다.

이 원리는 모든 일상에 적용할 수 있어요. 설거지할 때, 깨끗하게 닦이는 그릇이 새 생명을 부여받는 그 감각 자체에 집중하는 겁니다. 그러면 '해야 할 일'이라는 번다한 생각에서 벗어나, '지금 하는 행위'의 평온함 속에 머물 수 있습니다. 이것이 바로 일상 명상입니다.

이처럼 걷기나 일상 속 행위를 통해 우리는 '비움'을 연습할 수 있어요. 마음이 비워져 고요하고 깨끗한 공간이 확보될 때, 비로소 진정한 '채움'이 가능해집니다. 깊이 있는 독서도, 미래에 대한 상상도, 중요한 일의 계획도, 바로 이 깨끗한 공간 위에 선명하게 자리하게 될 것입니다.

· 나를 위한 오늘의 질문 ·
비움을 통해 얻고 싶은 궁극적인 채움은 무엇인가요?

알아차림과 받아들임

#알아차림 #받아들임 #미래의 성공 #도약

알아차림은 현재 내 생각과 감정, 상황을 있는 그대로 보는 것이고, 받아들임은 그것을 저항 없이 인정하는 것입니다. 특히 '받아들임'의 과정에서 중요한 핵심이 있습니다. 그냥 실패나 한계를 인정하는 데서 그치면, 그것은 공허한 체념이 될 수 있어요.

진정한 받아들임은 미래의 다른 여러 가능성을 느끼는 것과 함께 해야 합니다. 실패를 '성공의 어머니'로 만들려면, 먼저 그 실패를 온전히 받아들이는 것이 기초가 되어야 하지요. 그리고 그 기초 위에서 실패를 교훈으로 삼고, "이 경험 덕분에 미래에는 다른 선택과 노력을 할 수 있다"는 새로운 믿음을 찾아내는 겁니다.

이 믿음이 찾아올 때, 비로소 '받아들임'은 우리를 앞으로 나아가게 하는 강력한 힘이 됩니다. 과거의 실패에 대한 수용이 미래의 성공에 대한 확신으로 이어지는 것이지요. 이것이 알아차림과 받아들임이 가진 진정한 가치입니다. 실패를 디딤돌 삼아 더 높이 도약할 수 있다는 믿음, 그것이 우리를 자유롭게 합니다.

・ 나를 위한 오늘의 질문 ・
아직 받아들이지 못한 실패가 있다면 무엇이며, 그 경험을 통해 어떻게 성장할 수 있을까요?

Chapter

익숙함을 넘어 새로운 나로

아침 정리 습관

#아침 정리 #실행 #습관

무엇을 하든 먼저 정리하고 실행하는 습관을 지녀봅니다. 먼저 정리한다는 건 나다움의 출발점에 바로 섬을 의미합니다. 새로운 오늘을 연주할 '나'라는 악기의 조율이 완료되었음을 스스로에게 알리는 다짐이자 선언이지요. 특히 아침에 정리하면 좋은 것 세 가지가 있습니다.

첫째, 책상 정리. 필요한 물건은 있어야 할 위치에 두고, 불필요한 물건은 깔끔하게 정리합니다.

둘째, 가방 정리. 가방 정리는 하루 계획과 결을 같이하지요. 오늘 읽을 공부책, 필기도구, 다이어리, 필요한 서류 파일, 노트북 등을 넣고 손에 들고 다닐 책도 따로 빼둡니다.

셋째, 부엌 정리. 말끔하게 정돈된 싱크대와 건조대를 보면 행복하고 맑게 아침을 시작할 수 있습니다.

말끔하게 정리된 상태에서 하루를 시작하는 아침 정리 습관을 몸에 붙여봅니다. 점점 정리 시간은 단축되고 하루의 쾌적 지수는 높아진답니다. 봄에 밭을 갈지 않으면 가을에 바랄 것이 없듯, 아침 시간에 소홀하면 하루의 소득이 형편없음을 기억합니다.

· 나를 위한 오늘의 질문 ·
바로 실천해보고 싶은 아침 정리 습관은 무엇인가요?

산만한 일상에서 정돈된 삶으로

#산만함 #정돈 #방향성 #차단 #수면

'산만함'은 삶의 지향성 바깥에 있어야 할 불필요한 것들이 일상으로 비집고 들어온 상태입니다. 반면 '정돈됨'은 삶의 지향성이 명확한 상태이지요. 관계의 수동성으로 내 주의가 끌려다니지 않고, 나다움이 바로 선 상태입니다.

수도승의 삶이나 수도원 생활을 상상해보세요. 신을 향한 집중으로 세상과 단절된, 극도로 정돈된 삶입니다. 물론 일상을 살아가는 우리가 수도승처럼 지낼 수는 없을 거예요. 그 정도는 아닐지라도, 어느 정도 산만함을 정돈해야 삶의 시야가 밝아집니다. 구체적인 실천 사항으로 세 가지를 제안합니다.

첫째, 방향성에 주의를 집중합니다. 월간·주간·일간 계획을 세울 때 삶의 지향성을 떠올리는 좋은 문장을 낭독합니다. 기도문을 외듯 한 달 동안 문장을 낭독하면 삶이 정돈되고 정신적으로도 안정됩니다.

둘째, 삶의 지향성과 다른 방해물을 차단합니다. 책을 들고 다니며 습관처럼 SNS를 하는 행동을 차단하는 것도 좋습니다.

셋째, 충분히 자고 과식하지 않습니다. 몸의 편안함이 산만함을 몰아내고 정돈된 삶을 살게 합니다.

• 나를 위한 오늘의 질문 •

낭독할 지향성 문장, 차단할 방해물 목록, 필요한 수면 규칙은 무엇인가요?

내일을 위한 버림과 비움

#버림 #비움 #채움

40여 년간 100권의 저서를 저술한 일본의 경영컨설턴트 오마에 겐이치大前硏는 인간을 바꾸는 방법은 세 가지뿐이라고 했습니다. 시간을 달리 쓰고, 사는 곳을 바꾸며, 새로운 사람을 사귀는 일입니다. 즉 이전의 관성을 버리는 것이 먼저입니다. 새로운 나로 거듭나기 위해 비워야 할 것 세 가지입니다.

첫째, 불필요한 행위를 줄여 시간을 비웁니다. SNS, 회사 업무, 가사를 줄여 하루에 두 시간 정도를 확보합니다. 그 시간을 나다움의 삶을 위한 일들로 채우는 거예요.

둘째, 기존의 생각 방식과 행동 패턴을 버립니다. 특히 새로운 시작이 두려워 피하려는 생각을 떨치고 결연히 실행합니다. 어려워서 도전하기 힘든 과제를 아웃풋으로 설정하여 끈기로 뛰어넘어봅니다.

셋째, 몸을 희생해서 무언가를 이루는 습성을 버립니다. 이것이 가장 중요해요. 그 후에 나 자신을 돌보고 내 몸을 잘 가꾸는 행동 패턴으로 채워야 합니다.

나다움의 삶은 변화로 시작됩니다. 과거의 시간, 행동 패턴, 생각 방식을 껍데기 벗듯 벗어던지고 새로운 알맹이로 나를 채웁니다. 일상이 몽글몽글 밝은 기운으로 물들 테지요.

・ 나를 위한 오늘의 질문 ・

새로운 나로 거듭나기 위해 비우거나 버릴 것, 그리고 채울 것들은 무엇인가요?

유능한 정리 컨설턴트가 되는 법

#정리정돈 #생각 정리 #공간 구분 #시간 정리

"어수선한 것은 단지 물리적인 것이 아니다. 오래된 생각, 유해한 관계, 나쁜 습관이다. 어수선한 것은 더 나은 자아를 지원하지 않는 모든 것이다." 미국 작가 엘리너 브라운Eleanor Brown의 말입니다. 덧붙여 제가 생각하는 정리정돈 대상은 내 생각, 장소 그리고 시간입니다. 이것들을 정리하지 않으면 소모적으로 일상을 보내게 되고 또 쉽게 후회하며 살게 됩니다.

첫째, 생각은 나만의 북극성이라 할 수 있는 삶의 방향과 목표, 꿈을 중심에 두고 정리합니다. 반복적으로 내가 되고 싶은 나의 모습을 생각하고 한 가지씩 실천하려 노력합니다.

둘째, 공간은 일의 종류에 따라 구분하고 지키는 것이 좋습니다. 주된 일을 어디서 할지 정하고 다른 일을 할 때와 분리합니다. 책상에서 책을 읽고 공부한다면 그 외의 일은 다른 곳을 이용합니다.

셋째, 시간을 정리할 때는 메인 시간과 짬을 구분해서 일과 쉼을 리듬감 있게 실행합니다. 쉼 시간에 몸을 움직이면 자연스럽게 머릿속이 환기되어 다시 집중하기 쉬워지지요.

이렇듯 '더 나은 자아'를 방해하는 것들을 정리해서 내 인생의 유능한 '정리 컨설턴트'가 되어봅니다.

・ 나를 위한 오늘의 질문 ・
내 마음을 어수선하게 하는 오래된 생각, 유해한 관계, 나쁜 습관은 무엇인가요?

디지털 미니멀리즘

#미니멀리즘 #실제적 필요 #디지털 환경 #비워냄

디지털 미니멀리즘의 본질은 무조건 적게 쓰는 것이 아니라, 나에게 '실제적인 필요'가 있는 것만 남기는 지혜입니다. 먼저 현재 내가 사용하는 디지털 도구 중 일과 삶에 꼭 필요한 최소한의 목록을 작성해보세요. 그리고 의식적으로 그 도구들을 일상의 행위와 연결하여 깊이 있게 사용하는 습관을 들이는 겁니다.

예를 들어, '정보 수집은 A 앱으로, 기록은 B 앱으로'처럼 역할을 명확히 하는 것이지요. 이렇게 나만의 필수 도구들이 손에 익어 생활의 일부로 꽉 차게 되면, 신기하게도 불필요한 다른 도구를 방출할 힘이 생겨납니다. 강력한 디지털 유혹을 이겨내기 위해, 주기적으로 스마트폰을 멀리하는 시간을 갖는다면 더 효과적이지요.

잘 정돈된 최소한의 디지털 환경은 일상과 일을 명쾌하게 수행하도록 돕는 훌륭한 파트너가 됩니다. 비워냄으로써 더 강력하게 채우는 기술입니다.

· 나를 위한 오늘의 질문 ·
디지털 미니멀리즘을 지속하기 위해 어떤 노력이 더 필요할까요?

생각의 정리, 마음의 정리

#주기성의 원리 #생각력 #일기 #정리

생각과 마음을 정리하는 데는 '주기성의 원리'를 이해하는 것이 중요합니다. 평소 생각의 끈을 잇는 힘(생각의 이음과 생각력)이 부족하면, 정리하려는 시도 자체가 뚝뚝 끊기는 현상이 발생하지요. 그래서 우리는 두 가지 차원의 노력이 필요합니다.

기본은 매 순간 떠오르는 생각과 마음을 즉각 다이어리에 메모하며 누적하는 것입니다. 저는 이렇게 기록이 쌓이면 일기를 씁니다. 일기란 매일 써야 하는 숙제가 아니라, 내 안에 무언가를 정리하려는 의지가 생길 때 쓰는 '정리 이벤트'이지요. 일기를 쓸 때는 날짜뿐만 아니라 시작 시각을 꼭 적어보세요. 이 서식 하나만으로도 하루에도 몇 번씩 혹은 며칠에 한 번 꼭 일기 정리를 하게 만들어줍니다.

'토요일 오후 5시'처럼 나만의 정리 요일과 시간을 정해두는 것을 권합니다. 그 시간에는 다이어리를 뒤적거리면서 아직 정리되지 않은 생각과 마음들을 차분히 글로 풀어내는 거예요. 주기적인 정리 습관은 우리에게 지적, 감정적 안정을 가져다줄 뿐 아니라, 삶의 풍요로움을 발견하게 하는 창구가 되어줄 것입니다.

· 나를 위한 오늘의 질문 ·
반복적으로 떠오르지만 결론에 다다르지 않는 생각이나 고민이 있나요?

관계의 정리

#인간관계 #관계 지도 #에너지 분배

우리의 시간과 에너지는 한정되어 있기에, 모든 관계에 똑같은 마음을 쏟을 수는 없습니다. 먼저 나와 연결된 사람들을 떠올리며 '인간관계 클러스터'를 그려보세요. 그리고 그 관계들을 동심원 모델로 다시 정리해보는 겁니다.

가장 안쪽 원에는 깊은 교감과 지지를 나누는 5~15명의 핵심 그룹을 배치합니다. 이 관계는 많은 시간과 에너지를 투자할 가치가 있지요. 중간 원에는 정기적으로 소식을 주고받으며 긍정적 영향을 받는 친밀 그룹을, 바깥 원에는 느슨한 연대로 연결된 이들을 두는 거예요.

이렇게 관계 지도를 시각화하면, 에너지 분배가 적절한지 한눈에 파악할 수 있습니다. 혹시 나를 소모하는 관계에 너무 많은 마음을 쓰고 있지는 않나요? 관계에도 의식적인 선택과 집중이 필요합니다. 소중한 사람들에게 더 집중할 때, 우리 삶은 더 단단하고 따뜻해집니다.

· 나를 위한 오늘의 질문 ·
정리가 필요한 소모적인 관계를 떠올린다면 상대는 누구이며 어떤 관계를 맺고 있나요?

결정적 시간, 카이로스

#카이로스 #크로노스 #시간 #생각 이음 #구상 기록

고대 그리스어에는 시간과 때를 나타내는 두 단어가 있습니다. '크로노스'와 '카이로스'입니다. 크로노스는 '과거-현재-미래'로 연속해 흘러가는 객관적 시간인 반면, 카이로스는 인간의 목적의식이 개입된 주관적 시간입니다. 프랑스 철학자 앙리 베르그송Henri Bergson은 "우리 삶은 우리 생각에 따라 만들어진다"라고 했습니다. 카이로스의 중요성을 말하는 것입니다. 카이로스의 시간을 잘 살아내려면 어떻게 해야 할까요?

첫째, '생각 이음'을 꼭 합니다. 우리 의식은 단편으로 조각난 채 존재합니다. 잡념이 계속 끼어들지요. 생각 이음을 한 만큼 내가 원하는 성과를 낼 수 있습니다. 일상 기록을 하며 하루를 영화처럼 돌려보는 시간을 갖고, 일이나 독서를 할 때 진행한 내용을 순간의 생각과 생각 이음으로 기억에 저장합니다. 둘째, 구상 기록을 꼭 합니다. 물리적 시간 단위 안에 목적, CSF, 아웃풋을 적어봅니다.

셋째, 압축과 쉼의 시간을 계획하여 리듬감을 유지합니다. 외부 자극에 몸을 맡기며 충분히 휴식합니다.

카이로스의 시간을 어떻게 보내느냐에 따라 우리 인생이 결정됩니다. 지금 이 순간을 의식적으로 마주할 때 삶이 의미로 뭉쳐질 거예요.

· 나를 위한 오늘의 질문 ·
일상의 잡념을 모두 제거한다면 어떤 생각만이 남게 될까요?

시간의 품격 누리기

#8-8-8 #시간 감각 #집중 #휴식 #45-15

내 소중한 시간을 앗아가는 시간 도둑이 있습니다. 시간에 대한 불만과 미래에 대한 불안감입니다. 제가 바라는 이상적 시간은 '8-8-8'입니다. 8시간 일하고, 8시간 수면하고, 8시간 가족과 나를 위해 사용하는 거예요. 단순해 보이지만 참 쉽지 않은 일입니다. 시간의 품격을 누리는 세 가지 방법입니다.

첫째, 시간 감각을 바꿔야 합니다. 물리적 시간만 생각하지 말고, 응집된 시간을 확보해서 집중적으로 사용하는 것이 중요합니다. 아침과 낮 또는 저녁에 30분에서 한 시간 정도 나만의 시간을 확보하면 시간 감각을 향상하고 효율을 높이는 데 도움이 됩니다. 리듬감 있는 시간 감각을 지니면 더 이상 불안감에 허덕이지 않게 될 거예요.

둘째, 시간의 밀도를 높이기 위해서 '45분-15분' 체계로 일과 휴식을 반복합니다. 쉼의 시간에 하는 사유를 통해 나머지 시간에 대한 불안감을 없앨 수 있어요.

셋째, 적극적으로 내 시간을 만들기 위해 근원적인 문제 구조를 혁신합니다. 공동체 구성원들과 일을 어떻게 분담해야 할지 적극적으로 해결책을 찾아야 합니다.

무릇 시간의 품격을 누리는 일은 곧 삶에서 불안을 제거하는 일임을 기억합니다.

・ 나를 위한 오늘의 질문 ・
한정된 시간을 밀도 있게 보내기 위한 나만의 방법이 있나요?

나만의 공간이 필요한 이유

#나만의 공간 #심리적 경계 #컴포트 존

버지니아 울프는 창조적인 삶을 위해 '자기만의 방'이 필수라고 역설했습니다. 이는 성별을 떠나, 온전한 나 자신과 마주할 시간이 필요한 우리 모두에게 해당하는 이야기입니다. 나만의 공간은 단순한 장소를 넘어, 외부의 방해로부터 나를 지키고 내면의 생각에 집중하게 하는 '심리적 경계'의 역할을 하니까요.

또한 이 공간은 지친 마음이 언제든 돌아와 쉴 수 있는 '컴포트 존'이 되어주기도 합니다. 거창한 서재가 아니어도 괜찮아요. 책상 하나, 방구석의 의자 하나라도 좋습니다. 중요한 것은 '이곳은 온전히 나의 시간과 생각을 위한 곳'이라는 규칙을 정하고 스스로 지켜나가는 태도입니다.

그 공간에서 우리는 타인의 시선을 의식하지 않고 가장 솔직한 나와 만날 수 있습니다. 나만의 공간을 확보하고 가꾸는 것은, 복잡한 세상 속에서 나를 잃지 않고 창조적인 삶을 살아가기 위한 가장 기본적인 조건입니다.

・ 나를 위한 오늘의 질문 ・
나만의 컴포트 존은 어디이며, 그곳은 나에게 어떤 의미인가요?

시간 가계부 쓰기

#시간 가계부 #기록 #시간 분석 #우선순위

우리는 돈의 흐름을 파악하기 위해 가계부를 씁니다. 그렇다면 돈보다 소중한 시간은 어떻게 사용하고 있을까요? 내가 시간을 '어떻게 쓰고 있다고 생각하는지'와 '실제로 어떻게 쓰는지'의 격차를 확인하는 가장 좋은 방법이 바로 '시간 가계부'를 써보는 것입니다.

방법은 간단해요. 30분 혹은 1시간 단위로, 하루 동안 내가 한 일을 종류와 함께 간단하게 기록하는 겁니다. 중요한 것은 판단 없이, 있는 그대로의 사실만을 적는 것이지요.

일주일 정도 기록이 쌓였다면, '생산', '휴식', '낭비', '관계' 등 자신만의 기준으로 시간을 분류하고 분석해보세요. 예상치 못하게 낭비되는 시간이 얼마나 많은지, 정작 중요하다고 생각했던 일에는 얼마나 적은 시간을 쓰고 있는지 한눈에 보일 겁니다. 시간 가계부는 나의 일상을 객관적으로 직시하게 하고, 시간의 우선순위를 바로잡게 하는 정직한 거울입니다.

・ 나를 위한 오늘의 질문 ・
내 삶의 가장 큰 시간 도둑은 무엇인가요?

데드라인 효과적으로 활용하기

#파킨슨의 법칙 #집중 장치 #데드라인 #효율

"일은 주어진 시간을 채우기 위해 팽창한다"라는 '파킨슨의 법칙'을 들어보셨을 겁니다. 시간이 넉넉하면 일은 한없이 늘어지고, 시간이 촉박하면 놀라운 집중력이 발휘되는 우리 마음의 원리이지요.

이 원리를 역으로 활용하면, 데드라인은 스트레스의 원인이 아니라 최고의 집중을 이끌어내는 효과적인 도구가 될 수 있습니다. 마감일은 불필요한 고민과 완벽주의를 차단하고, 가장 중요한 핵심에만 집중하도록 만드는 '강제적 집중 장치'와 같아요.

막연한 과제가 있다면, '스스로' 구체적인 마감 시간을 부여하는 연습을 해보세요. '이번 주까지'가 아니라 '수요일 오후 3시까지 초안 완성'처럼 명확하게 말입니다. 의도적으로 시간을 조금 짧게 설정하면, 우리의 뇌는 최고의 효율로 작동하기 시작합니다. 데드라인에 끌려다니는 대신 데드라인을 지배할 때, 우리는 시간을 주도적으로 사용할 수 있습니다.

• 나를 위한 오늘의 질문 •
현재 데드라인이 필요한 일이 있다면 무엇인가요?

몰입을 돕는 공간 디자인

#공간 설계 #정리 #준비 #행동 유도

우리가 어떤 일에 깊이 몰입하지 못하는 것은 의지 때문이 아니라, '공간 설계'의 문제일 수 있습니다. 우리의 환경은 생각보다 훨씬 강력하게 우리의 의지에 영향을 미치기 때문이에요. 몰입을 원한다면, 그에 맞는 공간을 먼저 마련해야 합니다. 몰입을 돕는 공간 마련의 세 가지 원칙입니다.

첫째, '방해 요소의 완벽한 제거'입니다. 특히 시야 안에 스마트폰이나 다른 잡동사니가 보이지 않도록, 현재 과제와 무관한 모든 것을 물리적으로 차단하는 것이 중요해요. 정리의 지혜이지요.

둘째, '진입 장벽 낮추기'입니다. 해야 할 일과 관련된 도구(책, 노트북, 운동복 등)를 미리 눈에 잘 띄는 곳에 준비해두어, 마음만 먹으면 바로 시작할 수 있게 만드는 겁니다.

셋째, '행동 유도 설계'입니다. '이 책상에서는 일만 한다', '저 의자에서는 휴식만 취한다'처럼 공간에 명확한 역할을 부여하여, 공간이 행동을 자연스럽게 유도하게 하는 것이지요.

공간 디자인은 감각하는 몸이 바로 반응하게 하는 최고의 시스템입니다.

• 나를 위한 오늘의 질문 •
주위 공간 중 가장 명확한 역할을 가진 공간은 어디이며, 그곳에서 어떤 일을 하나요?

시간 도둑을 잡아라

#완벽주의 #결정 장애 #우선순위 #시간 가계부

우리의 소중한 시간을 훔쳐 가는 도둑은 누구일까요? 스마트폰 알림이나 갑작스러운 부탁 같은 외부의 방해보다 더 무서운 것은, 바로 '내 안의 도둑'입니다. 시작을 망설이게 하는 완벽주의, 사소한 선택에 에너지를 낭비하게 하는 결정 장애, 그리고 중요하지 않은 일에 매달리게 하는 우선순위 부재가 바로 그들이지요.

이 도둑을 잡는 가장 확실한 방법은 며칠간 나의 시간 사용 패턴을 정직하게 기록해보는 것입니다. '시간 가계부'를 써보면, 내가 생각했던 것과 전혀 다른 곳에서 시간이 새고 있음을 객관적으로 볼 수 있어요.

기록을 통해 가장 큰 도둑의 정체를 파악했다면, 이제 그에 맞는 해결책을 하나씩 적용해야 합니다. 예를 들어, 완벽주의가 문제라면 '80퍼센트의 법칙'을, 우선순위 부재가 문제라면 '가장 중요한 일 먼저 하기'를 실천하는 겁니다. 시간 관리의 시작은 새로운 계획이 아니라, 나의 시간을 훔쳐 가는 도둑을 먼저 잡는 일입니다.

· 나를 위한 오늘의 질문 ·
시간 가계부를 통해 파악한 '낭비된 시간'을 어떤 일에 쓰고 싶나요?

멀티태스킹의 함정

#멀티태스킹 #작업 전환 #모노태스킹 #마감의 기쁨 #성취감

여러 가지 일을 동시에 처리하는 멀티태스킹은 유능함의 상징처럼 보입니다. 하지만 이는 사실 더 많은 것을 해내고 싶은 우리의 '욕심'과, 무엇부터 해야 할지 모르는 '번다함'이 낳은 비효율적인 습관에 가깝습니다. 뇌과학에 따르면, 우리의 뇌는 여러 일을 동시에 하는 것이 아니라, 여러 작업 사이를 매우 빠르게 오가는 '작업 전환'을 할 뿐이라고 해요.

이 전환 과정에서 막대한 뇌 에너지가 소모되고, 집중력이 분산되어 좋은 성과를 낼 수 없습니다. 결국 각각의 일에 걸리는 시간은 오히려 더 길어지지요.

해결책은 한 번에 한 가지 일에만 집중하는 '모노태스킹'입니다. 특히 '짧은 마감 행동'을 활용하면 효과적이에요. 한 가지 과제에 짧은 데드라인을 설정해 몰입해서 끝내고, 그 '마감의 기쁨'을 동력 삼아 밝은 마음으로 다음 과제로 신속하게 이동하는 겁니다. 멀티태스킹의 함정에서 벗어나, 하나씩 격파해나가는 성취감을 느껴보시길 바랍니다.

· 나를 위한 오늘의 질문 ·
모노태스킹을 위한 나만의 '짧은 마감 목록' 세 가지는 무엇인가요?

인생관을 찾는 마인드 박스

#인생 지도 #as-is #to-be #꿈 #목표

한 달이 의미 있는 인생 단위가 되기 위해서는 마지막 주에 지난 한 달을 영화 보듯 돌아보고, 다가올 한 달을 상상하면 좋습니다. 이때 한 달은 하루나 일주일과 달리 주제별 장면으로 상상하기를 권합니다. 옴니버스 영화처럼 말이지요. 이때 중점을 두어야 할 세 가지입니다.

첫째, 매달 인생 지도를 그립니다. 영역을 나누고 한 달간 무엇을 했는지 스스로 평가해봅니다. 일명 'as-is(한 것)'라고 하지요. 일, 관계, 자기 성장, 쉼, 일상 영역 모두 마찬가지고요.

둘째, 지난 한 달 동안 내가 무엇을 할 때 행복했고 또는 힘들었는지 돌아봅니다. 일종의 자기 탐구 시간으로 활용할 수 있어요. 이렇게 자신의 경향성을 알아가면 어렴풋이 내가 하고 싶은 일, 꿈, 목표도 떠오릅니다.

셋째, 꿈을 염두에 둔 상태에서 이제는 'to-be(할 것)'를 씁니다. 꿈을 위해 꼭 해야 하는 것, 해보고 싶은 것을 영역별로 적어봅니다. 언젠가 꿈과 목표를 이뤘을 때의 내 감정, 표정, 상황, 의미 있는 성과물도 함께 상상해보세요. 목표를 이루고자 하는 의지가 더 커질 거예요.

• 나를 위한 오늘의 질문 •
앞으로 다가올 한 달 동안 이루고 싶은 목표나 버킷리스트가 있나요?

방향키로서의 주간 계획

#주간 계획 #꿈 #월간 계획 #방향키

주간 계획은 인생의 목표와 꿈을 향해 전략적으로 나아가게 하는 최소 단위의 계획입니다. 어떻게 세우면 좋을까요?

첫째, 꿈과 관련된 과제를 꼭 챙깁니다. 내가 이루고 싶은 꿈에 다가가기 위해 이번 주에 어떤 과제를 수행할지 생각해봅니다.

둘째, 한 주 동안 가장 중요한 일, 꼭 해내야 할 일, 하고 싶은 일을 정합니다. 이를 위해 참고해야 할 것은 월간 계획입니다. 월간 계획의 주요 목표를 달성하기 위해 주간 계획을 세분화하는 것이 필요합니다.

셋째, 영역별 과제를 구분합니다. 일·쉼·자기 성장·관계 영역에서 해야 할 과제를 꼽아보는데, 최대 10개를 넘지 않도록 합니다. 모든 과제를 체크리스트로 작성해 완료할 때마다 표시합니다. 그리고 며칠에 걸쳐서 해야 할 과제는 로드맵으로 작성하면 시각화에 도움이 됩니다.

계획은 결코 우리 자신을 속박하는 굴레가 아닙니다. 인생이라는 바다를 항해할 때 주간 계획은 방향키 역할을 합니다. 항로를 이탈하지 않게 해주지요. 주간 계획을 단단히 세워 무소의 뿔처럼 흔들림 없이 나아가보세요.

· 나를 위한 오늘의 질문 ·
주간 계획을 통해 가장 이루고 싶은 인생의 목표는 무엇인가요?

100일 목표 달성법

#분기 과제 #월별 목표 #실행 #역동하는 삶

우리는 꼭 이루고 싶은 목표가 있을 때 '수능 100일 기도'와 같이 100일간 정성을 들입니다. 이를 인생 과제에 적용해보면 어떨까요? 1년을 분기 단위로 나누어 지극한 정성으로 새로운 도전을 해보는 겁니다.

먼저 1분기 과제를 설정합니다. 주식 공부, 달리기, 글쓰기, 말하기, 드로잉 등 하고 싶은 일 중에서 딱 한 가지만 엄선하고 3개월 동안 그 과제에 집중해서 목표를 성취합니다. 그 성취 경험을 다음 분기 다른 과제에 적용하며 자유 영역을 확장해갑니다.

단계가 필요하면 월별 목표로 세분화합니다. 운동이나 말하기 연습이라면 목표 달성 트래커를 준비하는 것도 좋습니다. 말하기 훈련을 위한 낭독용 책을 선정하고, 1일 1페이지 낭독 계획을 일주일 단위 이정표에 표시합니다. 그다음에는 일주일 단위로 실행 여부를 체크하고요. 평일에 못 했다면 주말에 보충해서 일주일 단위로 완성합니다.

이 과정을 거치면 '시간이 없어서', '능력이 없어서' 목표를 이루지 못할 일은 더 이상 없습니다. 결국 내가 하고 싶은 일을 해내는 사람이 될 거예요. 관성적인 삶이 어느새 역동하는 삶으로 치환되는 경험을 누려보세요.

· 나를 위한 오늘의 질문 ·
계획을 세워 새로이 도전해보고 싶은 일이 있나요?

계획의 이미지화

#계획 #이미지화 #상상 이미지

계획은 마음속에 구체적인 이미지를 그려 행동을 유도하는 과정입니다. 연간 계획이든 월간 계획이든 모든 계획은 '이미지화'라는 방법으로 담금질 됨으로써 생생한 실현성을 갖게 됩니다. 머릿속에 명확한 이미지로 자리 잡지 못한 계획은 늘 다른 과제에 순서를 빼앗겨 제 몫의 실행을 이루지 못합니다. 그래서 단순히 결심하는 것보다 '결심을 그리는 일'이 중요해요.

매일 아침 오늘의 계획을 머릿속에 이미지로 상상하며 시뮬레이션해봅니다. 하루 계획이 상상 이미지로 남아 그 이미지를 실현하는 방향으로 나아가게 될 거예요.

한 달 계획을 이미지화할 때도 구체적으로 우선순위를 정해 상상해봅니다. 일상 업무 효율성을 높이기 위한 기술 습득 또는 인간관계 개선을 위한 공감 기술 숙련 등의 과업이 있을 것이고, 더 넓게는 삶 자체에서 지향해야 할 가치 행위가 있을 것입니다. 그 모두를 숙고의 시간 속에서 잘 정리하여 메모합니다. 그러면 지금 자신이 혁신할 일과 하고 싶은 일이 자연스럽게 정리될 거예요.

계획은 상상한 이미지가 남는 것까지를 포함하는 일입니다. 행위를 하는 자신의 모습을 자연스럽게 상상하여 각인된 선명한 이미지가 일상에 긍정적으로 결실을 본답니다.

• 나를 위한 오늘의 질문 •
메모를 통해 어떤 '하고 싶은 일'과 '혁신할 일'을 깨달았나요?

짧은 종료의 기쁨

#선형적 삶 #시작점 #종료점 #가시화

대나무는 마디 하나하나가 성장의 단위입니다. 우리도 일주일 단위로 작은 매듭을 지으며 나의 변화를 가시화해보면 어떨까요? 선형적 삶으로 기쁨을 누려보는 거예요. 오늘 하루만 사는 것은 점을 찍는 일이고, 일주일 동안 한 가지 과제나 목표를 지속하는 것은 선형적 삶입니다. 선형적 삶에는 종료 시점이 있어서 그 매듭 덕분에 일정한 성과를 이루며 살고 있다는 기쁨을 느낄 수 있답니다.

우선 일주일 단위로 시작점과 종료점이 있는 과제를 정합니다. 매일 최소 45분 또는 한두 시간 지속했을 때 달성 가능한, 명확한 아웃풋을 설계합니다. 만능 카드 20장 쓰기, 책 한 권 읽기, 보고서 5장 쓰기 등이지요. 그리고 일주일 동안 매일 지속합니다. 하루하루 불가능을 증발시키며 미친 듯이 열정을 다해서 점을 선으로 이어갑니다.

마지막으로 시작점과 종료점을 비교해봅니다. 명확한 구분점이 있기에 일주일 단위로 나의 변화와 성장을 구체적으로 느낄 수 있어요. 선형의 일상은 점들이 이어지는 성과의 가시화입니다. '결과를 낸다는 게 이런 거구나'와 같은 감각을 체험하면서 성과 있는 일상을 만들어봅니다.

· 나를 위한 오늘의 질문 ·
돌아오는 주에 가장 이루고 싶은 성과는 무엇인가요?

프로젝트형으로 살기

#프로젝트형 #구체적 아웃풋 #치밀한 계획 #함께의 힘

일상 계획은 꿈을 향해 방향성을 갖는 나침반 체계형과 프로젝트형으로 이루어집니다. 나침반 체계형은 월간·주간·일간이라는 주기적 계획이고, 프로젝트형은 비주기적 계획입니다. 프로젝트의 대상은 평소 간절했던 무엇을 월간 계획으로 세우면서 정할 수도, 자신의 난공불락 분야를 세팅할 수도 있습니다. 그렇다면 프로젝트를 진행할 때 고려 사항은 무엇일까요?

첫째, 프로젝트의 속성을 잘 알고 계획을 세워야 합니다. 프로젝트 계획의 속성은 구체적인 아웃풋과 계획의 치밀성입니다. 구체적인 아웃풋은 내 눈으로 확인할 수 있는 가시적인 형태여야 하고, 계획의 치밀성은 명확한 시간 배분을 뜻합니다.

둘째, 프로젝트의 종류를 생각합니다. 노력의 강도 또는 내용의 난이도 등에 따라 입문형, 본격형, 공격형으로 나눌 수 있습니다.

셋째, 프로젝트의 성공 요인을 높이는 강력한 무기로 '함께의 힘'과 '루틴'을 활용합니다. 소모임을 활용하여 서로 응원하고 지지하며, 고정된 시간과 장소를 정하는 것이지요. 루틴과 함께의 힘을 잘 결합하면 프로젝트의 성공률을 대폭 높일 수 있습니다.

・ 나를 위한 오늘의 질문 ・
현재 계획하고 있는 목표를 프로젝트형으로 바꾸어본다면 어떤 차이가 있을까요?

계획이 실패하는 이유

#성공적인 계획 #핵심 성공 요인 #기쁨 요소

우리가 세운 계획이 자주 실패하는 것은 의지가 부족해서라기보다, 계획 자체에 결함이 있기 때문일 때가 많습니다. 실패하는 계획은 몇 가지 공통적인 특징을 가지고 있어요.

첫째, 모든 것이 순조로울 것이라는 '과도한 낙관주의'에 빠져 예기치 못한 변수를 고려하지 않습니다. 둘째, '열심히 하겠다'처럼 측정할 수 없고 추상적인 목표를 세웁니다. 셋째, 큰 목표만 있을 뿐, 그것을 달성하기 위한 구체적인 '오늘의 첫 행동'이 빠져 있습니다.

성공적인 계획은 달라야 합니다. 계획 안에 그 일을 성공시키는 데 가장 중요한 요소인 'CSF(핵심 성공 요인)'를 명시해야 해요. 더불어 그 과정을 즐겁게 만들어줄 '기쁨 요소'를 의도적으로 포함해야 합니다.

좋은 계획이란 우리의 의지를 시험하는 장애물이 아니라, 의지가 약한 날에도 우리를 행동하게 만드는 친절한 안내서여야 합니다. 그래야 우리는 계획 안에서 자유로울 수 있답니다.

・ 나를 위한 오늘의 질문 ・
지금까지 내가 세운 계획들에는 어떤 결함이 있었나요?

유연한 계획의 힘

#유연한 계획 #최소 실행 목표 #성취감

계획은 한 번 세우면 무조건 지켜야 하는 법전이 아니라, 목표를 향해 나아갈 때 참고하는 지도와 같아야 합니다. 경직된 계획은 예상치 못한 변수가 발생했을 때 쉽게 부러지고, 우리는 계획이 틀어졌다는 사실 자체에 좌절하며 전체를 포기하게 되니까요.

진정한 힘은 유연함에서 나옵니다. 일주일 단위로 계획과 실제 진행 상황을 비교하며, 현실에 맞게 계획을 끊임없이 수정하고 조정하는 태도가 필요해요. 지도를 보며 새로운 길을 찾듯, 우리는 상황에 맞게 경로를 바꿀 수 있어야 합니다.

또한, '이것만은 꼭 한다'라는 최소 실행 목표를 정해두는 것도 좋은 방법입니다. 계획대로 다 하지 못한 날에도, 최소 목표를 달성했다면 충분히 성취감을 느낄 수 있지요. 점심시간 직후 계획을 수정하는 방법도 아주 유효하답니다. 계획에 나를 맞추는 것이 아니라 나에게 계획을 맞추는 유연한 태도를 가질 때, 계획은 우리를 돕는 가장 든든한 지원군이 되어줄 것입니다.

· 나를 위한 오늘의 질문 ·
평소 일 또는 계획이 뜻대로 되지 않을 때 어떤 마음이 들고 어떻게 대응하나요?

시작과 끝이 있는
프로젝트형 자기 계발

#프로젝트 관리법 #목표 #KPI #아웃풋

결심하고 곧 포기하는 당신에게 프로젝트형 자기 계발을 제안합니다. 프로젝트는 제한된 기간 안에서 최종 아웃풋 결과물을 만들어 깔끔하게 마무리하는 일련의 과정입니다. 이 프로젝트 관리법을 자기 계발에 적용하는 방법입니다.

첫째, 과제 목표를 구체화합니다. 운동을 꾸준히 하고 싶다면, '한 달 뒤 30분 달리기 성공하기'라는 목표를 세웁니다.

둘째, 끝까지 지속하기 위해 과정 목표인 KPI를 설정합니다. 매일의 과정 목표를 달성하면 과제의 최종 목표에 도달할 수 있도록 KPI를 구체화합니다. '매일 1분씩 달리기 시간 늘리기' 등이 KPI지요.

셋째, 계획 단계에서 최종 완료 아웃풋 이미지를 구체화합니다. 달리기라면 운동 과정과 결과를 정리하는 최종 보고서 이미지를 그려봅니다.

이렇게 계획을 세운 뒤 실행 단계에서 아웃풋을 완료하면 종료 선언을 합니다. 저는 90일 단위로 한 가지씩 목표를 달성하고 스스로에게 보상하는 프로젝트를 이어갑니다. 시작과 끝이 있어서 중단 없이 어떻게든 마무리하려는 의지가 샘솟지요. 이것이 '프로젝트' 자기 계발의 이점입니다.

• 나를 위한 오늘의 질문 •
나만의 자기 계발 프로젝트의 목표, KPI, 최종 아웃풋 이미지는 무엇인가요?

아침 루틴의 가치

#아침 루틴 #적절함 #시간 배분 #계획 #긍정

매일 새벽 5시에서 6시 반까지 '아이캔 모닝 루틴'을 하는 이유는 나만의 고요한 시간을 갖기 위함입니다. 아침 루틴의 지향을 '미친 듯이 열심히 하는 것'이 아니라 '적절하게 하기'에 두었으면 해요. '적절함'이 하루를 내 삶의 주관자로 살아가도록 격려하기 때문입니다.

첫째, 시간 배분의 적절성을 높입니다. 아침 시작 시각을 수평 이동해서 새벽 5시에 기상한다면 밤 10시에는 취침해야 합니다. 최상의 몸 상태라야 무얼 해도 능률이 오릅니다. '예열-집중-쉼'이라는 리드미컬 텐션을 기억하세요.

둘째, 마음의 적절성을 높여 누적된 성과의 힘을 느낍니다. 빠른 결과를 내기 위해 조급해하지 않고, 기대와 희망의 언어로 월간·주간·일간 계획을 세우고 실천합니다. 우리는 계획 안에서만 자유로울 수 있으니까요.

셋째, 긍정의 적절성을 높입니다. 하루도 빠짐없이 칭찬과 감사를 기록하여 긍정을 활활 타오르게 하길 바랍니다.

하루라는 시간을 내 몸에 맞게 최적으로 활용해봅니다. 긍정의 밝은 에너지로 나다움의 여정에서 기쁨을 누리도록 아침 루틴 시간을 열어보세요.

· 나를 위한 오늘의 질문 ·
나만의 아침 루틴이 있나요?

모닝 루틴과 나이트 루틴

#모닝 루틴 #나이트 루틴 #의도 설정 #회복

하루라는 책의 '서문'과 '결문'을 의식적으로 쓰는 행위가 바로 모닝 루틴과 나이트 루틴입니다. 하루의 시작과 끝을 어떻게 보내느냐가 그 날 전체의 질과 분위기를 결정하지요.

모닝 루틴은 외부의 자극에 수동적으로 반응하며 하루를 시작하는 대신, 내가 원하는 방향으로 하루의 '의도'를 설정하는 능동적인 시간입니다. 명상, 독서, 가벼운 운동, 하루 계획 등 자신에게 맞는 활동으로 꽉 찬 하루를 여는 것이 핵심이에요.

반면, 나이트 루틴은 약속 등 여러 변수로 인해 매일 지키기 어려울 수 있습니다. 따라서 '최소화'하여 '편안한 정리'에 집중하는 것이 좋아요. 나만의 소파 같은 편안한 장소에서 하루를 돌아보는 '복기'와, '칭찬과 감사의 말 쓰기'는 꼭 실천해보시길 바랍니다. 이 두 가지만으로도 우리는 하루를 긍정적으로 마무리하고, 다음 날을 위한 최상의 회복을 이룰 수 있습니다.

・ 나를 위한 오늘의 질문 ・
나의 모닝 루틴과 나이트 루틴은 내게 어떤 영향을 주고 있나요?

나를 바꾸는 습관 설계

#좋은 습관 #습관 설계 #루틴 #의식적 노력

우리는 종종 '의지'만 있으면 무엇이든 할 수 있다고 생각하지만, 행동을 바꾸는 열쇠는 의지가 아니라 '설계'에 있습니다. 좋은 습관은 의지가 아니라 반복적인 실행으로 만들어지고, 반복 실행은 좋은 설계에서 비롯되지요.

습관을 들이는 가장 좋은 방법은 '루틴'으로 시작하는 겁니다. 처음부터 거창한 목표를 세우기보다, 아주 작고 구체적인 행동을 정해진 시간에 반복하는 것이지요. 특히 우리가 꼭 갖추어야 할 몇 가지 필수 습관이 있습니다. 떠오르는 생각을 놓치지 않는 '메모 기록 습관', 행동하기 전에 잠시 구상하는 '선정리 후실행 습관', 망설임 없이 바로 시작하는 '벌떡 습관', 그리고 하루의 시작을 주도하는 '아침 일정 시간 기상 습관'입니다.

이러한 습관들은 처음에는 의식적인 노력이 필요하지만, 반복을 통해 점차 자동화된 루틴이 됩니다. 자동화된 루틴이 바로 습관이지요. 의지에 기대지 마세요. 대신, 행동을 유발하는 환경과 체계를 설계하는 데 집중해야 합니다.

・ 나를 위한 오늘의 질문 ・
습관을 들이기 위해 지속적으로 반복하고 있는 행동이 있나요?

무너지지 않는 시스템 만들기

#자동화 #프로세스 #검토 #성공 경험

무엇인가를 '시스템화'한다는 것은, 나의 의지나 기분에 상관없이 원하는 결과가 꾸준히 나오도록 하는 '자동화된 체계'를 만드는 것입니다. 개별 습관이 서로 연결되어 유기적으로 작동하는 것이 바로 시스템이지요. 시스템을 만드는 요소 세 가지입니다.

첫째, 시스템화할 대상을 명확히 설정하는 겁니다. '일상', '일', '자기 성장' 영역에서 반복적으로 일어나는 것 중 하나를 정하는 것이 시작이에요.

둘째, 그 대상을 위한 구체적인 프로세스를 설계하고 필요한 도구를 정하며, 주기적인 검토 시간을 확보하는 겁니다.

셋째, 이 작은 시스템을 꾸준히 실행하며 작은 성공 경험을 쌓는 것입니다.

하나의 작은 시스템이 성공적으로 정착되면, 그 경험을 바탕으로 다른 영역에서도 시스템을 구축해나갈 수 있어요. 이렇게 하나하나 구축된 시스템들이 모여, 어떤 상황에서도 쉽게 무너지지 않는 견고한 삶의 토대를 만들어줍니다.

・ 나를 위한 오늘의 질문 ・
나만의 시스템이라고 부를 만한 습관이 있나요?

최고의 하루를 만드는 의식

#루틴 #의례 #마음가짐 #의미

우리는 '루틴'과 '의례ritual'를 혼동하곤 합니다. 루틴이 기계적인 행동의 반복이라면, 의례는 그 행동에 '의미와 의도'를 부여하여 평범한 순간을 특별하게 만드는 것입니다. 잘 짜인 루틴을 넘어, 의미 있는 의례들로 하루를 채워보는 건 어떨까요?

의례에는 몇 가지 요소가 있어요. 특정한 시간과 장소, 상징적인 물건, 그리고 가장 중요한 '마음가짐'입니다. 예를 들어, 매일 아침 커피를 마시는 루틴에 '오늘 하루를 창의적으로 시작하겠다'라는 의도를 담아 가장 아끼는 커피잔에 정성껏 내려 마시는 '아침 의례'로 승화시킬 수 있습니다. 의례로 하루를 빛나게 하는 세 가지 팁이 있어요.

첫째, 거창할 필요 없이 작게 시작하기.

둘째, 나에게 긍정적인 감정을 주는 행동 선택하기.

셋째, 꾸준히 반복하여 신성함 부여하기.

이처럼 의례는 우리의 삶에 깊이를 더하고, 일상에 긍정적인 에너지를 불어넣는 가장 아름다운 방법입니다.

・ 나를 위한 오늘의 질문 ・
의례로 승화시킬만한 루틴은 무엇이며 어떤 의미와 의도를 담을 수 있을까요?

루틴이 지겨워질 때

#루틴 #권태기 #지루함 #변화 #재충전

아무리 좋은 루틴이라도 익숙해지면 권태기가 찾아오는 것은 아주 자연스러운 현상입니다. 이럴 때는 무작정 그만두거나 자책하는 것이 아니라, 그 이유를 들여다보고 현명하게 대처하는 것이 중요합니다. 루틴이 지겨워지는 이유는 크게 세 가지입니다.

첫째, '단순 반복으로 인한 지루함'입니다. 이때는 운동 장소를 바꾸거나, 독서 순서에 변화를 주는 등 핵심은 유지하되 작은 변주를 주면 새로움을 느낄 수 있어요.

둘째, '초심의 상실'입니다. 이 루틴을 왜 시작했는지, 그 목적과 이유를 다시 한번 상기하며 동기를 재충전해야 합니다.

셋째, '성장의 정체'입니다. 현재 루틴이 더 이상 도전적이지 않을 때 지루함이 찾아와요. 이럴 때는 난이도를 조금 높인 새로운 자극이 필요합니다.

루틴이 지루해진다는 것은 변화가 필요하다는 건강한 신호입니다.

・ 나를 위한 오늘의 질문 ・
변화가 필요해진 루틴이 있다면 무엇인가요?

Chapter 10

비울수록 단단해지는 삶

틀 안에서 자유롭기

#에피스테메 #변화 #자유 의지 #일탈

푸코는 시대별로 작동하는 대표적인 생각 방식과 구조를 '에피스테메 episteme'라고 불렀습니다. 인간은 에피스테메 안에서 자유를 발휘하고 때때로 일탈함으로써 시대가 변화하고 발전한다고 주장했어요. 그의 말처럼 우리는 관성적 삶의 패턴이라는 강력한 틀 안에서 살아가지만, 그 틀을 획일적으로 거부하기보다는 틀 안에서 자유롭기 위해 노력해야 합니다. 어떻게 해야 가능할까요?

첫째, 틀 안에 자기 틀을 만듭니다. 예를 들어, 회사에서 주어진 일이 내 삶의 가치와 일치한다면 그 일을 자기 과제로 바꿀 수 있어요. 이를 통해 최고의 생산성을 실현할 수도 있고요.

둘째, 주어진 틀 안에서 적극적으로 자유 의지를 발휘합니다. 일상을 보내는 주된 장소나 환경을 바꾸거나 발상을 전환해 독특한 방식으로 일을 해보는 것도 필요합니다.

셋째, 관성과 틀에서 벗어나기 위한 일탈을 시도합니다. 평소와 다른 옷을 입거나 안 하던 화장을 해보는 등의 파격적인 행동, 혼자 떠나는 여행 같은 새로운 시도가 좋습니다.

나만의 의지로 자주적이고 자유롭게 살아가는 삶이란 자신을 관성에 내맡기지 않고 틀 안에서 관성을 새롭게 구축하는 삶입니다.

· 나를 위한 오늘의 질문 ·
더 나은 내일을 위해 만들고 싶은 나만의 틀은 무엇인가요?

획일성으로부터의 자유

#획일성 #생산성 #창발성 #다양성 #모험

아파트는 획일성 또는 경제적 가치 척도, 서열 사회를 나타냅니다. 높은 생산성을 위한 표준화, 질서, 단일한 답을 요구하는 현대 사회의 대표적 구조물이지요. 여러분은 아파트 생활에 만족하나요? 그렇지 않다면 내가 꿈꾸는 사회를 위해, 저마다 나답게 살며 다양한 창발성을 발휘하는 조화로운 공동체를 위해 획일성에서 벗어나보면 어떨까요? 누군가 설계해놓은 질서 속에서 안주하지 말고, 어색하고 낯선 환경을 스스로 만들어내고 찾아보세요.

첫째, 환경의 다양성을 시도합니다. 아파트를 벗어나 살 수 있으면 좋지만, 그럴 수 없다면 아파트 내에 개성을 담아봅니다. 가구 없는 거실, 베란다 서재, 실내 정원 등을 꾸며 개성을 표현하는 거예요.

둘째, 다양한 모험을 시도합니다. 베스트셀러보다 나의 안목으로 가치를 발견한 책을 읽거나, 낯선 길로 발걸음을 내디뎌보세요. 정해진 경로를 벗어나도 괜찮다는 것을 스스로 증명해보는 겁니다.

셋째, 다양한 만남을 시도합니다. 회사 동료, 학교 동문을 벗어나 다양한 사람들과 만나보세요. 모두가 강남 아파트를 목표로 하지는 않는다는 사실에 놀라게 될 거예요.

· 나를 위한 오늘의 질문 ·
도전하거나 만들어보고 싶은 낯선 환경은 어떤 모습인가요?

닫힌 삶에서 열린 삶으로

#열린 삶 #탈영토화 #의미 부여 #아비투스

"자유가 아니면 죽음을"이라는 유명한 경구는 자유의 중요성을 웅장히 일깨웁니다. 하지만 실제 우리 일상에서 자유를 향해 '닫힌 삶'에 저항하고 '열린 삶'으로 나아가는 일은 쉽지 않습니다. 자유를 추구하고 사랑을 실천하며, 끊임없이 자신을 변화시키는 것이 개방적인 삶의 본질입니다. 그렇지만 우리는 은근한 관성의 속박에 어느덧 무뎌지는 게 사실입니다. 어떻게 해야 그와 같은 속박을 떨칠 수 있을까요?

첫째, 윤리라는 고정된 코드에서 벗어나는 '탈영토화'가 필요합니다. 직원 됨, 부모 됨, 자식 됨 같은 윤리로부터의 자유를 위해 상사든 부모든 서로를 이름으로 호명하는 식의 작은 변화를 시도해 새로운 가능성을 키워봅니다.

둘째, 생계를 위한 일들에 적극적인 의미를 부여하는 것이 중요합니다. 나의 일 자체가 자유의 멸절이 아닌 자유의 바탕이 되도록 일에 가치를 심는 것이지요.

셋째, 습관보다 강한 아비투스habitus, 즉 환경과 삶의 역사에서 몸에 밴 관성으로부터의 탈출을 시도해야 합니다. 사소하게는 늘 마시던 아이스 아메리카노 대신 다른 메뉴를 선택해보는 거예요. 익숙하지 않은 것에 도전하는 작은 일탈이 더 자유롭고 창조적이며 환연히 가슴 뛰는 삶을 만들어줍니다.

・ 나를 위한 오늘의 질문 ・
일탈의 욕구를 막는 내 안의 규제는 무엇인가요?

과정에서 향유하는 자유

#자유 #과정 #자유 방향

자유는 일반적으로 능력을 전제로 했을 때 주어지지만, 능력을 확보하는 과정에서도 자유감을 느낄 수 있습니다. 예를 들어, 멋스러운 치장을 위해 스타일러를 사고 싶을 때는 돈이 능력이 됩니다. 이때 100만 원을 마련하고자 생활비에서 10만 원씩 모아가는 과정에서 우리는 이미 자유감을 느낍니다. 10개월간 돈을 모으는 과정도 기쁘고, 마침내 도착한 스타일러에 옷을 걸면서도 행복하지요.

모든 자유는 그 자유를 만들어가는 과정을 포함하는 개념입니다. 그 과정에서 느끼는 자유감이 큰 행복과 기쁨을 선사합니다. 여행을 통한 자유감을 누리고 싶어서 다음 달 여행 계획을 세웠다면, 그 전에 다른 일정을 완료할 수 있도록 집중하며 여행 준비 시간을 즐겁게 보낼 수 있습니다.

일상에서 순간의 선택을 자유의 방향으로 결정하는 것도 중요합니다. 점심 메뉴를 고를 때 "같은 걸로요"라고 말하는 대신 내가 먹고 싶은 것을 선택하는 거예요. 옷을 입을 때도 내가 좋아하는 스타일을 선택하고요. 용기를 내어 매일의 일상에서 선택의 자유를 누리며 나의 자유 영토를 확장해갑니다. 내가 자유의 방향으로 결단만 한다면, 능력을 만들어가는 과정에서도 충분히 자유감을 만끽할 수 있습니다.

• 나를 위한 오늘의 질문 •
내가 원하는 자유는 무엇이며 그것을 향해 어떤 노력을 하고 있나요?

DAY 278 | 감시를 벗은 '자유로의 비상'

#낯선 나 #자유 실천법 #해방감

현대인의 삶을 자유의 측면에서 날카롭게 분석한 푸코는 『감시와 처벌』에서 조직과 사회의 '은밀한 감시'를 지적했습니다. 사실상 권력의 효과적 운영 메커니즘인 감시 체계가 개인의 자유를 제한한다는 것입니다. 어쩌면 우리는 알게 모르게 자유로부터 멀어지는 일상을 보내고 있는지도 모릅니다. 따라서 나다움의 삶을 살기 위해 우리는 매일매일 의도적으로 구체적인 자유로의 비상을 시도해야 합니다. 일상에서의 대표적인 자유 실천법입니다.

첫째, 평상시 자신의 규칙이나 습성과 다른 행위를 해봅니다. 어제와 다른 새로운 길에서 크게 소리를 질러보는 등 낯선 나와 마주하고 해방감에 젖어보는 거예요.

둘째, '혼자 떠나는 여행'처럼 구체적인 자유도 기획합니다. 자연과의 환희로운 만남이 벅찬 자유감을 선사할 테지요.

셋째, 나의 자유를 막아서는 벽도 하나씩 넘어봅니다. 운전, 요리, 역사 공부, 연극 무대 오르기, 오토바이 타기 등을 할 수 있어요.

적극적으로 자유 감각을 누림으로써 우리는 나의 숨은 가치와 열정을 찾을 수 있습니다. 마음을 열고 다양한 시도를 해봅니다. 나를 묶는 감시로부터 자유로워지도록.

• 나를 위한 오늘의 질문 •
자유를 막는 첫 번째 벽을 넘어설 작은 행동은 무엇인가요?

관성의 법칙 깨뜨리기

#관성 #내적 기준 #최소 유효 저항 #메타인지

관성은 우리 삶의 중요한 내적 기준입니다. 관성대로 살아야 뇌와 몸의 피로를 줄이고 평온을 유지할 수 있어요. 인생에서 중요한 것은 이 내적 기준을 높은 수준으로 만들어두는 것입니다. 문제는 익숙함이라는 컴포트 존에 안주할 때입니다. 이 단계에서는 성장이 정체되지요. 따라서 일정 수준에 도달했다면, 의식적으로 관성을 깨뜨리는 지혜가 필요합니다.

세 단계로 관성을 깨고 한 걸음 더 나아갈 수 있습니다. 첫째, 변화가 아주 작아서 거침없이 해볼 수 있는 것을 선택하는 겁니다. 늘 다니던 길 대신 엉뚱한 길로 가보거나, 왼손으로 양치하는 것처럼 말이지요. 이것이 '최소 유효 저항'의 원리를 실행하는 것입니다. 둘째, 메타인지를 통해 내가 무엇을 한 단계 변화시켜야 하는지 정확하게 인지해야 해요. 마지막으로, 자세한 계획을 세워 관성을 극복하고 새로운 차원을 몸에 붙이는 겁니다.

이 과정을 통해 우리는 일부의 관성을 깨뜨리며 정체되지 않고 앞으로 나아가는 삶을 살 수 있습니다.

• 나를 위한 오늘의 질문 •
매일 똑같이 하던 일 중 새로운 방법으로 시도해볼 만한 일은 무엇인가요?

의도적으로 불편해지기

#안티프래질 #불편함 #불확실성 #용기

철학자 나심 탈레브Nassim Nicholas Taleb는 '안티프래질antifragile'이라는 개념을 소개했습니다. 이는 충격에 깨지는 상태를 넘어, 오히려 충격을 통해 더 강해지는 속성을 말해요. 의도적으로 자신을 불편함에 노출하는 것은 불확실성을 성장으로 바꾸는 최고의 훈련입니다.

　불편함 훈련에는 여러 종류가 있어요. 찬물 샤워나 가벼운 단식처럼 몸에 작은 스트레스를 주어 육체적 회복력을 키울 수 있습니다. 내 의견과 정반대되는 글을 일부러 찾아 읽으며 정신적 불편함을 견디는 연습도 필요하지요. 사회적 불편함에 도전해볼 수도 있습니다. 평소라면 가지 않았을 전혀 다른 분야의 예술 모임이나 종교 모임에 나가보는 것처럼 말이에요.

　불편함은 피해야 할 고통이 아니라, 나의 성장 용량을 키우는 예방 주사와 같습니다. 작은 불편함을 감수하는 용기를 낼 때, 우리는 삶의 어떤 풍파에도 쉽게 깨지지 않는 단단한 존재가 되어갈 것입니다. 이야말로 예측 불가능한 세상에서 가장 확실하게 나를 지키는 방법입니다.

・ 나를 위한 오늘의 질문 ・
나는 언제 사회적·정신적 불편함을 느끼나요?

나를 찾는 진정한 여행

#잠재성 #낯선 행위 #낯선 공간

우리는 평생 나의 잠재성을 20퍼센트 정도만 발휘하며 산다고 합니다. 왠지 억울하지 않나요? 잠재성을 끌어올리는 저만의 방법 두 가지를 소개합니다.

첫째, 낯선 행위를 해보는 겁니다. 예를 들어, 저는 다시 합창단 활동을 시작했습니다. 막상 시작하고 보니 좋은 점이 있습니다. 내 일과 전혀 상관없는 낯선 행위를 하는데도 일과 관련된 여러 발상이 소록소록 떠오르더군요.

둘째, 낯선 공간으로 진입해봅니다. 혼자 여행을 떠나 낯선 공간으로부터 영감을 받는 일이지요. 관광지를 많이 둘러보지 않아도 낯선 곳에 머물다 보면 여러 가지 하고 싶은 것이 떠올라요. 주어진 일만 열심히 해서는 잠재성이 높아지지 않습니다. 일부러 낯섦에 자꾸 부딪혀야 나도 모르는 나만의 에너지가 생성됩니다.

"최고의 날들은 아직 살지 않은 날들/ 가장 넓은 바다는 아직 항해되지 않았고/ 가장 먼 여행은 아직 끝나지 않았다/ 불멸의 춤은 아직 추어지지 않았으며/ 가장 빛나는 별은 아직 발견되지 않은 별 (…)"

나짐 히크메트Nazim Hikmet의 시 「진정한 여행」에서 드러나듯, 이처럼 무한한 잠재성을 지닌 존재가 바로 '나' 아닐까요?

· 나를 위한 오늘의 질문 ·
지금까지 도전해본 가장 낯선 행동은 무엇인가요?

여행자적 삶의 태도

#여행자적 삶 #무소유 #풍요 #자기 대화 #교감

고대 철학자 에피쿠로스Epicurus, 『월든』의 헨리 데이비드 소로, 『여행의 기술』을 쓴 알랭 드 보통Alain de Botton 모두 여행자적 삶을 지향했습니다. 여행을 통해 즐거움과 평안을 느끼고, 자연과의 교감과 자기와의 대화를 통해 풍요를 누렸지요. 여행은 단순히 목적지에 도착하는 것이 아닌, 그 낯섦의 과정에서 나의 세계가 확장됨을 경험하는 일입니다.

여러분도 홀로 여행을 떠나보면 어떨까요? 한 장소만 가기, 천천히 걷기, 끝까지 생각하기 등등. 이렇게 원칙을 정하고 혼자 떠나는 여행은 우리에게 세 가지 귀한 선물을 선사합니다.

첫째, 무소유적 감각입니다. 소유적 삶을 사는 일상에서의 '결핍' 대신 '풍요'를 내 속에 가득 채우는 경험을 하게 되지요. 세상이 나의 정원임을 느끼게 되는 것입니다.

둘째, 자기와의 대화입니다. 기다림도 여행의 일부입니다. 정류장에 앉아 버스를 기다리거나 천천히 걸으며 그동안 서먹했던 자기 자신과 대화하게 됩니다.

셋째, 공간 및 사람, 자연 등 나를 둘러싼 모든 것과의 값진 교감입니다. 여행자적 삶의 태도야말로 일상의 풍경을 훨씬 풍요롭게 느끼도록 만들어준답니다.

・ 나를 위한 오늘의 질문 ・
홀로 여행을 떠난다면 무엇을 가장 하고 싶나요?

호모 비아토르로 살기

#호모 비아토르 #여행 #글쓰기

프랑스 철학자 가브리엘 마르셀Gabriel Marcel은 인류를 '호모 비아토르Homo Viator', 즉 여행하는 인간으로 정의했습니다. 인간은 본래 여행을 좋아한다는 겁니다. 물론 그가 말하는 여행은 단순히 한 공간에서 다른 공간으로 이동하는 유람 여행을 의미하지는 않아요. 어쩌면 동양의 지혜에서 일컫는 '도道'를 찾아 나서는 '길'을 뜻합니다. 우리 인간은 삶의 의미를 찾아 늘 떠남을 갈구하는 존재라는 것입니다.

여행이라는 존재적 시간을 통해 보다 근원적인 나 자신과 만나는 일을 자주 기획해봅니다. 여행의 필수품 세 가지는 노트북, 책 한 권 그리고 다이어리가 되겠고요. 눈과 마음으로 관찰한 낯선 풍경들을 묘사적 글쓰기로 표현하고 저장합니다.

여행은 우리를 오직 현재에만 머물게 하고, 불필요한 근심과 걱정으로부터 해방시킵니다. 소유 욕구에서 벗어나 존재적 자아, 인간 본성인 '여행자' 정체성을 획득하게 함으로써 삶의 시야를 넓고 깊게 확대해주지요.

마르셀은 "호모 비아토르는 길 위에 있을 때 아름답다"라고 했습니다. 꿈을 포기하고 일상에 안주하기보다 낯선 여행지에서의 성찰을 지속적으로 경험하는 사람만이 성장할 수 있다는 의미이겠습니다.

・ 나를 위한 오늘의 질문 ・
여행을 통해 새로운 나를 발견한 경험이 있나요?

영어, 배우지 말고 향유할 것

#영어 #어휘 #향유 #메타인지 #환경 설정

영어를 배우는 사람learner에서 향유하는 사람doer으로 변신하는 것은 나의 세계를 확장하는 첫걸음입니다. 물론 번역기를 사용할 수도 있지만, 실제 사용하는 언어가 확장될수록 이해하는 세계도 확장되기 마련입니다. 그렇다면 어떻게 해야 영어를 향유할 수 있을까요?

첫째, 영어에 대한 메타인지력을 향상합니다. 자신의 현재 영어 수준, 학습 목표, 선호하는 공부법, 지속 가능한 방법을 잘 아는 것입니다.

둘째, 일상에서 자연스럽게 영어를 할 수 있도록 환경을 설정합니다. 영어 원서 읽는 북클럽 참여, TED 강연 보기, 챗GPT를 활용한 스피킹 연습, 아리랑 뉴스 보기 등을 할 수 있어요. 팝송을 부르거나 영어 문장을 큰 소리로 낭독하는 등 다양한 방식으로 말이죠.

셋째, 모호함을 견디는 힘을 길러야 합니다. 영어 문장을 100퍼센트 이해하지 못한다고 좌절하지 말고, 약 70퍼센트만 이해해도 나머지는 문맥을 통해 유추하면 됩니다.

이제부터 부디 영어를 배우지 말고 향유하길 바랍니다.

· 나를 위한 오늘의 질문 ·
영어를 잘하게 된다면 어떤 경험을 해보고 싶나요?

AI와 함께 성장하는 법

#챗GPT #AI #그루핑 #정리

챗GPT로 영어 회화를 공부하고, 글을 쓰고, 코딩하는 시대입니다. 내가 해야 하는 일, 하고 싶은 일을 도와주는 AI 기술은 활용하는 역량에 따라 개인 간 성과 차이로 나타납니다. AI와 공존하는 시대의 슬기로운 AI 사용법과 AI와 친해지는 법을 소개합니다.

첫째, 하루에 30분씩 AI와 함께하는 시간을 확보합니다. AI를 친구로, 비서로 매일 부대끼며 접촉하는 시간을 가져야 AI와 친밀해집니다. 기술을 마스터하는 데는 시간이 마법의 재료이지요.

둘째, AI를 실생활에 적극 활용합니다. 먼저 AI 활용 영역을 그루핑해봅니다. 개인 비서나 프로젝트 관리, 이미지 편집, 통역, 건강과 운동 도우미, 금융, 교육 및 학습 등으로 세분화해서 나에게 필요한 영역부터 우선순위를 부여합니다. 가장 필요한 것부터 내 생활에 부착해서 AI와 친숙해지고, 이 작업을 반복합니다.

셋째, 한 달에 한 번 정도는 정리와 의미 부여의 시간을 가집니다. 이번 한 달 동안 내가 AI를 활용해서 얻은 유용성과 효과를 기록합니다. AI와의 친밀도를 평가해보는 거죠. AI와 가까워지는 만큼 나의 성장 보폭도 넓어집니다.

· 나를 위한 오늘의 질문 ·
AI 활용으로 가장 큰 도움을 받고 있는 영역은 무엇인가요?

휴일에 테마를 더하다

#살아 있음 #plan-do-see #목록 #빙의 #기록

실존주의 철학자 장 폴 사르트르 Jean Paul Sartre는 "인간은 자기 스스로를 실현하는 한에 있어서만 실존한다"라고 했습니다. 긴 연휴가 눈앞에 있다면, 평소보다 적극적으로 스스로를 실현함으로써 '살아 있음'의 강렬한 의식을 느껴보는 건 어떨까요? 테마를 정해 나에게 선물하고, 계획 안에서 자유를 맘껏 누려보는 거죠. 멀리 떠나는 여행도 좋지만, 소소하게는 소설, 영화, 그림 감상을 선택하는 것도 좋습니다. 이때 여유 있게 'plan-do-see'를 미리 그려봅니다.

첫째, 목록 만들기로 시작합니다. 보고 싶은 소설 한두 권, 영화 두어 편, 미술관 두 곳을 선택합니다. 긴 휴일 동안 찾을 보물 지도를 손에 쥐는 거예요(plan).

둘째, 행할 때는 빙의합니다. 소설이나 영화는 주인공보다 마음이 가는 조연에게 빙의해보고, 그림 앞에서는 화가의 마음이 되어봅니다. 작가의 감정, 감각, 시간, 공간 등을 상상해봅니다(do).

셋째, 메모하며 돌아봅니다. 소설을 읽거나 영화나 그림을 볼 때의 내 생각, 감정, 감각 상태를 떠올려봅니다. 나의 실존을 강하게 느껴보는 거예요. 그 순간의 풍요로움을 공유하고 싶으면 블로그나 SNS 등에 기록합니다(see).

• 나를 위한 오늘의 질문 •
돌아오는 연휴에는 어떤 테마로 나 자신에게 좋은 시간을 선물하고 싶나요?

혼자 떠나는 여행의 기술

#여행 #우연 #충만감 #풍요로움

혼자 떠나는 여행은 최고의 자유 연습입니다. 예약을 전제로 한 판에 박힌 여행 대신, 버스나 기차를 타고 우연을 즐기며 떠나는 거예요. 토요일 아침, 짐을 꾸리고 어디로 떠날지 검색한 다음 마음이 이끄는 곳으로 향하세요.

버스에 몸을 싣고 이동하면서 가고 싶은 지역의 자연환경이나 특징, 그곳의 유명한 인물에 대해 미리 검색해봅니다. 현지에서는 하루 한 곳만, 아주 천천히 조용히 머물러보세요. 버스를 기다리며 스마트폰을 보는 대신, 책을 읽는 건 어떨까요. 다음 날 아침, 편백나무 숲에 혼자 앉아 음악을 듣는 것도 좋을 거예요.

이 모든 과정은 소유가 아닌 존재로서 세상을 만나는 경험입니다. 모든 것을 계획하는 대신 몸과 마음 가는 대로 맡기고, 모든 것을 소유하는 대신 잠시 빌리는 경험을 하는 것이지요. 그렇게 얻은 욕심 없는 충만감은, 일상으로 돌아온 뒤에도 우리를 더욱 풍요롭게 만들어줄 것입니다.

・ 나를 위한 오늘의 질문 ・
혼자만의 여행은 나에게 어떤 경험을 선사할까요?

일상 속 작은 모험

#모험 #호기심 #불확실성 #용기

모험이라고 해서 반드시 거창한 탐험일 필요는 없습니다. 일상 속 작은 모험이란, '결과를 모르는 채로 시도하는 작은 행위'를 의미해요. 예측 가능한 하루에 의도적으로 '변수'를 만들어, 잠자고 있던 감각과 호기심을 깨우는 겁니다.

   오늘 당장 일상 모험가가 되는 세 가지 방법입니다. 첫째, '미식 모험'입니다. 한 번도 가보지 않은 식당에 들어가, 메뉴판에서 가장 낯선 음식을 주문해보는 겁니다. 둘째, '경로 모험'입니다. 늘 다니던 길 대신, 전혀 다른 골목길이나 교통수단을 이용해보세요. 익숙한 풍경이 낯설게 보이는 즐거움을 느낄 수 있습니다. 셋째, '문화 모험'입니다. 평소라면 가지 않았을 동네의 작은 갤러리나 독립 서점에 목적 없이 들러보는 겁니다.

   이런 작은 불확실성에 스스로를 노출하는 연습은 아주 중요해요. 삶이라는 커다란 불확실성 앞에서 우리를 더 유연하고 용기 있게 만들어주는 아주 즐거운 훈련이니까요.

· 나를 위한 오늘의 질문 ·

오늘 하루, 어떤 의도적인 '변수'로 일상을 다채롭게 보낼 수 있을까요?

불편함을 마주하는 용기

#용기 #목록 #계획 #실행 #내재화

용기는 익숙하지 않거나 잘 못하는 일을 '의도적'으로 시도하는 것입니다. 반복하면 실력과 기질이 변할 수 있어요. 따라서 우리는 의도적으로 불편함을 마주하고 행동해야 합니다. 일상에서 용기를 실천하며 살아가는 세 가지 방법입니다.

첫째, 내가 무엇에 용기가 없는지 알아야 합니다. 이를 위해 익숙하지 않지만 시도해보고 싶은 것과 미숙해서 하지 않는 것들을 나열해 메모합니다. 합창, 연극 관람, IT와 AI 도구 익히기, 말하기 연습, 요리 등 나만의 용기 목록을 만듭니다.

둘째, 이달 계획에 용기 있게 할 일을 포함합니다. 혼자 대학로에 가서 연극 보기, 두 번 이상 소모임에서 발표하기 같은 일을 계획하고 실행합니다.

셋째, 용기를 일상에 내재화합니다. 한 달 동안 '용기'라는 단어를 자주 떠올리며 일상 한 줄 기록에 용기 있는 행위를 기록합니다. 자기 전에 그 부분을 돌아보고 칭찬하는 일을 반복하다 보면 내 안에서 점점 더 용기가 솟아날 거예요. 의도적으로 용기 있게 행동함으로써 나를 불편하게 하는 벽을 넘어 '자유'라는 너른 들판을 향해 달려봅니다.

• 나를 위한 오늘의 질문 •
아직 용기 내지 못한 일은 무엇이며, 그것을 어떻게 실행할 수 있을까요?

주체적 여성에게 지지와 존중을

#여성 #평등 #에피스테메 #상호적 존재 #상호 성장

당차고 꿋꿋한 여성들과 만나려면 서양 명작 소설인 『오만과 편견』, 『제인 에어』, 『작은 아씨들』을 읽기를 권합니다. 한국 소설 『82년생 김지영』을 읽으면 여성의 삶의 문제를 더 적나라하게 보게 되지요. 아직도 성 역할의 억압이 사라지지 않은 우리 사회에서 진정한 평등까지는 여전히 갈 길이 먼 것 같습니다.

푸코가 말한 사회적 무의식인 에피스테메가 근본적으로 변해야 여성들이 더 자유로울 수 있을 거예요. 우리 사회가 여성의 주체적 삶을 존중하고 지지하는 공동체로 성장하기 위해서는 개개인이 솔선해서 노력하고 실천해야 합니다.

첫째, 거주와 양육 공동체인 가정에서 가사와 양육의 분담 체계를 적정하게 조정합니다. 가정에서 여성들이 자신의 인생을 소진하지 않도록 함께 구조를 만들어가는 일이 필요해요.

둘째, 여성도 당당한 사회적 존재임을 정확히 인식합니다. 가족 중심주의에서 벗어나 여성 스스로 자신의 인생을 적극적으로 개척해 나가는 삶을 선택해야 합니다.

셋째, 상호 성장을 응원하고 지지하는 배우자나 친구 관계를 형성합니다. 가족의 울타리를 넘어 평등한 사회로 향하는 길에 서로 어깨를 겯고 나아가는 관계만큼 든든한 것도 없겠지요.

· 나를 위한 오늘의 질문 ·
엄마 혹은 아내가 아닌 '나'는 어떤 사람인가요?

말하기 전 생각 머금기

#생각머금기 #멈춤 #생각 #진심

말을 조심하려 하지만 때로는 실수할 때가 있어요. 나도 모르게 성급히 말을 뱉어버리고는 일순 서늘해지는 분위기에 '내 의도는 그게 아닌데' 후회하며 전전긍긍하기도 합니다. 어떻게 하면 이런 실수를 줄일 수 있을까요?

말을 뱉기 전에 생각을 잠시 '머금는' 습관을 지녀봅니다. 상대방을 교정하려 하거나 내 경험을 자랑하거나 섣부른 위로의 말을 건네기 전에 잠시 멈추고 기다리는 거예요.

함께 이야기를 나눌 때 사람들이 내게서 원하는 말이 무엇인지를 잠시 생각하고, 그들의 마음에 깊이 당도하고자 애씁니다. 그들의 마음 또한 내 마음에 들어올 수 있도록 넉넉히 자리를 내어주면서요. 실제 대화에서는 내가 무슨 말을 했느냐보다 상대가 무슨 말을 들었느냐가 중요합니다.

이렇게 말이 오가다 보면 내 생각이 모든 상황과 자연스럽게 어우러지는 순간이 옵니다. 그때 한발 나아가 내 이야기를 할 수 있어요. 그제야 내 진심을 상대에게 들려줍니다. 반드시 '생각 머금기' 단계를 통과해야만 그 순간이 다가온다는 것을 기억합니다.

• 나를 위한 오늘의 질문 •
섣부른 위로보다 더 크게 와닿았던 상대의 말이 있나요?

 누구나 리더가 되는 현대적 리더십

#상호 리더십 #사랑의 리더십 #온라인 리더십

전통적 리더십은 약화하고 현대적 리더십이 필요한 시기입니다. 권위와 권력의 사용 강도, 삶과 공동체 단위, 의사소통 방식에 변화가 있기 때문입니다. 과거에는 리더가 특권처럼 여겨졌지만 지금은 아니잖아요. 리더십이란 무엇인지, 그것이 내게 필요한지, 나는 어떤 리더가 될 것인지에 대한 명확한 판단이 필요합니다. 현대적 리더십의 세 가지 특성입니다.

첫째, 상호 리더십. 일방적이고 영웅적인 리더십의 시대는 지났고, 지금은 모두가 조금씩 리더십을 발휘하며 상호 영향을 미치는 시대입니다. 누구나 자신의 개성과 장점을 표현해서 비슷한 경험과 환경에 있는 사람에게 긍정적인 영향을 나눠줄 수 있어요.

둘째, 사랑의 리더십. 권위나 강압적 지시로 끌고 가는 리더십이 아니라 사랑으로 동기부여 하는 리더십입니다. 상대를 관리 대상이 아닌 협력 파트너로 보고, 개인의 성장과 발전을 중요시합니다.

셋째, 온라인 리더십. 내 의도에 따라 SNS를 자랑의 도구가 아닌 사랑의 무기로 활용할 수 있어요. 온라인 세계에서 글과 영상을 나눔으로써 상호 성장하는 것입니다.

· 나를 위한 오늘의 질문 ·
내가 생각하는 리더십의 정의는 무엇인가요?

발표 불안 극복하기

#불안 #이타적 목표 #책임감 #심호흡

발표를 앞두고 불안한 마음에 원고를 통째로 외우는 등 완벽하게 준비하려고 노력하곤 합니다. 하지만 자신을 멋진 사람으로 보이려는 과도한 준비는 오히려 불안을 키우는 함정이 될 수 있어요. 절대 그렇게 하지 마세요.

불안의 근원은 내가 '평가받는 대상'이 된다는 두려움에 있습니다. 이 관점을 바꿔야 해요. 나는 평가받는 존재가 아니라, 청중에게 유용한 정보를 '선물하는' 사람이라고 생각하는 겁니다. 청중은 나를 평가하는 심사 위원이 아니라, 이 선물을 받는 고마운 존재이지요.

이러한 이타적 목표를 가지면 불안은 책임감으로 변합니다. 이때 전체를 외우기보다, 발표의 첫 문장과 끝 문장만 단단히 잡으세요. 시작과 끝이 분명하면 중간은 자연스럽게 흘러갑니다. 그리고 발표 직전, 심호흡으로 몸을 먼저 안정시키세요. 몸이 편안해지면 마음도 따라오는 법입니다. 나에게서 청중과 메시지로 초점을 옮길 때, 불안은 사라지고 진정한 소통이 시작됩니다.

・ 나를 위한 오늘의 질문 ・
잘하고 싶은 마음이 앞서 오히려 더 큰 실수를 한 경험이 있나요?

'미움받을 용기'를 넘어서

#과제 분리 #고립 #관계 #재연결 #성숙한 자유

아들러의 심리학을 다룬 『미움받을 용기』는 '과제 분리'를 통해 우리를 타인의 평가에서 해방시키는 위대한 통찰을 주었습니다. 하지만 자칫 이 개념이 타인에 대한 무관심이나 차가운 고립으로 이어질 수 있다는 점도 경계해야 해요.

진정한 자유는 고립이 아니라 타인과의 건강한 관계 속에서 완성됩니다. 철학자 레비나스는 우리가 타인의 '얼굴'을 마주하는 순간, 그를 향한 윤리적 책임을 느끼게 된다고 말했습니다. '미움받을 용기'로 나의 중심을 단단히 세우는 것이 첫 단계라면, 그 힘으로 다시 타인에게 손 내밀고 그의 고통에 '응답할 용기'를 갖는 것이 다음 단계입니다.

실제로 『미움받을 용기』의 마지막 장에서 제시하는 삶의 지향점 역시 '자기 수용', '타인 신뢰', '타자 공헌'입니다. 결국 분리를 넘어선 재연결을 이야기하는 것이지요. 나의 과제를 지키는 용기에서 나아가, 타인에게 기여하는 기쁨을 아는 것. 그것이 바로 성숙한 자유입니다.

・ 나를 위한 오늘의 질문 ・
내가 생각하는 '타인과의 건강한 관계'란 무엇인가요?

새로운 나를 만나는 두려움

#변화 #정체성 #상실 #자기 신뢰 #작은 성공 습관

우리가 변화하기 어려운 이유는, 새로운 나를 만나는 것이 두렵기 때문입니다. 그런데 이 두려움의 진짜 정체는 미지의 세계에 대한 공포 이전에, 익숙하고 예측 가능한 '과거의 나'와 작별해야 한다는 '정체성의 상실감'에 가깝습니다.

    이 두려움을 극복하려면, 무엇보다 '자기 신뢰'라는 단단한 토대가 전제되어야 합니다. 자기 신뢰는 '작은 성공 습관'을 통해 기를 수 있어요. 매일 아주 작은 목표를 세우고, 그것을 달성하며 스스로를 칭찬하는 경험을 꾸준히 쌓아야 합니다. "나도 할 수 있구나"라는 감각이 몸에 쌓여야만, 비로소 더 큰 변화를 감당할 힘이 생깁니다.

    이 단단한 자기 신뢰 위에서 우리는 비로소 변화에 대한 두려움을 마주할 용기를 낼 수 있어요. 두려움을 없애려 하기보다 "너는 나를 지키려고 하는구나"라고 그 마음을 인정해주며 작은 한 걸음을 내딛는 겁니다. 자기 신뢰가 있다면, 우리는 두려움과 함께 새로운 나를 향해 나아갈 수 있습니다.

· 나를 위한 오늘의 질문 ·
작별하고 싶은 과거 '나'의 모습과 변하고 싶은 모습은 무엇인가요?

존재적 일상

#소유 #존재 #쓸모 #방향성 #현존

에리히 프롬의 『소유냐 존재냐』에서 말하는 존재적 실존 양식은 한마디로 '소유'에 탐닉하지 않고 능동적으로 '존재'에 밀착하는 삶입니다. 세상의 '쓸모'에 맞춰 나 자신을 소외시키지 않는 것이지요. 자신의 능력을 기꺼이 생산적으로 사용하고, 세계와 하나 되는 실존 양식을 의미합니다. 일상에서 존재적 삶을 구현하기 위한 구체적 지침입니다.

첫째, 계획 단계에서부터 존재적 삶의 가치를 지향하는 쪽으로 행위의 방향을 정합니다. 방향성이 없다면 우리는 의미 없이 널브러져 소유에 기대거나 우연히 마주하는 사건이나 사람들에게 휘둘리게 됩니다.

둘째, 수행 단계에서 재미와 의미를 생생히 느껴봅니다. 소유의 욕구보다 도전과 연대의 기쁨을 우위에 두는 것이 존재적 삶인즉, 매 순간 존재적 자아로 살아있음을 자각합니다. "아! 재미있네!" 하는 감탄사와 함께 '현존'하는 기쁨을 누려봅니다.

셋째, 실행 후에는 영화 보듯이 내가 한 행동을 돌려봅니다. 되뇌어본 생각은 내 행위를 기억이라는 또 다른 나로 형성시켜줍니다. 나의 모든 일상이 내 몸에 착 달라붙는 순간이지요.

• 나를 위한 오늘의 질문 •
존재적 삶을 구현하기 위한 나만의 지침은 무엇인가요?

매너리즘에 빠지지 않는 법

#매너리즘 #슬럼프 #새로운 시도 #잠재성

일상의 관성에 갇히지 않고 새로운 것을 시도함으로써 역량의 다양성과 자유의 폭을 확장해봅니다. 삶의 주요 영역에 새로움을 조금씩 추가하면서 '자유로부터의 도피'를 일찌감치 차단하는 것입니다.

예를 들어, 여행 방식부터 과감하게 바꿔봅니다. 여행을 일처럼 여기며 강행군하던 습관을 떨치고, 하루에 딱 한 장소에만 가보는 거예요. 시간을 넉넉히 들여 한곳에 충분히 머무르며 메모하거나 주위 풍경을 간략히 스케치로 담습니다.

보고서 작성이나 발표 준비도 새로운 방식으로 시도합니다. 팀원들과 브레인스토밍으로 아이디어를 도출하거나 이미지 위주로 감성에 호소하는 보고서를 작성하는 식으로요. 물론 안 하던 방식이므로 돌발 변수 대응을 위해 목표 수준도 낮추고 총량도 줄이는 게 좋습니다. 이런 새로운 시도는 그간의 논리와 이성 역량에 감성까지 쌓아 올리는 기회가 되기도 합니다.

매너리즘과 슬럼프를 막고 새로운 가능성을 열기 위해 과감하게 평소와 다른 방식을 시도해봅니다. 늘 같은 일상에 새로움을 살짝 또는 진하게 추가하다 보면, 어느 틈에 나도 몰랐던 나의 잠재성과 만날 수 있답니다.

・ 나를 위한 오늘의 질문 ・
매너리즘을 극복하기 위해 어떤 노력을 해보았나요?

'야생적인 나'로 살기

#야생 #순간 #욕구 #자유

클로드 레비 스트로스Claude Levi-Strauss는 문명과 야만이라는 서구인의 이분법적 사고를 비판한 철학자입니다. 그는 『야생의 사고』에서 감성, 욕구, 자유의 중요성을 강조합니다. 일상의 균형을 위해서는 '야생의 나'로 살아보는 일이 필요하다고 주장했습니다. 어떻게 해야 가능할까요?

첫째, '지금 이 순간'을 살아갑니다. 매 순간의 기쁨을 놓치지 않고 일상에서의 모험을 시도해봅니다. 새로운 음식을 먹어보고, 처음 가는 길을 산책하며, 낯선 음악에 마음을 열어보는 거예요.

둘째, 내 마음속 욕구를 중시하며 감성과 감각을 깨워봅니다. 내 안에 감성을 밀어 넣고 새삼스러운 감각에 눈을 떠봅니다. 비 오는 날이면 밖이 훤히 보이는 천장 높은 카페에서 뉴에이지 음악을 들으며 나를 보듬기도 하고요.

셋째, 계획 안에서 실컷 자유를 누리는 일도 해봅니다. 계획과 통제를 벗어나면 불안한 게 사실이지만, 괜찮습니다. 자유로울 때 비로소 내가 원하는 것이 보이거든요.

야생의 세계야말로 나의 현재를 긍정하며 단계적 성장을 추동합니다. 이성과 감정은 상호 작용을 하는 힘이니까요. 야성이 살아날 때 실질적으로 도약하는 삶의 힘이 발휘된답니다.

• 나를 위한 오늘의 질문 •
나도 모르게 억누르고 있는 욕구나 감정이 있나요?

감정적 안전지대, 컴포트 존

#컴포트 존 #병행의 삶 #쉼 #봉사

동물학자이자 심리학자 로버트 여키스는 동물과 인간에게는 '컴포트 존'의 존재 여부가 중요하다고 강조합니다. 심리적 안정감을 느끼는 자기만의 안전지대가 있어야 일상에서 행복한 전투가 가능하다는 겁니다. 그렇다면 감정적인 안정감과 성장의 기반이 되는 컴포트 존에는 어떤 것들이 있을까요?

첫째, 내가 좋아하는 취미입니다. 목공, 음악, 미술, 명상, 요가 등 지속적으로 나를 치유하는 행위가 있어야 합니다.

둘째, 직업과 나다운 삶을 함께 꾸리는 '병행의 삶'이 필요합니다. 하루 중 언제든 10분씩이라도 짬을 내어봅니다. 치열함을 내려놓고 온전한 평온함에 집중하는 '쉼'이 하루를 편안함으로 이끌어줍니다.

셋째, 봉사를 해야 합니다. 지역사회의 어려운 이웃을 돕기 위한 일에 정기적으로 시간을 내봅니다. 시작은 의무감이었을지라도, 하다 보면 우리는 나눌 때 성장하는 존재임을 깨닫는 순간이 찾아올 거예요.

내 안의 잠재력과 가능성이 시작되는 베이스캠프로서의 컴포트 존을 확보하는 일은 곧 성장하는 삶의 시작입니다.

· 나를 위한 오늘의 질문 ·
나만의 컴포트 존은 무엇인가요?

꿈을 향해 가는 의식적 한걸음

#새로움 #시도 #잠재성 #꿈

반복적인 일상과 성장과 변화하는 꿈 사이의 연결 다리가 '새로움'입니다. 일상에 새로움이라는 다리를 놓아보세요. 일상은 안정과 안락함을 제공하지만, 꿈은 우리를 자유롭게 합니다. 지금 당장 의도적 창조로서의 새로움을 기획해봅니다.

먼저 겉모습, 만남, 일과 행위에 새로운 시도를 합니다. 아침마다 새롭게 모습을 단장하고, 할까 말까 망설이는 일은 과감히 내지르고, 만나고 싶은 사람은 서둘러 만나며 어제와는 조금 다른 오늘을 꿈꿉니다. 매일 만나는 이들과도 창조적으로 새로운 만남을 가질 수 있어요.

새로움을 기획할 때는 그 새로운 시도의 끝을 미리 생각해보는 것도 좋습니다. 퇴근길에 음악을 들으며 계단 오르기를 하고자 결심했다면, 그 새로운 시도가 익숙해지고 능숙해질 즈음의 내 상태를 떠올려봅니다. 아마도 한 마리 어여쁜 나비처럼 가벼울 테죠.

이렇게 새로움을 쌓아가며 나의 잠재성을 개발하고, 그것을 익숙함으로 누적하는 일. 바로 꿈을 향해 가는 의식적 한 걸음입니다. 새로운 시도를 막는 내 안의 두려움, 과거의 부정적 경험으로부터 모두 자유로워지기를 바랍니다.

• 나를 위한 오늘의 질문 •
새로운 시도를 가로막는 내면의 두려움이나 경험이 있다면 무엇인가요?

기후 위기를 대하는 자세

#기후 위기 #자연 #감각 #공존의 윤리 #항구적

지구 멸망 후 새로운 행성에서 살고 있는 사람들의 이야기인 영화 〈듄〉을 보면서 새삼스레 기후 위기의 심각성을 떠올렸습니다. 영화는 이른 아침에도 60도까지 치솟는 살인적인 기온, 특별한 장비 없이는 살아남을 수 없는 행성의 모습을 파도처럼 넘실대는 모래언덕으로 실감 나게 보여줍니다. 기후 위기에 제대로 대응하지 못하면 우리 후손의 미래가 될 테지요. 지금 우리가 살고 있는 지구라는 집을 후손들에게 안전하게 넘겨주기 위해 우리는 일상에서 무엇을 해야 할까요?

첫째, 자연을 제대로 감각해야 합니다. 무엇보다 자연을 자주 만나 그것이 주는 평안에 감사하고 온전히 감각하면서 자연과 내가 다르지 않음을 깨닫습니다.

둘째, 동식물을 감각하며 공존의 윤리를 실천합니다. 인도의 라다크Ladakh 마을 사람들은 봄에 쟁기질할 때 곤충이나 미생물이 몸을 피할 수 있도록 땅을 밟는 소리로 신호를 보낸다고 해요. 우리도 그들과의 공존을 고민하고 실천해야 합니다.

셋째, 햇볕과 공기에 대한 감각을 일상화하면서 그 고유의 질감이 변하지 않도록 지켜내는 일에 적극 동참합니다. 기후 위기에 대응하는 우리의 행위는 항구적이어야 합니다.

・ 나를 위한 오늘의 질문 ・
환경을 보전하고 기후 변화를 막기 위해 실천하고 있는 행동이 있나요?

도시 탐험가의 시선

#데리브 #낯설게 보기 #마음의 지도 #도시 탐험 #발견의 기쁨

상황주의 철학자 기 드보르Guy Debord는 '데리브Derive, 표류'라는 개념을 통해, 목적 없이 도시를 떠돌며 익숙한 풍경을 낯설게 보는 행위를 제안했습니다. 이는 도시를 효율성의 공간이 아닌, 탐험의 공간으로 바꾸는 즐거운 놀이이지요. 도시 탐험가가 되기 위한 세 가지 방법입니다.

첫째, '목적지 없는 발걸음'입니다. 늘 다니던 빠른 길을 버리고, 의도적으로 낯선 골목이나 발길 닿는 대로 걸어보는 거예요.

둘째, '잠자던 감각 사용하기'입니다. 시각에만 의존하지 않고, 도시의 소리, 냄새, 벽의 질감 등 다른 감각들을 깨워보는 겁니다.

셋째, '나만의 지도 그리기'입니다. 공식 지도 대신, 나의 경험과 기억으로 도시를 재구성하는 '마음의 지도'를 만들어보는 것이지요.

이러한 도시 탐험은 아이들의 교육에도 꼭 필요합니다. 정해진 답만 찾는 대신, 스스로 발견하고 해석하는 기쁨을 알려줄 수 있으니까요. 아이와 함께 도시 탐험가가 되어보시길 권합니다.

· 나를 위한 오늘의 질문 ·
'낯섦'은 우리에게 구체적으로 어떤 영향을 줄까요?

권태를 창의성으로 바꾸는 법

#권태 #창의성 #내면의 목소리 #해결책

현대 사회는 '지루할 틈'을 죄악시하며 우리에게 끊임없는 자극을 강요합니다. 하지만 권태는 피해야 할 적이 아니라, 창의성을 위한 필수 조건입니다. 권태란 생각이 자유롭게 떠다니고, 내면의 목소리가 들려오는 '창의성의 진공 상태'와 같기 때문이지요.

외부 자극이 차단될 때, 우리의 뇌는 비로소 스스로 이야기를 만들고, 흩어진 기억을 연결하며, 새로운 해결책을 모색하기 시작합니다. 우리는 아주 심심할 때 비로소 책이 깊이 읽히고, 심지어 팔과 볼에 닿는 바람결이 사랑의 속삭임처럼 감각되는 놀라운 순간을 경험할 수 있습니다.

권태를 창의성으로 바꾸려면 용기가 필요해요. 스마트폰으로 즉시 그 어색한 심심함을 지우려 하지 말고, 그 감각 속에 의식적으로 머물러보는 연습입니다. 우리 삶의 가장 위대한 아이디어는, 가장 심심한 순간에 태어날 수 있습니다. 권태는 창의성의 어머니라는 말을 신뢰해보세요.

· 나를 위한 오늘의 질문 ·
스마트폰 대신 어떤 행동을 통해 잠시의 틈을 채울 수 있을까요?

DAY 304 모두가 하나의 존재

#신유물론 #하나 됨

인간만이 주체로서 행동하는 것이 아니라 물질도 능동적으로 행동한다고 보는 '신유물론' 학파가 있습니다. 인간 중심적 사고에서 벗어나 인간과 자연의 동등성을 지향하는 사유 방식입니다. 인간 존재를 특권적 주체로 전제하지 않는 이들은 '나'를 지나치게 내세우지 않습니다. 세상 자체를 구성물과 구성물의 배치로 보며, 구성물 간 연결 강도의 차이만을 인정합니다. 독특한 발상의 전환이지요.

중요한 것은 우리는 '하나의 존재'라는 사실입니다. 이 '하나 됨'을 감각하는 삶이 우리의 지향이 되어야 합니다. 가족, 동료 심지어 내가 사용하는 물건과 연결되어 있다고 느낀 적이 있나요? 이제부터는 그 모두와 하나 됨을 감각해봅니다.

운전하는 나와 자동차가 하나 됨을 느낄 수 있어요. 나라는 생명체가 자동차까지 확장됩니다. 인간관계도 마찬가지입니다. 예컨대, 회의할 때 모든 사람이 하나라는 느낌을 갖습니다. 나를 돋보이려 하기보다 목적 달성에 기여하는 구성원으로서 모두가 연결되어 있음을 감지합니다. 그리고 지금 호흡하는 공기, 거리의 가로수, 맑은 하늘 등 나를 둘러싼 자연과 하나 됨을 감각합니다. 하나 된 모든 것이 나와 동등하게 소중하고 아름다운 것임을 깨닫게 될 거예요.

• 나를 위한 오늘의 질문 •
신유물론적 사고를 통해 주변을 돌아보았을 때 이전과는 다른 어떤 마음을 가지게 되나요?

서로를 비추는 거울이 되어

DAY 305 이타성의 자기 계발

#이타적 자기 계발 #목적의 이타성 #과정의 이타성 #결과의 이타성

다른 이의 이익을 꾀하는 이타성이 어떻게 나의 성장에 강력한 힘을 발휘할 수 있을까요? 이타적 자기 계발의 핵심 개념 세 가지입니다.

첫째, 목적의 이타성. 앤절라 더크워스의 『그릿』에 나오는 유명한 일화입니다. 교회 건설 현장에서 벽돌을 쌓는 사람들에게 무엇을 하고 있느냐 묻자 "교회를 짓고 있다"라고 말하는 대신 "하느님의 성전을 짓고 있다"라고 답한 이가 있었습니다. 자기 일에 소명을 발견한 그는 목적의 이타성을 내재함으로써 일과 함께 성장하는 사람입니다.

둘째, 과정의 이타성. 함께하는 과정에서 우리는 서로에게 힘이 되어줄 수 있습니다. 서로가 서로의 에너지를 뿜어주는 귀한 느낌을 공유하는 것이지요.

셋째, 결과의 이타성. 자랑하려는 마음을 내려놓고 누군가에게 도움이 된다는 생각으로 지식, 깨달음, 통찰을 널리 나눕니다. 그러면 스스로 더욱 열심히 공부하게 되고, 비약적 성장을 경험할 수 있습니다.

우리가 누리는 많은 것은 누군가의 이타적 실천의 결과입니다. 이타적 자기 계발을 하면 더 큰 꿈을 꿀 수 있고, 지치지 않고 지속할 수 있으며, 자유로운 성장이 가능하답니다.

· 나를 위한 오늘의 질문 ·
이타적 자기 계발은 나에게 어떤 행복과 이익을 가져다줄까요?

공동체 감각으로 살기

#공동체 감각 #자기 수용 #타자 신뢰 #타자 공헌

기시미 이치로岸見一郞는 『미움받을 용기』에서 공동체 감각과 '지금 여기'를 충만하게 살아가는 방법을 이야기합니다. 온전히 홀로서기를 한 개인이 타인과 조화를 이루며 공동체 감각으로 살아갈 때 인생이 의미와 가치로 충만해진다는 것입니다.

내가 발 딛는 사회에서 함께 연결되는 삶을 지향하는 토대가 공동체입니다. 공동체 감각이란 '나에 대한 집착을 타인에 대한 관심으로 바꾸는 것'이지요. 이는 사실 가족, 모임, 직장 등 공동체 내에서의 소속감, 공감, 신뢰, 공헌의 총칭입니다. 이와 같은 공동체 감각을 기르는 데 필요한 것이 자기 수용과 타자 신뢰 그리고 타자 공헌입니다.

현재 나의 부족함으로 가로막힌 내 앞의 벽을 응시하고, 그 벽을 넘어 자유의 영토로 내달리는 일을 가능하게 하는 것. 그것이 공동체 감각입니다. 우리 하나하나가 단단한 연대 속에서 서로에게 힘이 되어주고 서로의 상처를 치유하며, 함께 성장하도록 돕는 가치 있는 존재임을 일깨워주는 것. 그것이 공동체 감각입니다.

그렇게 우리는 공동체 감각을 지니고 끊임없이 '생성되어가는' 존재입니다. 공동체 감각으로 살면 확실히 '미움받을 용기'가 생깁니다. 나와 타인을 있는 그대로 볼 수 있으니까요.

• 나를 위한 오늘의 질문 •
혼자가 아닌 '함께' 성장하는 것이 중요한 이유는 무엇일까요?

나를 이롭게 하는 이타성

#이타성 #소유적 공부 #존재적 공부

오늘날 우리는 이타성과 이기심이 충돌하는 사회에 살고 있습니다. 이기심보다 이타성을 삶의 중심에 두면 더 큰 성취를 얻을 수 있습니다. 이타적 삶의 세 가지 예입니다.

첫째, 이타성에 기반한 경제 활동입니다. 이기심에 기반하여 돈을 버는 행위는 타인의 신뢰를 얻기 어렵고 실패할 확률이 높습니다. 반면 이타성에 기반한 행위, 즉 좋은 물건을 만들고 나누려는 노력은 신뢰를 얻기 쉬워 성공할 확률이 높습니다.

둘째, 이타성에 기반한 승진입니다. 이타적 행동은 회사 발전에 기여하고 동료들의 지지를 얻어 소모적 결투 없이 높은 위치에 오르게 합니다. 직장 공동체에서는 관계성을 바탕으로 핵심 가치를 실현할 때 개인과 공동체가 함께 성장할 수 있습니다.

셋째, '소유적 공부'보다 '존재적 공부' 선택하기입니다. 아는 것을 나누면 지식이 더 깊이 각인됩니다. 경쟁보다는 나눔을 통한 성장이 진정 가치 있는 성장입니다.

이타적 삶과 존재적 성장은 물론 어려운 일이지만, 경쟁 사회에서 타인을 딛고 서지 않고 함께 성장할 수 있는 유일한 길입니다. 남을 이롭게 하는 것이 결국 나를 이롭게 하는 일임을 꼭 기억합니다.

・ **나를 위한 오늘의 질문** ・
오늘 나는 누구에게 무엇을 나누었나요?

이기적 유전자와 이타적 인간

#이기적 유전자 #호혜적 이타주의 #선택 #신뢰 #협력

리처드 도킨스Richard Dawkins의 『이기적 유전자』는 종종 오해를 받곤 합니다. 유전자가 이기적이라는 말이 곧 인간은 이기적인 존재일 뿐이라는 의미로 받아들여지기 때문이지요. 하지만 책의 핵심은 다릅니다. 유전자는 자기 복제라는 이기적인 목표를 위해, 역설적으로 개체에게는 서로 돕는 '호혜적 이타주의' 전략을 사용하게 한다는 것입니다.

물론 인간이 유전자의 명령에만 따르는 존재는 아닙니다. 우리는 그 명령을 넘어서, 의식적으로 더 높은 차원의 이타성을 '선택'할 수 있는 존재예요. 단기적으로는 나의 이익을 챙기는 것이 유리해보일 수 있어요. 하지만 길게 보면, 신뢰를 바탕으로 협력하고 서로 돕는 행위가 결국 나의 생존과 공동체의 번영에 더 유리하다는 것을 우리는 역사를 통해 배워왔습니다.

이타성은 단순한 감정이 아니라 가장 현실적이고 지혜로운 생존 전략일 수 있습니다.

· **나를 위한 오늘의 질문** ·
신뢰와 협력을 위해 내가 먼저 취할 수 있는 작은 행동에는 무엇이 있을까요?

경쟁보다 협력의 시대

#죄수의 딜레마 #협력 #포지티브섬 게임 #새 리더십

게임 이론의 '죄수의 딜레마'는 우리에게 중요한 통찰을 줍니다. 단 한 번의 게임에서는 서로를 배신하는 것이 각자에게 가장 유리한 선택처럼 보이지만, 게임이 반복될수록 서로를 믿고 협력하는 전략이 결국 모두를 승리로 이끈다는 점이지요. 우리 삶도 마찬가지입니다.

과거 산업 시대는 자원이 한정된 '제로섬 게임'에 가까웠기에 무한 경쟁이 미덕이었습니다. 하지만 현대 지식 사회는 협력을 통해 새로운 가치를 계속 만들어내는 '포지티브섬 게임'에 가깝습니다. 내가 가진 것을 나눈다고 해서 내 것이 줄어드는 것이 아니라, 오히려 전체 파이가 커져 모두에게 더 큰 이익으로 돌아오는 시대이지요. 실제로 많은 부자의 공통적인 조언이기도 합니다. 나누면 결국 더 크게 돌아온다고 말입니다.

협력을 실천하는 세 가지 방법이 있습니다. 첫째, 나의 지식과 정보를 기꺼이 나누기. 둘째, 동료의 성공을 진심으로 축하해주기. 셋째, 공동의 목표를 위해 나의 공을 내세우기보다 팀의 승리에 기여하기. 이것이 새로운 시대의 리더십입니다.

· 나를 위한 오늘의 질문 ·
내가 가진 어떤 것을 주변에 나누어주고 이익을 창출할 수 있을까요?

나눔의 경제학

#나눔 #지식 #시간 #기회 #가치 증식

나눔이라고 하면 보통 물질적인 것을 떠올립니다. 하지만 우리 삶을 더 풍요롭게 하는 것은 보이지 않는 자산을 나누는 '나눔의 경제학'입니다. 이 경제학에는 아주 특별한 법칙이 있어요. 물질은 나눌수록 줄어들지만, 지식이나 긍정적 감정 같은 자산은 나눌수록 오히려 더 커지고 풍부해진다는 역설이지요.

우리에게는 나눌수록 커지는 귀한 자산 세 가지가 있습니다. 첫째는 '지식'입니다. 내가 애써 얻은 지식을 타인에게 가르쳐줄 때, 나의 이해는 더욱 깊어지고 새로운 질문을 통해 더 넓게 성장합니다. 둘째는 '시간'입니다. 타인을 위해 기꺼이 시간을 내어 그의 이야기를 들어주는 경청의 행위는, 돈으로 살 수 없는 가장 강력한 신뢰 자본을 쌓는 투자이지요. 셋째는 '기회'입니다. 내가 가진 네트워크나 정보를 공유하여 타인에게 새로운 가능성을 열어주는 것은, 결국 더 건강한 공동체를 만들어 나에게도 혜택으로 돌아옵니다.

나눔은 사라지는 것이 아니라, 더 큰 가치로 증식되는 가장 현명한 경제 활동입니다.

・ 나를 위한 오늘의 질문 ・
나눔과 베풂을 통해 오히려 이득을 본 경험이 있나요?

주는 기쁨, 받는 기쁨

#선물 #주는 기쁨 #받는 기쁨 #관계 #감사

선물의 인류학은 선물이 단순히 물건의 교환이 아니라, 관계를 맺고 유지하며 사회를 구성하는 중요한 행위임을 알려줍니다. 선물을 '주는 기쁨'은 심리학적으로도 증명되었어요. 이타적인 행위는 뇌의 보상 중추를 활성화시켜 깊은 행복감을 느끼게 합니다.

그런데 우리는 종종 '잘 받는' 기술의 중요성을 잊곤 하지요. 주는 것만큼이나 감사하게 잘 받는 것 또한 관계를 풍요롭게 하는 중요한 능력이랍니다. 과도한 겸손이나 미안함 때문에 상대의 선물을 어색하게 만들거나 거절하는 것은, 선물을 준비한 사람의 기쁨까지 막는 행위일 수 있어요.

진심으로 주고, 온전히 감사하며 받는 행위가 반복될 때, 관계 속에는 긍정적인 '에너지의 선순환'이 일어납니다. 상대의 선물을 받을 때는 그 마음에 온전히 집중하여 기쁨을 표현해보세요. 잘 받는 것이 바로 내가 줄 수 있는 또 다른 가장 좋은 선물입니다.

· 나를 위한 오늘의 질문 ·
지금까지 주고받은 선물 중 가장 기억에 남는 것은 무엇인가요?

긍정의 방향으로 말하기

#말하기 #경청 #공감 #상호 작용 #가치 생성

우리의 생각과 감정, 정보를 전달하는 말하기는 경우에 따라서 위험한 시한폭탄이 될 수도, 위로와 용기를 주는 꽃이 될 수도 있습니다. 다행한 점은 내가 그 방향을 선택할 수 있다는 것이지요. 그러니 가능한 긍정의 방향을 선택합니다. 화나는 마음에 휘둘리지 않고, 상대방의 의도를 오해한 것은 아닐지 헤아리며 작은 목소리에도 귀 기울이는 겁니다.

들을 때는 상대방에게 빙의하여 공감적 듣기를 선택합니다. 상대의 마음에 들어가 어떤 의도로 말하는지를 파악하며, 나를 힘들게 하는 그의 입장이 되어봅니다. 경청은 무조건 상대의 뜻에 동의하고 끄덕이는 행위가 아니에요. 만약 동의한다면 수용과 깨달음을 얻고, 의견이 다르다면 차이를 인정하고 상대의 뜻을 배제하거나 피하면 됩니다. 상호작용의 결과물을 종합하여 내 나름의 새로운 가치를 생성하는 거예요.

자기 자랑만 늘어놓거나 남의 험담만 하는 말하기는 어떨까요? 아무 교감 없는 일방적인 말하기는 한낱 무인도에서의 행위일 뿐입니다.

각각의 세계가 만나 이루어지는 '역사'가 우리 관계입니다. 가능하면 긍정의 방향을 선택해서 아름다운 역사를 만들어가면 좋겠습니다.

• 나를 위한 오늘의 질문 •
자기 입장이나 말만 늘어놓는 상대에게 어떤 말을 해줄 수 있을까요?

DAY 313

표현할 때 사랑이 된다

#사랑 #연결 #표현

"사람은 사랑 없이도 살 수 있나요?" 에밀 아자르Emile Ajar의 소설 『자기 앞의 생』에서 주인공 모모가 할아버지에게 던진 질문입니다. 사랑이야 말로 경이로운 삶의 비밀이자 인간 존재의 이유라고 소설은 말하고 있습니다. 사랑이란 '연결'이고 '표현'이라고 생각합니다. 소중한 대상과 수시로 연결되어 서로에게 느끼는 것들을 표현하는 일이지요. 일상에서 나와 연결된 많은 것에 사랑을 표현해봅니다.

첫째, 자연과 인류 등 존재하는 모든 것입니다. 시리도록 맑은 하늘이나 반갑다고 달려드는 강아지, 도전하며 성장하는 사람들, 새로운 통찰력을 주는 책 등 그 모든 것들에 대한 사랑을 되새겨보세요.

둘째, 일상에서 직접 만나는 사람들입니다. 어떤 식으로든 나와 연결된 사람들을 떠올려보면, 새삼스레 주변에 사랑할 대상이 많음을 알게 됩니다. 사랑의 표현은 따뜻한 말 한마디, 환한 미소면 충분하답니다.

셋째, 가족이나 가까운 친구들입니다. 사실상 연결됨을 인지하기 가장 어려운 관계이지요. 가까운 이들에게 불쑥 용기를 내어 사랑하는 마음을 적극적으로 표현해봅니다. 표현하지 않으면 사랑은 보이지 않으니까요.

· 나를 위한 오늘의 질문 ·
오늘 주변 사람들에게 사랑의 마음을 어떻게 표현했나요?

내 자리를 내어주는 환대

#환대 #배려 #내어줌 #풍요로운 삶

얼마 전 이금희 아나운서의 유튜브 채널에 출연하면서 받은 환대가 꽤 인상적이었습니다. 진행자와 촬영 팀은 지극히 사소한 부분에도 환영과 환대의 기운을 담아 모든 여백을 꽉 채워주었지요. 덕분에 즐거운 시간이었음은 물론이고요. 단순한 배려를 넘어서는 환대에는 확실히 삶 자체를 고양시키는 힘이 있습니다. 일상에서 실천하는 환대가 중요한 이유입니다.

환대를 실천하기 위해서는 무엇보다 열린 마음의 자세를 지녀야 합니다. 물리적이든 심리적이든 소중한 자리를 나누는 일이므로 환대하려면 내가 먼저 준비되어 있어야 해요. 그리고 '함께 존재하는' 감각을 느끼며 상대방을 있는 그대로 받아들입니다. 따뜻한 미소, 진심 어린 말 한마디, 상대의 이야기에 귀 기울이는 태도만으로도 충분합니다. 환대받는 사람은 자신이 소중한 존재임을 느끼게 되고, 이는 곧 그 사람의 삶을 더욱 풍요롭게 만듭니다.

"우리는 환대로 사회 안으로 들어가며 사람이 된다. 사람이 된다는 것은 자리와 장소를 갖는다는 것이다. 환대는 자리를 내어주는 행위다." 김현경 작가의 『사람, 장소, 환대』라는 책에서 기억에 남은 문장입니다. 정녕 우리를 사람답게 만드는 것은 타인과 주고받는 환대랍니다.

• 나를 위한 오늘의 질문 •
주변에 내 자리를 내어주면서 환대하고 싶은 사람이 있나요?

화내는 마음까지 공감해주기

#자비 #용서 #알아차림 #이해 #공감

누군가 내게 불평하는데도 괜스레 걱정되고 잘되기를 응원하고 싶었던 적이 있나요? 그 마음이 '자비'입니다. 영어로는 'compassion'이라고 하지요. 자비는 염려와 걱정의 마음에서 더 확장된, 능동적인 의지이고 결단입니다. 화를 내는 상대가 잘못되었다고 생각하면서도 그보다 먼저 그의 고통(passion)에 함께(com)하는 것이지요. 나에게 화를 내는 사람에게도 공감하며 용서의 마음을 갖기 위한 지침입니다.

첫째, 그 사람의 행동을 표면만 보고 판단하지 않습니다. 나름의 이유와 목적이 있을 테니까요. 내 기분을 알아차리며 그의 깊은 마음속에 닿아봅니다.

둘째, 그가 화내는 것이 나에 대한 비난이나 공격이 아니라, 그 자신의 고통 때문임을 이해합니다. '그럴 수 있지'라고 생각하면 상대의 고통까지 느끼게 됩니다.

셋째, 화를 내는 그에게 '그 고통에서 자유롭기를! 평안해지기를!' 하고 화살기도를 보내봅니다.

우리는 크고 작은 공동체 안에서 살아갑니다. 응원하고픈 누군가가 화를 낼 때, 그 불덩어리에 어떻게 대처할지는 모두 나의 선택과 결단이지요. 가능한 한 불의 화력을 줄이고 공감의 길로 들어서봅니다.

・ 나를 위한 오늘의 질문 ・

공감이 결국 고통이나 화를 덜어주는 역할을 하는 이유는 무엇일까요?

환대형 대화 나누기

#환대형 대화 #공감

대화를 이루는 데 말의 내용이 차지하는 비중은 오히려 작습니다. 대화 상대와 어떻게 관계를 맺을까에 대한 생각, 사랑하고 좋아하는 내 마음 상태와 지향이 대화 분위기와 함께 더 많은 부분을 차지합니다.

대화의 기본은 내가 지금 이곳에 당신과 함께하고 있음을 전하고, 따뜻한 위안으로 상대를 보듬어주는 것입니다. 그러면 상대가 마음을 풀어낼 공간이 생깁니다. 내가 내어준 마음 한자리에 그가 들어올 수 있지요. 바로 환대의 철학이 바탕이 된 '환대형 대화'입니다.

예전의 저는 폭발적으로 자기주장을 하는 사람이었으나, 조금씩 대화를 의문형, 권유형, 추측형으로 바꾸면서 정말 많이 변했답니다. 스스로도 편안해졌지요. 예를 들어, 아이와 대화가 필요할 때도 갑자기 많은 말을 쏟아내기보다 평소 내 모습과 행동으로 메시지를 잘 전달합니다. 아이와의 대화법을 이렇게 바꿔보면 어떨까요? "공부 좀 해"에서 "우리 같이 공부하는 건 어떨까?", "넌 어떻게 생각하니? 나는 이렇게 생각하는데"와 같은 식으로요.

내가 내어준 환대의 자리에 상대가 오롯이 들어오면 그 순간 공감이 시작되고 서로의 마음을 나눌 수 있습니다.

· 나를 위한 오늘의 질문 ·
평소 나의 언어 습관과 특징은 무엇인가요?

사랑으로 말하기

#소통 #태도 #진심 #상호 생성

대화할 때 메시지보다 중요한 것은 '어떻게 말하는가'입니다. 말할 때의 사소한 태도가 상대의 감정에 영향을 미치지요. 말에 사랑을 담으면 진정한 소통이 이루어집니다. 아이에게 약 먹이는 상황을 떠올려봅니다. 엄마가 사탕을 손에 쥐고 있으면 아이는 사탕의 단맛을 기대하며 쓴맛을 인내합니다. 말할 때도 이처럼 사탕을 손에 쥐듯 사랑을 마음에 쥐고 임한다면 내가 뜻한 바가 상대방에게 더 잘 닿을 것입니다.

상대의 말을 들을 때도 상대의 진심을 이해하려고 노력합니다. 말과 마음 사이의 거리를 가늠하며 듣다 보면 상대의 진심을 온전히 느낄 수 있습니다.

사실 누구나 자신의 말을 하고 싶은 욕구가 있습니다. 여럿이 모인 자리에서 누군가 어떤 제안을 하면, "나도 그 생각했는데"라고 말하는 경우가 많습니다. 이는 격절隔絕을 부르는 자기방어적 태도입니다. 설사 같은 생각을 했어도 "좋은 생각이다. 나도 동의해"라고 긍정적으로 반응하는 편이 더 좋습니다. 열린 마음으로 소통하면 대화 이후에도 만족의 여운이 남지요.

결국 말은 서로 협력해서 무언가를 만들어 내는 행위입니다. 나를 드러내려는 마음이 아닌 사랑을 담은 말이어야 상대의 마음에 확실히 편입되어 상호 생성이 가능해집니다.

· 나를 위한 오늘의 질문 ·
가장 사랑하는 사람에게 '사탕을 쥔 마음'으로 전하고 싶은 말이 있다면 무엇인가요?

지적 풍모를 가꾸는 공부법

#지적 풍모 #공부법 #철학

지적 풍모는 지식이 풍부하면서도 자신의 입장이나 해석에 충분한 근거가 있는 느낌을 주는 것입니다. 자연스럽게 표현되어야 하는 이런 특성은 의식적인 수련을 통해 강화할 수 있어요. 지적 풍모를 가꾸는 공부법을 제안합니다.

첫째, 채사장 작가의 『지적 대화를 위한 넓고 얕은 지식』을 추천해요. 특히 1권은 샅샅이 공부하길 권합니다. 역사, 경제, 사회, 윤리와 철학을 통합적으로 이해할 수 있거든요. 이 책을 꼼꼼하게 정리해 사고의 기반으로 활용하면 스스로 지적인 풍모를 느낄 수 있을 겁니다.

둘째, 철학 공부를 제안합니다. 근현대 철학사의 흐름이나 철학 용어 등을 꿰차 철학의 깊이를 갖추면 지적인 풍모를 만들어가는 데 큰 도움이 됩니다. 이정우 선생의 『세계철학사』를 추천합니다.

셋째, 나의 전문 분야나 전공과 관련된 책을 읽습니다. 심도 있는 교과서류의 책이 좋겠습니다.

이렇게 최적화된 집중 학습을 통해 지적 풍모를 더할 수 있어요. 관건은 시간 확보입니다. 1~2년 정도 주말 하루를 투자해보세요. 시작이 어려울 뿐, 익숙해지면 지적 설렘으로 주말이 기다려질 거예요.

• 나를 위한 오늘의 질문 •
지적 대화를 위해 오늘부터 어떤 노력을 할 수 있을까요?

경청의 진정한 의미

#적극적 경청 #이해 #비언어적 표현 #공감

우리는 종종 들으면서도 듣지 않습니다. 상대방의 말이 끝나기를 기다렸다가 내가 할 말을 생각하고 있다면, 그것은 듣기hearing일 뿐 진정한 경청listening이 아니지요. 경청이란, 상대의 말뿐만 아니라 그 이면의 감정, 의도, 욕구까지 이해하려는 적극적이고 의지적인 행위입니다.

심리학자 칼 로저스Carl Rogers는 '적극적 경청'의 중요성을 강조했습니다. 진정한 경청의 목표는 조언이나 해결책을 제시하는 것이 아니에요. 상대방이 스스로 자신의 생각을 정리하고 답을 찾을 수 있도록, 판단 없는 안전한 공간을 마련해주는 것입니다.

경청을 실천하는 세 가지 방법이 있습니다.

첫째, 상대의 말을 내 언어로 바꾸어 "~라고 이해했는데 맞나요?"라고 되물으며 정확히 이해하려 노력합니다.

둘째, 말의 내용보다 표정, 목소리 톤 같은 비언어적 표현에 집중합니다.

셋째, '나라면 어땠을까'를 생각하며 상대의 감정에 깊이 공감합니다. 경청은 귀가 아닌 마음으로 하는 것입니다.

· 나를 위한 오늘의 질문 ·

때로 조언이나 해결책보다 공감이 더 큰 도움이 되는 이유는 무엇일까요?

조화롭게 관계 맺기

#화음 #대화 #비커밍 #관계

합창의 묘미는 화음입니다. 다양한 소리가 어우러져 아름다운 하나의 소리가 만들어질 때 감탄하게 되지요. 그 안에서는 나만 돋보이려 애쓰지 않고 다른 이의 소리를 들으며 서로를 조율해야 합니다.

대화도 그렇습니다. 내 생각만이 옳다고 여기는 대신 생각과 생각을 덧대어야 합니다. 화음을 내듯 말과 말의 자연스러운 조화가 더 가치 있는 대화의 열매를 맺게 하지요. 일을 할 때도 구체적인 행위가 일의 전체 그림 속에 자연스레 스며들도록 합니다. 나만 돋보이려 하기보다 회사의 방향성을 향해 보조를 맞춰가는 지혜가 필요합니다.

인간은 변화하고 성장하는 존재잖아요. 조화로운 관계를 위해 '비커밍'의 지혜를 떠올려봅니다. 상대가 지금 당장 마음에 들지 않는다고 날 세울 필요가 없어요. 나도 그들도 변화하고 있으니, 지금의 관계 때문에 미리 걱정할 필요가 없답니다.

아이가 친구 관계에서 어려움을 겪을 때 해준 말이 있습니다. "지금 힘들어도 결국 시간이 지나면 좋아질 거야. 영원한 것은 없거든. 너도 그 친구들도 성장하고 있으니."

고립무원에서 고군분투하는 외로운 전사가 아닌, 아름다운 화음을 내는 합창단원이 되어 오늘을 노래하길 바랍니다.

· 나를 위한 오늘의 질문 ·
관계가 껄끄러운 상대와 조화로운 관계를 맺기 위해 어떤 노력을 할 수 있을까요?

합창하듯 구성원으로 살아가기

#조화 #자기 수용 #타자 신뢰 #공헌감 #연결된 존재

합창 연습을 할 때, 특히 어려운 곡이면 완전한 화음이 이뤄질 때까지 몇 번이고 소리를 맞추는 연습을 해야 합니다. 개인 연습을 한 뒤 서로의 소리를 맞춰가다 보면 귀에 들려오는 멋진 화음에 몸 전체가 기쁨으로 전율하는 순간이 오지요. 출근할 때면 합창단이나 교향악단 멤버가 되어 연습하러 간다고 생각하곤 합니다. 아름다운 소리를 내기 위해 서로 음을 맞춰가듯, 일을 할 때도 의미 있는 결과를 내기 위해 전체 속의 한 구성원이 되어 함께 조율해가는 것입니다.

자신을 드러내기보다 전체와 조화를 이루는 것이 최대의 삶의 지혜입니다. 전체 속에서 나를 인식하는 '자기 수용', 부족한 점이 보여도 전적으로 신뢰하는 '타자 신뢰' 그리고 누군가에게 도움이 된다는 '공헌감'이 모여 공동체 감각을 형성합니다.

이렇듯 우리가 모두 연결된 존재라는 감각을 지니면 타인을 진심으로 대하게 됩니다. 모두가 세상이라는 무대에서 함께 공연하는 동반자라고 생각하면 타인에 대한 무한한 애정이 샘솟을 거예요.

• 나를 위한 오늘의 질문 •
회사 또는 가정에서 '자기 수용', '타자 신뢰', '공헌감'이 잘 조율되고 있나요?

되어감을 받아들이기

#되어감 #능동성 #수동성

대개 우리는 능동적인 것이 좋다고 생각합니다. 목표를 설정하면 우리 본능은 목표를 달성하기 위해 능동적으로 나아가려 합니다. 그런데 저는 가끔 오히려 수동적인 것에 좀 더 집중하곤 합니다. 능동적으로 출발한 이후 본격적으로 일을 진행할 때는 수동성에 좀 더 무게를 두고 '되어감'을 적극적으로 받아들이려 하지요.

예를 들어, 회의할 때 공간의 분위기, 환경, 나와 타인의 마음, 몸 상태, 의지, 기운, 각자의 바람 등이 합쳐져서 저절로 무언가 될 때가 있습니다. 이때 마음을 열고 그 모든 것이 합쳐져나가는 방향을 온전히 받아들이는 데 집중하는 거예요.

나 혼자만의 힘이 아닌 여러 요소의 힘이 모여서 일이 되어갈 때가 많습니다. 이를 적극적으로 받아들이고, 우리 자신도 그 일원으로서 거대한 흐름에 참여하는 수동성의 지혜를 가져보는 건 어떨까요? 회의를 시작할 때는 능동적으로 생각하고, 회의를 진행할 때는 적극적으로 받아들이고, 회의가 끝난 이후에는 능동성과 수동성의 신묘한 조합을 발휘해보는 겁니다.

・나를 위한 오늘의 질문・
능동적 생각과 적극적 수용을 통해 어떤 결과를 만들어낼 수 있을까요?

합격을 부르는 공부법

#공부법 #개요 공부 #파일럿 공부 #지식 카드

시험 공화국에 사는 우리는 늘 어떤 시험을 준비하고 있습니다. 그 모든 시험을 멋지게 통과하는 공부법을 정리해보겠습니다. 핵심은 목적과 결과를 먼저 설계하고, 그것에 포인트를 두고 공부하는 겁니다. 1년 동안 시험을 준비한다면 한 달은 전체 범위를 파악하고 계획을 수립하는 데 공을 들이는 거예요.

계획 수립 첫째는 개요 공부입니다. 먼저 공부해야 할 전체 내용을 파악합니다. 예를 들어, 인강을 듣는다면 종합 요약 편을 먼저 듣는 것이죠. 둘째는 기출 분석입니다. 현재 지식 수준으로 5년 치 기출 문제를 풀어보면서 꼭 소화해야 할 핵심 지식과 추가 지식 리스트를 작성합니다. 셋째는 파일럿 공부입니다. 전체 공부를 100이라고 할 때, 5 정도만 미리 하면서 내게 맞는 공부를 알아봅니다. 막바지로 일정을 짤 때 일주일을 두세 개 단위로 나누어 상세히 계획을 세우고, 여유 시간도 미리 확보해서 계획이 어긋날 경우를 대비합니다.

계획이 끝나면 본격 실행 단계로, '지식 카드' 정리를 추천합니다. 핵심 지식과 추가 지식별로 카드를 작성해서 모으는 것입니다. 핵심 지식을 충분히 확보했다면 판단 능력이 향상되어 웬만한 지식을 연결 지어 이해할 수 있어요. 합격을 부르는 공부법의 핵심은 결국 자기식 이해와 지식 카드 정리입니다.

- 나를 위한 오늘의 질문 -
나만의 공부 전략이나 암기법이 있나요?

좋은 팀원이 되는 법

#심리적 안정감 #질문 #따뜻한 태도

구글은 '아리스토텔레스 프로젝트'라는 연구를 통해 최고의 팀을 만드는 비밀을 밝혔습니다. 그것은 뛰어난 개인들의 합이 아니라, 구성원들이 실수를 두려워하지 않고 어떤 의견이든 편안하게 말할 수 있는 '심리적 안정감'이었습니다. 결국 좋은 팀원이란, 동료들에게 심리적 안정감을 주는 사람이라고 할 수 있습니다. 좋은 팀원의 세 가지 역할입니다.

첫째, '심리적 안정감 조성자'입니다. 동료의 의견을 존중하고, 결과가 좋지 않더라도 비난 대신 "무엇을 배울 수 있을까?"라고 질문하는 것이지요.

둘째, '신뢰할 수 있는 실행자'입니다. 자신의 역할을 명확히 인지하고, 약속한 것을 책임감 있게 완수하여 동료들에게 믿음을 줍니다.

셋째, '건설적인 질문자'입니다. 무조건적인 동의나 비판 대신, "어떻게 하면 우리 팀의 목표를 더 잘 이룰 수 있을까?"와 같이 함께 고민하는 질문을 던집니다.

뛰어난 실력보다 동료를 편안하게 만드는 따뜻한 태도가 최고의 팀을 만듭니다.

• 나를 위한 오늘의 질문 •
나는 회사에서 어떤 팀원인가요?

건강한 소속감이란 무엇인가

#소속감 #개별성 #용기 #고유한 개인

소속감은 우리에게 안정과 유대감을 주는 중요한 감정입니다. 하지만 우리는 때로 소속감이 '떼거리 문화'가 되는 것을 경계해야 합니다. 집단에 속하기 위해 내 생각과 가치를 억누르는 맹목적 동조나, 집단과 나를 분리하지 못하는 정체성의 융합은 건강하지 않기 때문이지요.

건강한 소속감이란, 나의 '개별성'을 온전히 존중받으면서 동시에 집단과 '연결'되어 있다고 느끼는 상태입니다. 즉, '나는 이 집단의 소중한 일부이지만, 동시에 독립적이고 고유한 개인이다'라는 인식을 굳건히 갖는 것이지요.

이를 위해서는 용기가 필요합니다. 집단의 목표에 기꺼이 기여하고 동료들과 화합하되, 나의 가치와 신념에 어긋나는 부분에 대해서는 정중하지만 분명하게 자신의 목소리를 낼 수 있어야 합니다. 소속감은 나를 잃어버리는 것이 아니라, 오히려 더 넓은 관계 속에서 나를 단단하게 세워나가는 과정이어야 합니다.

· 나를 위한 오늘의 질문 ·
건강한 소속감과 불건전한 소속감에는 어떤 차이가 있을까요?

모든 존재에 대한 감사

#공동체 감각 #더불어 사는 삶 #연대 #감사

인간을 포함하여 모든 동식물은 살아내기 위해 바삐 움직입니다. 그 욕망의 움직임이 에너지를 만들고 세상에 활기를 불어넣습니다. 동시대를 살고 있는 유한한 모든 존재에게 공동체 감각을 느껴봤으면 합니다. 그 감각의 시간에는 딱히 정해진 때가 없지만, 그래도 정리해보면 이렇습니다.

첫째, 먹을 때입니다. 먹고 먹히는 관계를 통해 세상의 에너지가 순환하지요. 천천히 음미하듯 먹으며 식탁을 이룬 모든 존재에 감사함을 느껴봅니다.

둘째, 마주할 때입니다. 마주치는 동식물에 대한 감각을 열어놓으면 환희의 감각을 느낄 수 있어요. 식탁 위 노란 국화는 향기로 기쁨을 선사합니다. 산책길에 만나는 코스모스와 구절초는 결코 어긋남 없는 계절의 순환을 일러주며 존재 자체에 대한 경외감을 느끼게 하지요.

마지막, 호흡할 때입니다. 호흡에 가만히 집중하면 모든 존재가 연결되어 있음을 느낄 수 있습니다. 내 옆에 있는 사람, 사물, 동식물이 호흡할 때 내뿜는 자기장을 느끼며 우리가 함께 존재함에 감사한 마음을 가져봅니다. 그 모두와 더불어 살아가는 삶에 감사하고, 그들과 연대하여 이루는 멋들어진 삶의 풍경을 기대해봅니다.

· 나를 위한 오늘의 질문 ·
먹을 때, 마주할 때, 호흡할 때 어떤 감사의 말을 할 수 있을까요?

타인의 고통에 민감한 나

#고통 #심리적 게으름 #동정심 #연민 #사랑

수전 손택Susan Sontag은 『타인의 고통』에서 전쟁 및 참화 사진의 이미지가 자극적일수록 타인의 고통은 소비될 수밖에 없다고 했습니다. 그리고 '관음증'으로 드러나는 그 소비 행태가 우리가 풀어야 할 과제라고 강조했지요.

우리는 지금 이 순간 우리를 둘러싼 세상에서 일어나고 있는 실질적 고통에 대해 무심합니다. 어쩌면 현대 사회 자체가 타인의 고통마저 감정 없이 소비하도록 강요하는지도 모르겠어요. 그런데 그 결과는 어떠한가요? 언론 매체를 통해 사물화된 이미지를 소비하고, 어떤 일에도 감흥 없이 심리적 무감각증에 빠진 사람이 바로 나 자신이라면, 참으로 슬픈 현실 아닌가요.

우리는 강물 속 윤슬로 함께 빛나는 존재입니다. 타인의 고통을 무심히 지나치면 나 또한 아무것도 아닌 하나의 무심한 개체에 불과해집니다. 그와 같은 심리적 게으름을 직시하고 우리 안의 동정심과 연민을 살아나게 해야겠습니다.

우리는 본래 선한 존재잖아요. 나의 본질을 잊지 않고 공동체 감각을 회복함으로써 사랑으로 생기 넘치는 오늘을 살아보아요.

· 나를 위한 오늘의 질문 ·
타인의 고통에 어떤 관심을 기울여볼 수 있을까요?

모든 이를 위한 기도

#행위의 총합 #지속 가능 #소통 #협력

돈으로 환산되는 것만이 가치 있는 세상입니다. 부를 창출할 수 있는 것만이 쓸모 있는 것으로 추앙받는 사회에서 눈에 드러나는 성과를 얻지 못하는 일은 가끔 초라해보이기도 하지요. 그저 좋아서 책을 읽고 공부하는 일, 표 나지 않는 집안일 같은 것들 말입니다.

하지만 우리 사회의 총생산은 우리 모두의 의미 없는 행위의 총합이라는 사실을 기억해야 합니다. 우리 모두 세상을 형성시키는 생산자이자 가치 있는 존재가 아니던가요? 우리가 내쉬는 한 호흡마저 세상의 배경이 되어주고, 지금 이곳을 지속하게 만드는 힘이 됩니다. 그러니 어찌 생명을 효용성으로만 판단할 수 있을까요?

세계가 뜨거워지고 있습니다. 돈이면 모든 것을 해결할 수 있다는 인간의 오만함이 초래한, 세계 곳곳의 폭염 소식에 가장 취약한 존재들이 먼저 떠오릅니다. 생존을 위해 뙤약볕을 피할 수 없는 사람들, 자연재해에 속수무책인 사람들 그리고 나와 만날 모든 이의 안위를 위해 마음을 모아 기도해요.

삶 자체가 모든 생산이 되는 시대에 우리는 더 소통하고 협력하며 살아야겠습니다. 우리 모두의 생명이, 삶의 터전이 지속 가능할 수 있도록.

• 나를 위한 오늘의 질문 •
지속 가능한 삶을 위해 오늘 누구와 무엇을 두고 소통하며 협력할 수 있을까요?

솔직함이 설득의 기술

#설득의 기술 #로고스 #파토스 #에토스

아리스토텔레스는 설득에 필요한 세 가지 요소를 전합니다.

첫 번째는 로고스$_{logos}$, 즉 논리입니다. 말이 되는 이야기여야 한다는 것입니다. 논리가 설득력을 가지려면 과학적 사고로 객관적인 데이터와 수치를 이용해야 하며, 근거 자료가 충분해야 합니다.

두 번째는 파토스$_{pathos}$, 즉 감정입니다. 듣는 사람의 감정에 공감하고 이타적인 마음으로 다양한 관점에서 설득해야 합니다. 논리가 부족해도 사람들은 파토스를 파고드는 말을 들으려고 하지요. 상대를 설득하려면 그 사람의 입장에서 문제에 집중하고 해결책을 제안해야 합니다.

세 번째는 에토스$_{ethos}$, 즉 말하는 사람의 고유한 성품입니다. 진정성, 태도, 옷차림, 목소리, 단어 선택, 시선, 카리스마 등이 모두 포함됩니다. 신뢰를 주기 위해 솔직하고 진정성 있게 말하는 것이 중요해요. 아리스토텔레스는 완벽할 수 없다면 솔직함이 설득의 최고 기술임을 강조합니다.

좋은 메시지도 설득력이 약하면 잘 전달되지 않습니다. 타인을 설득하려면 논리, 감정, 신뢰성을 갖추어 핵심 메시지를 구조화하고, 이타성의 마음을 내어야 합니다. 결국 내 삶 자체가 설득의 기술로 무장되어야 하는 것이지요.

・ 나를 위한 오늘의 질문 ・
다른 사람을 설득하는 나만의 기술이 있나요?

DAY 330

다름과 불편함 환대하기

#다름 #불편함 #의지적 노력 #환대

뇌성마비 중증 장애인이라 발가락으로 시를 쓰는 이홍렬 시인을 만날 기회가 있었습니다. 사모님의 통역 덕분에 시인의 소중한 생각을 들을 수 있었지요. 이 만남으로 '다름'과 '불편함'을 어떻게 극복하고 사랑을 나눌 것인지에 대한 생각을 정리할 수 있었습니다.

이홍렬 시인은 장애라는 큰 불편 속에서도 가치 있는 삶을 살아온 분입니다. 『앉은뱅이 꽃』 등의 시집에 수록된 시를 통해 시인이 겪은 고통과 답답함을 느낄 수 있었습니다. 하지만 막상 만나본 시인에겐 그보다 강인한 삶의 의지가 느껴졌습니다. 진심의 가치를 한껏 표현하며 삶을 키워가는 모습이 너무도 감동적이었지요.

그렇습니다. 견디기 힘든 어려운 상황에서도 자유를 갈구하는 순정한 열망에는 깊은 감동과 울림이 있기 마련입니다. 모든 존재는 각자의 가치로 세상과 분투합니다. 그런데 우리는 종종 다름에 무심하고 불편함을 참지 못합니다.

우리 삶에는 다름의 불편함을 허무는 의지적 노력의 과정이 필요합니다. 모두가 일상에서 다름과 불편함을 환대하는 일에 정성을 들이면 좋겠습니다. 환대하는 자만이 환대받을 수 있음은 지극히 명징한 삶의 진리니까요.

• 나를 위한 오늘의 질문 •
다름 또는 차이를 인정하지 못하고 불편해했던 적이 있나요?

감사가 먼저입니다

#감사 #의례화 #구체화 #행복

일상에서 불필요한 걱정과 부정적인 마음은 자동으로 생성됩니다. 이럴 때 역으로 감사의 기도를 합니다. 기도의 본질은 청원이 아니라 '감사'입니다. 무엇을 해달라고 요청하는 게 아니라 지금 이 순간을 감사해하는 것이지요. 먼저 감사해야 그 마음에 걱정이나 근심이 깃들지 않습니다. 감사함을 구체적으로 실천하는 방법입니다.

첫째, 감사함을 의례화해서 매일 반복합니다. 하루하루의 소중함을 시로 노래한 나태주 시인의 시구들처럼 감사를 마음에 붙입니다.

둘째, 감사함의 대상을 구체적으로 떠올려 봅니다. 이때 'I-you-it'으로 나누어 감사함을 전합니다. 먼저 나라는 존재 자체에 감사하고, 타인은 한 사람만 떠올려 감사하면 좋습니다. 그리고 나를 둘러싼 모든 것에 감사합니다.

셋째, 매일의 감사로 행복 지수가 점점 높아짐을 느낍니다. 일상이 밝은 기운과 긍정의 자기장으로 채워지는 것을 알아채는 겁니다.

지금 내 눈앞에 펼쳐진 현실을 허용하고, 감사로 고요하게 머물러 봅니다. 감사가 먼저입니다. 감사하니, 행복합니다.

· 나를 위한 오늘의 질문 ·
지금 이 순간, 가장 감사한 것은 무엇인가요?

공부의 기본은 암기

#반복 #생각 이음 #암기력 #자신감

흔히 '암기'라는 단어에서 지성을 느끼지 못하는데, 오해입니다. 암기는 모든 공부의 기본 중 기본이지요. 암기는 기계적 숙달이 아닙니다. 내가 공부하고 경험한 것을 순간의 생각으로 떠올리고, 그 작은 생각 조각들을 모아 생각을 잇는 것이지요. 어두울 암暗 자와 기록할 기記 자를 쓰는 것처럼 무의식에 각인시키는 것이 바로 암기입니다.

암기는 반복을 요구합니다. 무엇을 암기하려면 메모한 것을 자주 읽고 보고 되뇌고 생각을 이어가야 해요. 식사 후 또는 아침, 저녁에 시간을 정해놓고 메모한 것을 자주 들춰보고 암기가 필요한 정보를 선정하여 반복해서 생각합니다.

또한 암기한 것을 말로 토해보고 글로 써봐야 합니다. 우리는 토씨 하나 틀리지 않고 그대로 따라 하는 것이 암기라고 생각하는데, 아닙니다. 키워드 몇 개를 놓고 그것을 내 언어로 연결하는 것이 암기의 핵심입니다.

암기를 생활화하는 사람은 결정적 순간에 빛을 냅니다. 암기력은 우리 일상의 절박한 순간을 구출하는 생각의 힘이고 자신감의 출처입니다.

· 나를 위한 오늘의 질문 ·
일상에서 암기가 필요한 일은 무엇인가요?

다른 세대와 소통하는 법

#세대 차이 #맥락 #가능성 #소통 #배타적 감정

우리는 흔히 세대 차이를 극복해야 할 '간극'으로 여깁니다. 하지만 관점을 바꾸어 각 세대가 살아온 시대의 '맥락'으로 이해하려 노력하면 어떨까요?

젊은 세대는 우리가 상상하지 못했던 새로운 감각과 가능성을 많이 가지고 있습니다. 기성세대는 그저 그것을 흉내 내는 데 그칠 것이 아니라, 그 본질을 이해하고 내 것으로 소화하려는 열린 마음이 필요해요. 반대로 기성세대는 오랜 시간 쌓아온 지식과 경험, 그리고 그들만의 문화적 개성을 지니고 있지요. 결국 서로에게 좋은 것을 배우려는 마음이 소통의 핵심입니다.

이 과정에서 우리가 절대로 해서는 안 될 것이 있습니다. 바로 '세대 혐오'와 '허세', 그리고 이유 없이 상대를 밀어내는 '배타적인 감정'입니다. 다름을 틀림으로 단정 짓지 않고, 서로의 맥락을 존중하며 궁금해하는 마음. 그것이 모든 세대를 아우르는 진정한 소통의 시작입니다.

• 나를 위한 오늘의 질문 •
나도 모르게 가지고 있는 다른 세대에 대한 편견이 있나요?

내 삶에 기쁨을 깃들이는 법

#이타성 #긍정의 마음 #내어줌 #이타적 의미 #도약하는 삶

이타성은 우리가 집단 속에서 공동으로 대응하면서 자연스럽게 가지게 된 동물적 본능에 가깝습니다. 거창하고 대단한 것이 아니지요. 어쩔 수 없는 불편한 환경을 긍정의 마음으로 수용하는 것 또한 이타성에 해당합니다. 이타성을 우리 삶에 깃들게 하는 세 가지 방법입니다.

첫째, 매 순간 모든 행위에 이타적 생각을 가집니다. 친구와 커피를 마실 때 공감과 환대의 태도로 내 마음자리 일부를 내어주는 것처럼 사소한 순간도 놓치지 않습니다.

둘째, 목표와 목적을 설정할 때 이타적 의미를 부여합니다. 예를 들어, 공인중개사 자격증을 준비한다면 좋은 집을 원하는 사람에게 꼭 어울리는 집을 연결해주겠다는 마음을 먹는 거예요.

셋째, 의식적, 적극적으로 이타적 행위를 미리 결심합니다. 플래너를 쓸 때 오늘 하루 위로를 전할 대상을 생각해두는 식으로요.

이타성이 내 삶에 깃들면 일단 기쁩니다. 그리고 밝은 빛이 내 삶을 비추어 흐뭇한 자부심이 생기지요. 남을 딛고 앞서기보다 나를 이기고 도약하는 삶이 진정 아름다운 삶입니다.

· 나를 위한 오늘의 질문 ·
오늘 공감과 환대의 마음으로 함께하고 싶은 사람은 누구인가요?

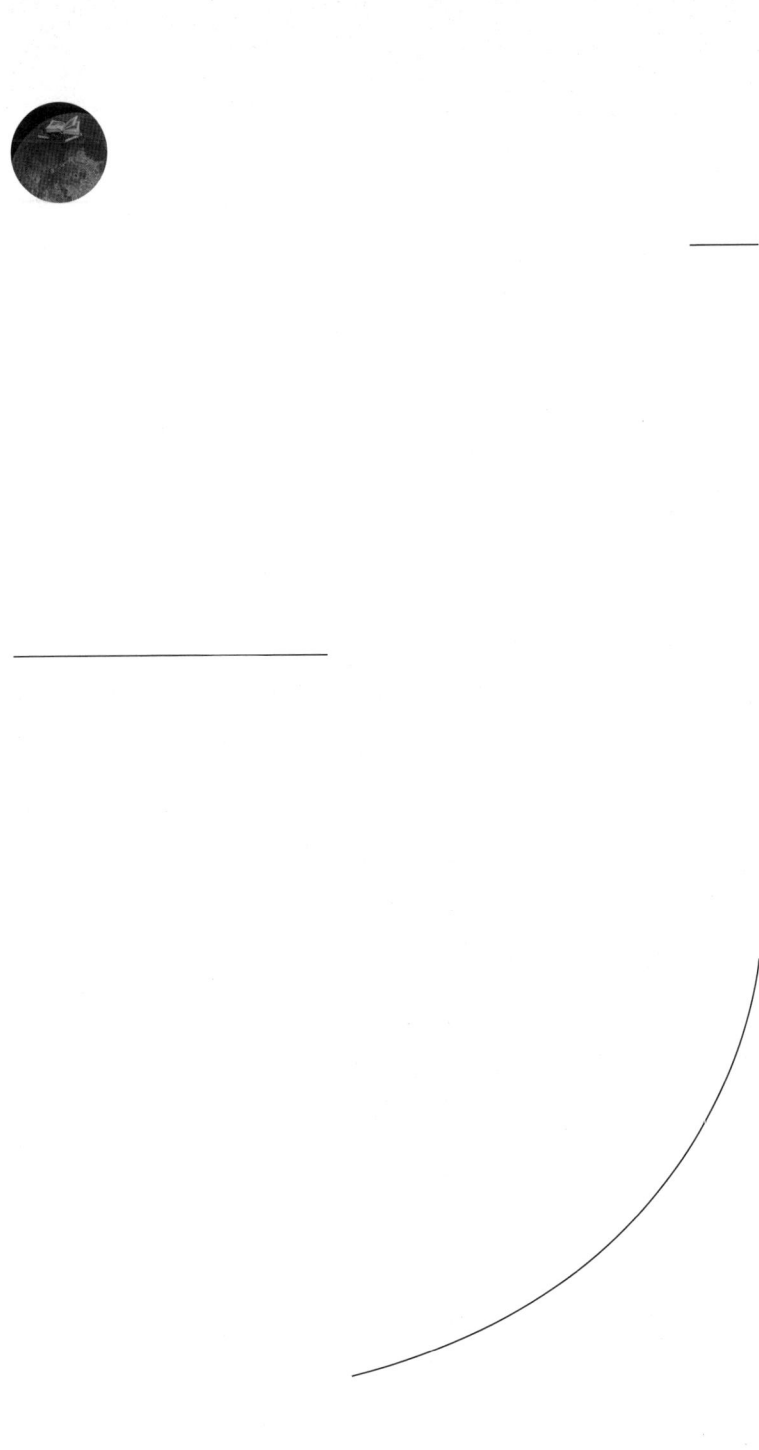

Chapter

12

가장 빛나는 순간은 지금, 여기

'지금, 여기'를 사는 세 가지 작은 실천

#지금,여기 #현존재 #본래의 나 #실천

'지금, 여기'는 우리 삶에서 가장 빛나는 순간입니다. 하지만 이 순간을 잡념이나 후회 속에 흘려보내곤 하지요. 철학자 하이데거는 인간을 '현존재dasein', 즉 '거기da에 있는sein' 존재라 불렀는데, 이는 '지금, 여기'를 사는 우리의 본질을 이해하는 길잡이가 되어줍니다.

그가 본 '현존재'는 스스로 고민하는 존재, '관계' 속에 있는 존재, 그리고 '시간' 속에 있는 존재입니다. 이는 '지금, 여기'가 첫째, 남의 생각이 아닌 '내 생각'이 시작되는 자리이며, 둘째, 고립된 방이 아니라 '관계' 속에서 내가 살아 숨 쉬는 현장이고, 셋째, 멈춘 사진이 아니라 나의 '유한한 시간'이 흘러가는 과정임을 의미합니다.

그렇다면 '지금, 여기'를 어떻게 살아야 할까요?

첫째, '내 생각' 선언하기. 아침에 노트를 펴고 "오늘 나는 타인의 시선이 아닌, 나만의 기준으로 선택한다"라고 의지를 기록해봅니다.

둘째, '나의 현장' 환대하기. 가족, 동료, 주변 이웃 등에게 온 마음을 다한 '일 인분의 환대'를 베푸는 것입니다. 내가 세계 속에 있음을 증명하는 가장 따뜻한 방식이지요.

셋째, '나의 시간' 감각하기. 지금 마시는 차의 향기, 듣는 음악의 선율, 업무의 한순간이 다시 오지 않을 유일한 시간임을 기억합니다.

이것이 '지금, 여기'가 가장 빛나는 순간이 되는 작은 실천입니다.

• 나를 위한 오늘의 질문 •

'지금, 여기'를 위해, 오늘 기록할 '나의 선언'과 '일 인분의 환대'는 무엇인가요?

꿈을 향한 지속이 곧 성공

#성공 #가치 실현 #꿈 #관계적 나눔

성공은 목표를 달성하는 것이 아니라, 꿈을 향한 여정에서 능력을 키우며 가치 실현을 지속하는 것입니다. 파울로 코엘료의 소설 『연금술사』의 주인공 산티아고는 연금술의 기적을 믿고 여행을 떠나 마침내 보석 상자를 발견하는 기적을 이룹니다. 그런데 이 작품에서 저자가 찾고자 하는 황금은 산티아고가 손에 넣는 보석 상자에 있지 않습니다. 금을 찾아 떠나는 산티아고의 여정, 그 순간순간에 있지요. 그 여정 자체가 바로 황금 같은 시간이라는 것입니다. 목표 달성이 성공이 아니라면, 순간순간이 기쁨인 성공은 어떻게 누릴 수 있을까요?

첫째, 반복 실행하며 행복을 느끼는 과제가 있어야 해요. 꿈으로 연결된 과제가 곧 황금을 찾는 도구인 셈입니다. 둘째, 꿈과 관련된 일을 하고 있다면 이미 성공한 것입니다. 이에 더해 꿈에 도달하기 위한 지적 능력과 실행 능력을 갖추려는 노력을 지속해야 해요. 셋째, 매일 관계적 나눔을 하며 가치를 실현하고 있음을 감각합니다. 성공이란 무언가를 달성하는 것이 아니라 가치 나눔의 지속임을 감각합니다.

우리는 꿈을 향한 여정에서 꿈을 이루기 위한 헌신을 지속하고, 기쁨을 감각하며 살아가야 합니다. 꿈을 좇는 우리는 이미 성공한 존재입니다.

· 나를 위한 오늘의 질문 ·
나의 꿈을 이루기 위해 어떠한 노력을 하고 있나요?

DAY 337 — 속도를 늦추면 누리는 것들

#속도 #경청 #느림

미하엘 엔데Michael Ende의 소설 『모모』는 시간을 훔치는 도둑과 그 도둑이 훔쳐 간 시간을 찾아주는 한 소녀에 대한 이야기입니다. 느림의 미학을 통해 우리에게 시간과 속도의 중요성을 생각하게 하지요. 모모에게 삶은 서두르지 않고 소중한 순간을 즐기는 '향연'입니다. 소설 속에서는 시간을 도둑맞았다가 찾은 사람들의 모습을 이렇게 보여줍니다.

"사람들은 멈추어 서서 다정한 말을 주고받으며, 일하러 가는 사람들도 창가에 놓인 꽃의 아름다움에 감탄해요. 짧은 시간 내에 가능한 한 많은 일을 하는 것이 아니라, 자기가 필요한 만큼의 시간을 내고 자신의 시간을 풍부하게 꾸려나가지요."

빠른 속도의 삶에 익숙해진 우리. 우리는 지금 서로 간의 '경청'에서 멀어지고 있습니다. 자기 내면의 소리를 듣지 못하고, 소중한 사람들의 마음을 궁금해하지도 않습니다. 빗소리 하나 제대로 듣지 못하지요. 속도를 늦추면 느림의 순수한 상태를 누릴 수 있습니다. 자연이 주는 선물이 그제야 귀에 들리고 눈에 들어오면서 내면과 곡진히 소통하게 됩니다.

지금 혹여나 시간을 도둑맞은 느낌이 든다면, 삶의 속도를 늦추고 잃어버린 시간을 되찾기 위해 노력해봅니다.

· 나를 위한 오늘의 질문 ·
나는 오늘 무엇 때문에 주변에 소홀한 채 바쁜 하루를 보냈나요?

과거에 대한 후회, 미래에 대한 불안

#후회 #불안 #지금, 여기 #현재 #집중

후회와 불안은 우리 마음을 현재에서 떠나게 하는 강력한 힘을 가지고 있습니다. 후회는 이미 지나간 과거에, 불안은 아직 오지 않은 미래에 우리를 묶어두지요. 많은 심리치료 이론은 이 두 가지 감정에서 벗어나는 열쇠가 바로 '지금, 여기'에 집중하는 것이라고 말합니다.

과거는 바꿀 수 없고 미래는 알 수 없어요. 우리가 온전히 살아 있음을 느낄 수 있는 유일한 시간은 바로 현재뿐입니다. 후회나 불안이 밀려올 때, 그 생각의 흐름을 억지로 막으려 애쓰기보다 의식적으로 주의를 다른 곳으로 옮겨보는 연습이 필요해요.

지금 내가 하고 있는 일의 감각에 집중해보세요. 컴퓨터 자판을 두드리는 손가락의 움직임, 찻잔의 따뜻한 온기, 창밖에서 들려오는 소리처럼 말입니다. 생각의 초점을 '머릿속 이야기'에서 '몸의 감각'으로 가져오는 것만으로도 우리는 과거와 미래라는 감옥에서 걸어 나와, 지금 이 순간의 평온함 속으로 돌아올 수 있습니다.

・ 나를 위한 오늘의 질문 ・
나의 현재를 방해하는 과거와 미래의 일은 무엇인가요?

'만약'이라는 감옥

#창의성 #인정 #교훈 #질문 #미래 설계

'만약 ~라면 어떨까?'라는 질문은 미래를 향할 때 창의성의 원천이 됩니다. 하지만 과거를 향해 "만약 그때 ~했더라면"이라고 되뇌기 시작하면, 그 질문은 우리를 무기력하게 만드는 감옥이 되고 말아요.

지나간 선택을 바꿀 수 없다는 사실을 알면서도 계속해서 후회하는 것은, 어쩌면 현재의 불만족을 마주하고 싶지 않은 마음의 회피일 수 있습니다. 이 감옥에서 탈출하는 세 가지 방법이 있어요.

첫째, 과거의 선택이 그 당시에는 최선이었음을 인정하는 겁니다.

둘째, 그 선택으로 인해 무엇을 배웠는지 '교훈'을 명확히 찾아내는 것이지요.

셋째, 그 교훈을 바탕으로 미래를 향한 새로운 '만약'을 질문하는 겁니다.

"그때의 경험을 바탕으로 이렇게 해보면 어떨까?" 이 질문의 전환이 우리를 후회의 감옥에서 구출하고, 미래를 만들어가는 주체로 다시 세워줄 것입니다.

· 나를 위한 오늘의 질문 ·

현재의 나를 성장하게 할, '미래를 향한 만약의 질문'은 무엇인가요?

현재에 집중하는 연습

#현재 #재미와 의미 #감각 집중 #목표 #피드백

현재에 집중하는 것은 단순히 잡념을 없애는 것을 넘어, '재미'와 '의미'를 동시에 느끼는 기술입니다. 이 두 가지를 융합하여 현재를 온전히 살게 하는 세 가지 실천법이 있습니다.

첫째, '과정에 이름 붙이기'입니다. 단순한 '청소'가 아니라 '나의 공간을 정화하는 의식'이라고 의미를 부여하면, 지루했던 행위가 의미 있는 즐거움으로 변합니다.

둘째, '한 번에 한 가지 감각만 사용하기'입니다. 음악을 들을 때는 오직 듣는 행위에만 집중하고, 음식을 먹을 때는 맛에만 집중해보세요. 분산되었던 주의력이 한곳에 모이며 현재의 순간이 아주 선명해지는 재미를 느낄 수 있어요.

셋째, '작은 목표와 즉각적인 피드백'입니다. '30분 안에 책상 정리 끝내기'처럼 작은 목표를 세우고, 달성했을 때 바로 성취감을 느끼는 겁니다.

재미와 의미는 멀리 있는 것이 아니라, 현재의 순간을 어떻게 설계하느냐에 달려 있습니다.

・ 나를 위한 오늘의 질문 ・
현재에 집중하기 위해 당장 실천해보고 싶은 일은 무엇인가요?

스마트폰이 앗아간 현재

#스마트폰 #지혜 #집중력 #멀티태스킹 #비효율

스마트폰은 우리 시대의 위대한 도구 중 하나입니다. 이것을 무조건 배척하는 것은 어리석은 일이에요. 문제는 도구 자체가 아니라, 우리가 도구에 지배당하는 데 있습니다. 스마트폰을 잘 활용하기 위해서는 '써야 할 때'와 '쓰지 말아야 할 때'를 명확히 구분하는 지혜가 필요합니다.

우리가 의식적으로 스마트폰을 멀리해야 할 때는 바로 온전히 '쉴 때', 깊이 '일할 때', 그리고 사람과 '만날 때'입니다. 이 순간들은 우리 삶의 질을 결정하는 가장 중요한 시간이니까요.

반대로 스마트폰을 적극적으로 써야 할 때도 있습니다. 정보를 찾거나, AI와 대화하거나, 소통하는 시간이지요. 이때 중요한 점은, 시간을 정해두고 하나의 목적에만 집중적으로 사용하는 것입니다. 멀티태스킹은 집중력을 흩트려 오히려 비효율을 낳습니다.

스마트폰 사용 시간을 전체적으로는 최소화하되, 쓸 때는 가장 강력한 파트너로서 집중적으로 활용하는 것. 이것이 바로 스마트폰의 주인이 되는 길입니다.

・ 나를 위한 오늘의 질문 ・
스마트폰 중독을 피하기 위한 나만의 규칙은 무엇인가요?

하루 30분, 기쁨에게 주도권을

#감정 #의식적 기쁨 #즐거움 목록

머릿속 감정들의 '야단법석'을 볼 수 있는 영화 〈인사이드 아웃〉은 우리 감정이 행동에 미치는 영향을 흥미롭게 보여줍니다. 1편에서는 기쁨, 까칠, 버럭, 소심, 슬픔이 등장하고, 2편에서는 불안, 당황, 따분, 부러움이 등장하지요. 이들은 주인공의 성장에 따라 서로 주도권 다툼을 합니다. 이를 보는 관객은 현재 어떤 감정이 나를 주도하는지 스스로에게 질문하게 됩니다.

사실 우리는 의식적으로 노력하지 않는 한, 늘 기쁨과 함께하기보다는 불안이나 따분함에 감정의 자리를 내어주곤 합니다. 이제 하루 30분, 일상에 작은 기쁨을 초대하는 습관을 마련해봅니다.

우선 자신의 즐거움을 자주 기록하고 상기합니다. 요리, 운동, 독서 모임, 산책, 노래방 등 즐거움 목록을 만들어 매일 기록하고 실천하면 기쁨을 놓치지 않을 수 있지요. 지치는 오후 시간에 기쁨이 내 머릿속 주인공이 되는 '30분의 무대'를 펼치는 거예요.

매일 30분, 기쁨에 주도권을 주는 습관이 우리 삶을 더욱 행복하고 건강하게 만들어줍니다. 의식적으로 기쁨을 찾지 않으면 따분, 불안, 소심 같은 녀석들이 더 기세등등해질 테니, 서둘러서 나의 기쁨을 불러옵니다.

・ 나를 위한 오늘의 질문 ・
기쁨에게 주도권을 주기 위해 어떤 실천을 해보고 싶나요?

건강한 삶의 비밀

#건강 #기쁨 #이완 #리듬감

틱낫한 스님은 "몸을 건강히 유지하는 것은 나무와 구름을 비롯한 모든 것, 전 우주에 대한 감사의 표시다"라고 했습니다. 작은 우주로서의 몸을 건강히 살피고 유지하는 것이 삶의 기본이라는 말씀이지요.

건강하다는 건 무엇일까요? 무언가에 열중하여 생기는 즐거움으로 몸과 마음이 편안한 상태라 할 수 있습니다. 그렇다면 건강한 삶의 비밀은 사실 간단합니다.

첫째, 기쁨의 감각 상태를 찾아 실천하여 누립니다. 내가 무엇을 하면 기쁘고 행복한지를 알고 적극적으로 시도해보는 거예요. 저는 주말이면 산에 올라 바람을 느끼고 멀리 떨어진 도시를 보는 것을 좋아합니다. 높은 산에서 도시를 내려다보면 내가 고민하는 문제들이 작아 보이거든요.

둘째, 몸을 풀어주어 이완 상태로 만듭니다. 낮에 많이 쓰는 관절과 근육을 풀어줍니다. 요가의 모든 동작이 끝난 후 명상할 때 느껴지는 평온감은 경험해보지 않으면 알 수 없는 기쁨이지요.

셋째, 뇌와 정신의 리듬감을 유지합니다. 공부나 독서 또는 일을 할 때 뇌의 집중과 쉼을 반복해 몸과 마음을 편안한 상태로 만듭니다. 리듬 속에서는 쉽게 지치지 않는답니다.

・ 나를 위한 오늘의 질문 ・
건강한 삶을 위해 어떤 행동을 실천하고 있나요?

DAY 344 은은한 사랑의 자기장

#사랑 #알아차림 #배려

모든 존재가 사랑의 기운을 품고 있음을 감각하면 삶이 변화됩니다. 마치 따뜻한 햇볕이 강물을 비추듯, 나부터 은은한 사랑을 주변에 흩뿌려봅니다. 그리고 우리 주변에 퍼져 있는 희망과 따뜻함의 파동을 느껴보세요. 일명 '사랑의 자기장'입니다.

다른 사람들도 내가 바라듯 사랑받기를 원합니다. 누구에게나 사랑을 발산하고 있음을 느끼며 살아가는 것이 중요해요. 이것이 사랑의 알아차림입니다. 그런데도 증오와 미움의 세계는 존재합니다. 다만 그런 감정은 보자기에 싸서 격납시킨다고 상상해보세요. 미움의 세계를 인식하되 내 안으로 들이지 않는 겁니다.

사랑을 감각하고 미운 감정을 넣어둔 이후에는 나의 사랑을 츤데레 방식으로 실천합니다. 주변 사람들에게 불쑥 커피 한 잔을 건네거나 자연스러운 배려를 서슴없이 표현하는 거예요. 가족 관계에서도 직접적인 말로 지시하기보다 그냥 곁에 머물면서 은근히 배려하고 슬그머니 챙겨줍니다. 이러한 작은 행위가 사랑의 파동을 일렁이게 합니다.

지금 힘들고 불안하다면, 먼저 내 사랑의 자기장을 확장해봅니다. 그렇게 내가 흩뿌린 사랑의 영역에는 더 이상 외로움이나 불안함이 들어서지 못할 겁니다.

· 나를 위한 오늘의 질문 ·
따뜻한 감정을 느끼게 한 상대방의 사소한 행동이 있나요?

DAY 345 — 감각과 감정에 잇닿기

#감각 #감정 #생각 #성찰 #슬기

감각, 감정, 생각은 긴밀히 연결되어 있습니다. 눈과 귀, 혀와 살갗 등을 타고 전해지는 오감으로 바깥 자극을 알아차리는 감각, 어떤 현상에 대해 긴밀히 반응하는 감정, 이성적으로 사물을 분별하고 판단하는 생각 등등. 이 모두가 내 안에서 유기적 흐름으로 존재합니다.

감각하는 나, 감정을 느끼는 나, 생각하는 나, 모두 나입니다. 나의 전부를 고스란히 받아들이고 정화하기 위해 감각, 감정, 생각을 기록해봅니다. '감각-감정-생각'의 유기적 흐름을 잘 파악하면, 어느 순간 닻을 내리듯 내게 정박해오는 '성찰'을 경험할 수 있어요.

우선 온전히 감각하는 일에 집중하고, 감각 끝에 맞이하는 감정을 판단합니다. 감각 후의 감정이 순수한 것인지 아니면 여러 원인으로 왜곡된 것인지 생각해보고 감정을 객관화시킬 필요가 있습니다. 예를 들어, 한순간 화가 치솟더라도, 그 감정의 순수 내막은 상대에 대한 걱정인 경우가 흔합니다.

그렇게 감각과 감정을 밑바닥부터 끌어올리고 기록으로 승화합니다. 그리고 진실하고 견고한 생각의 자기장 속에서 나다움을 경험해봅니다. 나의 감각과 감정에 깊이 잇닿는 것이 생각의 '슬기'입니다.

· 나를 위한 오늘의 질문 ·
오늘 가장 크게 느낀 감정과 그 감정의 이유는 무엇인가요?

온몸과 온 마음의 협력

#사유 #확장된 마음 #공간 감각 #성장

대상을 두루 궁리하며 생각을 이어가는 것을 '사유'라고 합니다. 우리는 오직 뇌를 움직여 생각한다고 알고 있지만, 사실 우리 몸 전체 세포 하나하나가 사유에 동참합니다. 그래서 몸이 존재하는 공간, 분위기, 주변 환경 등 모든 것의 기운이 우리 생각에 영향을 미칩니다. 공간을 감각하며 생각하는 것이 중요한 이유이지요. 우리는 세상과 이어지는 '확장된 마음'으로 공간을 감각하며 생각해야 합니다.

'공간을 감각하며 사유하기'의 전제는 자신만이 점유하는 공간입니다. 우리는 절대로 공간 자체에 집착하거나 공간의 크기에 구애받지 않아야 합니다. 나만의 공간은 베란다에 놓인 작은 책상 하나로도 충분해요. 아니면 외부로 이동해서 한적한 카페나 아이들 웃음소리로 가득한 놀이터도 사유의 공간으로 취할 수 있어요. 그곳이 어디든 나의 공간으로 인식하는 것이 중요합니다. 책상 위에 작은 화분을 하나 올려놓고 '내 공간'임을 구획 지을 수도 있습니다.

삶에서 공간을 감각하며 생각하는 일은 온몸과 온 마음의 아름다운 협력입니다. 확장된 마음으로 감각한 공간의 밀도만큼 나의 오늘은 촘촘하게 성장할 거예요.

· 나를 위한 오늘의 질문 ·
나의 사유를 돕는, 온전한 나만의 공간은 어디인가요?

DAY 347 | 감각 메모로 감각 근육 키우기

#감각 #오감 #메모 #창의

내면과의 대화가 생각이라면, 감각은 육체를 통해 오감을 온전히 느끼는 것입니다. 일상에서 감각을 창의적으로 향유한 대표적 인물이 바로 레오나르도 다빈치입니다. 그의 위대한 재능과 업적이 오감을 통한 감각에서 나왔다고 해도 과언이 아닙니다.

우리가 일상에서 느끼는 다섯 가지 감각을 적어봅니다.

1. 시각: 자연 바라보기, 빛의 방향 느끼기, 미세한 부분 세심하게 바라보기.
2. 청각: 협화음과 불협화음 구별해서 듣기, 자연 및 사람의 소리 듣기.
3. 후각: 향수, 꽃향기, 음식 냄새를 맡는 감각.
4. 촉각: 닿는 느낌, 글씨를 쓸 때 사각사각 느껴지는 질감, 물건을 만질 때 전해오는 촉감.
5. 미각: 식사할 때 입안에서 재료들이 어우러지는 감각, 물 마실 때 물의 감각.

생각을 메모하듯 감각도 메모하면서 키워갈 수 있어요. 감각하며 살면 절로 예민해지면서 내 안에 갇혀 있던 창의가 깨어납니다. 나도 모르는 나의 창의와 만나기 위해 오늘 하루 세심히 감각한 것을 메모해봅니다.

・ **나를 위한 오늘의 질문** ・
내가 가장 민감하게 반응하는 감각은 무엇인가요?

오감을 깨우는 훈련

#경험 #오감 #풍요로움 #구체적 감각

현대인의 감각은 시각과 청각에 과도하게 편중되어 있습니다. 세상을 온전히 경험하기보다, 머릿속으로 해석하고 판단하는 데 더 익숙해져 버렸어요. 하지만 우리는 잠자고 있는 후각, 미각, 촉각을 의식적으로 깨우는 훈련을 통해, 세상을 훨씬 더 입체적이고 풍요롭게 경험할 수 있습니다.

오감을 깨우는 것은 어려운 일이 아니에요. 첫째, 아침에 창문을 열고 그날의 공기가 가진 냄새를 깊이 맡아 보세요. 둘째, 음식의 첫 한 입은 TV나 스마트폰 없이, 오직 맛과 향, 질감에만 집중하며 천천히 음미하는 겁니다. 셋째, 길을 걸을 때 뺨을 스치는 바람의 감촉, 손끝에 닿는 사물의 질감을 순간순간 알아차리는 연습을 해보세요.

우리는 '경치가 멋있다'처럼 크고 의미적인 표현에 익숙합니다. 하지만 그 전에 '바람에 나뭇잎이 스치는 소리, 흙 내음, 서늘한 공기의 감촉'처럼 작고 구체적인 감각의 세계를 먼저 느껴야 합니다. 작은 감각을 충실하게 느낄 때, 우리의 경험은 비로소 진짜가 됩니다.

• 나를 위한 오늘의 질문 •
오감을 깨우기 위한 나만의 방법이 있다면 무엇인가요?

향유의 기술

#좋은 경험 #향유 #몰입 #행복

우리는 종종 좋은 '경험'을 하는 데만 집중합니다. 하지만 그 경험 속에서 기쁨과 의미를 적극적으로 '음미하고 증폭'시키는 의식적인 기술, 즉 '향유'의 기술이 없다면 좋은 경험도 쉽게 빛이 바래고 맙니다. 향유의 기술은 세 단계로 이루어져 있어요.

첫째, '기대하며 미리 즐기기'입니다. 여행을 떠나기 전, 설레는 마음으로 목적지를 상상하는 시간은 여행의 즐거움을 배가시킵니다.

둘째, '순간에 몰입하여 즐기기'입니다. 좋은 음악을 들을 때 다른 생각 없이 오직 그 선율 자체에만 집중하는 것처럼, 현재의 경험에 온전히 빠져드는 것이지요.

셋째, '추억하며 다시 즐기기'입니다. 좋았던 경험을 사진이나 글로 기록하고, 소중한 사람과 그 이야기를 나누며 기쁨을 재현하고 확장하는 겁니다.

경험은 우리에게 주어지는 것이지만, 향유는 우리가 만들어가는 것입니다. 이 기술을 통해 우리는 같은 경험 속에서도 훨씬 더 깊고 오랜 행복을 누릴 수 있습니다.

· 나를 위한 오늘의 질문 ·
온전하게 향유한 특별한 경험이 있나요?

DAY 350

아주 작은 것들의 위대함

#행복 #발견 #감탄 #감상 #작은 아름다움

우리는 행복이 크고 특별한 사건 속에만 존재한다고 믿는 경향이 있습니다. 하지만 삶의 진정한 기쁨은 우리가 무심코 지나치는 아주 작은 것들을 '발견'하고 '감탄'하는 능력에 달려 있어요.

작은 것을 위대하게 만드는 것은 우리의 '시선'입니다. 돋보기로 세상을 보듯, 일상에 깃든 디테일에 주의를 기울이는 태도가 필요해요. 찻잔에 비친 아침 햇살의 무늬, 오래된 책에서 나는 옅은 종이 냄새, 나뭇잎의 섬세한 잎맥처럼 말이지요. 이런 것들은 너무나 작고 평범해서 미처 의식하지 못할 때가 많습니다.

하루에 단 하나, 이전에는 무심코 지나쳤던 '아주 작은 아름다움'을 찾아내어 잠시 멈춰 감상해보세요. 그리고 그 순간을 사진으로 남기거나 한 줄의 글로 기록해보는 겁니다. 이 작은 연습이 반복될 때, 우리의 하루는 더 이상 평범한 시간의 흐름이 아니라, 무수한 경이로움으로 가득 찬 위대한 순간들의 연속이 될 것입니다.

· 나를 위한 오늘의 질문 ·
무심코 지나쳤던 아주 작은 것에 행복감을 느낀 적이 있나요?

스스로를 기쁘게 하는 능력

#정서적 자립 #자기 이해 #자기 허락 #자기 처방

'정서적 자립'이란, 나의 기쁨과 행복의 주도권을 외부의 조건이나 타인의 평가에 두지 않고, 나 자신에게 두는 능력을 의미합니다. 이는 스스로를 기쁘게 만드는 방법을 알고, 그것을 적극적으로 실천하는 책임감 있는 태도이지요. 정서적 자립은 세 가지 요소로 이루어집니다.

첫째, '자기 이해'입니다. 내가 무엇을 할 때, 누구와 있을 때, 어떤 공간에 머물 때 진심으로 즐거워하는지 아는 것, 즉 '나만의 기쁨 지도'를 갖는 것이지요.

둘째, '자기 허락'입니다. 바쁘고 힘들다는 이유로 나의 즐거움을 미루지 않고, 스스로에게 기쁨을 누릴 시간을 허락하는 관대함입니다.

셋째, '자기 처방'입니다. 기분이 가라앉거나 지칠 때, 나의 '기쁨 지도'를 보고 지금 나에게 가장 필요한 즐거움을 스스로에게 의식적으로 선물하는 실천력입니다.

기쁨을 밖에서 찾으려 애쓰기보다 내 안에서 만들어내는 능력을 기를 때, 어떤 상황에서도 쉽게 흔들리지 않는 단단한 마음을 가질 수 있습니다.

· 나를 위한 오늘의 질문 ·
타인이 주는 기쁨이 아닌 스스로의 성취로 내면의 기쁨을 느낀 적이 있나요?

독자를 사로잡는 서평 글쓰기

#서평 #독서 #글쓰기 #요약

서평은 독후감과 달리 냉정하고 객관적인 글쓰기입니다. 서울대 나민애 교수의 『책 읽고 글쓰기』에 따르면, 분석, 판단, 평가의 세 가지 요소가 없다면 그 글은 서평이라고 할 수 없다고 합니다. 어려워 보이더라도 훌훌 도전해봅니다. 블로그 서평으로 독자와 소통하는 법입니다.

　1단계, 서평 제목을 정합니다. 책 제목, 저자, 핵심 키워드로 표현된 부제를 포함하여 제목을 붙입니다. 예를 들어, 나민애 교수의 『책 읽고 글쓰기』, '초보 서평러를 위한 핵심 비법서'라고 쓸 수 있겠지요.

　2단계, 책의 원제와 저자, 출판사, 번역자 등을 포함한 서지 정보를 밝힙니다.

　3단계, 줄거리를 요약합니다. 모든 내용을 담기보다 선택과 집중으로 저자의 의도에 따라 핵심을 간결하게 정리합니다.

　4단계, 책을 바라보는 주체적 관점을 드러냅니다. 이 책에서 중요하게 다루는 몇 가지 포인트를 선택해서 관련 문장을 인용하고, 그에 대한 생각과 해석을 덧붙입니다. 자신감을 가지고 내 생각을 표현하는 것이 핵심입니다.

　이제 개인적인 독후감을 넘어 독자를 생각하는 서평으로 나아가봅니다. 독서와 글쓰기의 진정한 기쁨이 느껴질 거예요.

・ 나를 위한 오늘의 질문 ・
서평 쓰기에 도전해보고 싶은 책이 있다면 무엇인가요?

나를 알아가는 저널링

#저널링 #철학 #CSF

일기가 일상적인 경험과 감정에 대한 기록이라면, '저널링$_{journaling}$'은 목표 설정, 성장에 초점을 맞춘 기록 방식입니다. 오늘 하루 나에게 강렬한 인상을 남긴 주제에 대한 감정과 느낌, 그로부터 추출한 통찰을 적는 것입니다. 나를 알아가는 '여정$_{journey}$'으로서의 저널링을 시작해봅니다.

첫째, 저널링의 목적과 장점을 분명히 인식합니다. 스스로 질문하고 답하는 과정에서 자신만의 철학 또는 생각을 가질 수 있어요.

둘째, 저널링의 소재는 저마다의 취향과 가치, 목표에 따라 다양하게 선택할 수 있습니다. 노래 가사를 통해 내 마음을 발견할 수도, 대화나 책의 한 구절이나 다양한 경험과 사건을 통해 생각을 확장하거나 고민을 해결할 수도 있어요.

셋째, 저널링을 일상에서 지속하기 위한 CSF를 고려합니다. CSF는 솔직하게 쓰기, 루틴을 만들어 꾸준히 지속하기, 특정 주제나 제목을 정해 핵심 키워드 중심으로 먼저 메모하기 등입니다.

나를 제대로 인식하고 치유하고 내달리게 하는 데 저널링 만한 것이 없습니다. 저널링으로 매 순간 나아지는 '나'를 경험해봅니다.

• 나를 위한 오늘의 질문 •
일기가 아닌 목표를 위한 글쓰기를 해본 적이 있나요?

감사 일기의 힘

#감사 일기 #긍정 #배려 #의미 #진심

감사 일기가 행복감을 높인다는 사실은 여러 긍정 심리학 연구를 통해 증명되었습니다. 그런데 감사가 형식적인 습관이 되지 않도록 주의할 필요가 있어요. 진정한 감사함이란, 눈에 잘 보이지 않는 것들을 세밀하게 들여다보는 마음의 눈에서 시작되기 때문입니다.

때로는 감사함이 무뚝뚝한 표정 뒤에 숨겨진 배려처럼, 겉으로 드러나지 않기도 합니다. 당연하게 여겼던 아침 식사 준비, 말없이 내 책상 위를 치워 준 동료의 마음 같은 것처럼요. 이런 순간을 놓치지 않고 감각하고, 그 의미를 생각해보는 것이 중요합니다.

감사 일기를 쓸 때는 단순히 '~가 있어서 감사합니다'라고 쓰기보다, 그로 인해 내가 어떤 긍정적인 감정을 느꼈는지 구체적으로 적어보세요. 보이지 않는 배려를 발견하고 그 의미를 헤아릴 때 우리의 감사는 진심이 되고, 그 진심의 힘이 우리의 뇌를 긍정적으로 바꾸기 시작합니다.

• 나를 위한 오늘의 질문 •
오늘 하루를 돌아보았을 때 가장 감사한 일은 무엇인가요?

하루를 시작하고 마감하는 의례

#의례 #의식적인 행동 #존중하는 태도

루틴이 기계적인 행동의 반복이라면, 의례는 그 행동에 '의미와 의도'를 부여하여 평범한 순간을 특별하게 만드는 것입니다. 하루의 시작과 끝을 나만의 의례로 채울 때, 우리의 삶은 깊이를 더하게 됩니다.

아침 의례로는 창문을 열고 밤사이 고여있던 공기를 내보낸 뒤, 신선한 공기를 깊이 마시며 물 한 잔을 음미하는 것을 추천합니다. 이는 자연과 하나 되고 내면을 정화하며 새로운 하루를 맞이하겠다는 상징적인 행위이지요.

자기 전에는 반드시 샤워를 하며 하루 동안의 피로와 감정들을 씻어내는 '몸을 사랑하는 의례'를 가져보세요. 그리고 몸의 긴장을 풀어주는 향이 담긴 보디로션이나 오일을 정성껏 발라보는 건 어떨까요?

이처럼 의식적인 행동 하나하나가 나를 아끼고 존중하는 태도를 만듭니다. 의례는 우리 삶에 신성함을 부여하고, 흔들리는 마음을 붙잡아주는 가장 고요하고 강력한 힘입니다.

· 나를 위한 오늘의 질문 ·
나 자신을 소중히 대접하는 나만의 일과가 있나요?

기념일의 재발견

#기념일 #시간의 이정표 #작은 성공 #자기 효능감

우리는 종종 사회가 정해준 기념일에만 의미를 부여하곤 합니다. 하지만 기념일의 진짜 본질은, 삶의 중요한 순간과 관계를 기억하고 그 의미를 되새기는 '시간의 이정표'를 세우는 데 있습니다.

이 이정표는 우리 스스로 만들 수 있어요. '처음으로 두려움을 이기고 발표를 잘 해낸 날', '오래된 나쁜 습관을 완전히 바꾼 날', '소중한 사람과 오해를 풀고 화해한 날'처럼, 나에게 의미 있는 성공과 성장의 순간을 '나만의 기념일'로 지정하고 매년 축하하는 겁니다.

나만의 기념일을 챙기는 것은 나의 고유한 역사를 존중하는 행위입니다. 잊힐 수 있었던 작은 성공을 주기적으로 상기하며, 내가 얼마나 대단한 존재인지 스스로에게 일깨워주는 즐거운 의식이지요. 타인의 기준이 아닌 나의 기준으로 삶의 의미 있는 순간들을 기념할 때, 우리의 자기 효능감은 더 커질 것입니다.

• 나를 위한 오늘의 질문 •
나만의 기념일로 만들고 싶은 특별한 날이 있다면 언제인가요?

사람을 사랑하는 가장 현실적인 방법

#이데아론 #성과 지상주의 #내면의 능력 #평가 #과정의 최선

논문 심사로 바쁜 어느 날이었습니다. 문득 스스로 어떤 절대적 기준을 정해놓고 논문을 심사하고 있지 않은지 돌아봤습니다. 절대적 가치가 존재한다고 믿는 사고방식을 '이데아론'이라 합니다. 이는 정해놓은 목표를 향해 일제히 뛰어가는 '성과 지상주의'와도 연결됩니다. 그런데 누군가가 마련한 평가의 틀이 무조건 옳다고 할 수 있을까요?

성과물을 평가할 때 고려할 세 가지 요소가 있습니다. 첫째는 현재 그 사람의 능력, 둘째는 최선을 다했는지 여부, 셋째는 산출물의 우수성입니다. 우리는 대부분 이상적 기준으로 결과를 평가하는 데 급급합니다. 하지만 결과물보다 그 사람이 자신의 내면 능력을 최선을 다해 발휘했는지를 살피고, 결과가 좀 미흡하더라도 인정하고 칭찬할 수 있어야 합니다. 더불어 더 멀리 보고 깊이 신뢰하면 결국 그 사람은 성장할 수밖에 없습니다.

회사 생활도 마찬가지입니다. 결과가 목표에 미치지 못해서 손해를 볼 수도, 함께 그 결과를 책임져야 할 수도 있겠지요. 조금 미흡하더라도 내면의 능력, 과정의 최선을 발견해내는 지혜를 갖추는 일이 각박한 세상에서 우리가 서로 사랑하고 함께 성장할 수 있는 유일한 길임을 잊지 않길 바랍니다.

・ 나를 위한 오늘의 질문 ・
성과 지상주의에서 벗어나 타인을 인정하고 사랑할 수 있는 방법은 무엇일까요?

나다움이 있는 자기 계발

#자기 계발 #생존의 삶 #나다운 삶 #병행의 삶

푸코는 우리 삶을 감옥에 빗대어 자기 계발의 허상을 신랄하게 비판했습니다. 열심히 '노력'한들 자본주의하에서 인간 소외는 더 깊어진다는 주장이지요. 나다움에 대한 성찰이 없는 자기 계발은 분명 한계가 있어요. 그래서 저는 먹고사는 '생존의 삶'과 나를 잃지 않는 '나다운 삶', 이 둘을 조화롭게 챙기는 '병행의 삶'을 강조합니다. 병행의 삶을 어떻게 살 수 있을지 노동, 개인, 사회적 측면에서 살펴볼게요.

첫째, 노동 현장에서 나의 노력이 공정하게 보상받지 못하거나 정당하지 못한 일을 요구받을 때가 있습니다. 그럴 때 지혜롭게 자기주장을 하고 거부할 수도 있어야 해요. 한편 일이 주는 이타적 순기능은 적극 활용합니다. 좋은 상품, 서비스, 콘텐츠가 남에게 도움이 된다는 것을 기억하고, 내 일에 스스로 의미를 부여할 수 있어야 합니다.

둘째, 개인의 측면에서는 나다움 시간을 통해 나를 챙기고 가꾸는 활동을 지속합니다. 주기적으로 인생 지도를 그리고 버킷 리스트를 작성해 내가 진정으로 원하는 것을 채워갑니다.

셋째, 사회 구조를 바꾸는 일은 어렵지만, 각자 주어진 여건에서 작은 사회적 실천들을 실행하는 삶을 살아가야 합니다.

· 나를 위한 오늘의 질문 ·
내가 하는 일의 이타적 순기능은 무엇인가요?

내용 말하기와 관계 말하기

#내용 말하기 #관계 말하기 #유교적 가르침 #황금률

대화에는 '내용 말하기'와 '관계 말하기'가 있습니다. 메시지 자체를 전달하는 데 집중하는 것은 내용 말하기, 내용보다는 관계를 소중히 여기는 데 집중하는 것은 관계 말하기라 할 수 있어요.

아이에게 공부하라고 말할 때 내용에 집중하면 "공부해"라고밖에 할 수 없겠죠. 하지만 아이를 사랑하는 마음, 공부를 통해 성장했으면 하는 따뜻한 마음을 바탕으로 대화하면 내 마음을 더 잘 전달할 수 있습니다. 직장 동료와의 대화도 마찬가지예요. 동료가 일을 더 잘했으면 하는 마음, 상대를 배려하는 선한 마음이 먼저입니다.

관계 말하기는 유교적 가르침의 핵심이기도 합니다. "내가 대접받고 싶은 대로 남을 대접하라"는 것이 유교에서 말하는 인간관계의 황금률입니다. 즉 관계 말하기는 '사랑'을 담은 말하기입니다. 사랑으로 전하려는 의지가 있으면 상대와의 관계에서 어떤 불편함도 발생하지 않아요. 노래하거나 발표할 때도 사랑이 있으면 떨림이 줄어듭니다.

타인에게 인정받고 나를 드러내려는 마음을 내려놓고 상대에게 들려주고 싶은 것, 전하고 싶은 것에 집중하는 태도를 갖추는 일. 그것이 관계에 성공하는 길입니다.

· 나를 위한 오늘의 질문 ·

오늘 주변 사람에게 따뜻한 마음을 담아 어떤 말을 해주고 싶나요?

둘 다 가질 수 있다

#가치 #상품 #브랜딩 #정체성

하브 에커T. Harv Eker의 책 『백만장자 시크릿』에서 가장 인상 깊은 대목은 '둘 다 가질 수 있다'라는 백만장자 마인드입니다. 좋아하는 일을 하면서도 부유해질 수 있다는 말입니다.

인간은 인지하든 그렇지 않든 누구나 무언가를 팔고 있는 존재입니다. 그중 사람의 마음을 움직이는 것은 가치를 제공하는 상품입니다. 나는 내가 좋아하는 어떤 상품을 세상에 내놓고 소통할 수 있을까요? '상품으로서의 나'를 생각해보세요. 나를 브랜딩하여 세상에 공헌하는 방향으로 내 가치를 만드는 일을 해봅니다.

첫째, 나의 정체성을 탐구합니다. 내가 가지고 있는 상품의 종류는 무엇인지, 질이 높은 상품 가치를 제공하는지, 상품의 가격은 효율적인지, 상품을 지속시키는 힘의 원천은 무엇인지. 이 질문들에 대한 선명한 답을 마련해보세요.

둘째, 명료한 정체성 탐구 도구로 메모를 이용합니다. 수시로 내 생각을 정리하는 습관이 중요합니다.

셋째, 상품의 종류·질·가격·지속성에서 보완할 부분을 찾고 정성으로 다듬어갑니다. 이것이 삶의 진화입니다.

이런 과정을 통해 내가 좋아하는 일을 하면서도 선한 부자가 되는 길에 다가가봅니다.

· 나를 위한 오늘의 질문 ·
다른 사람에게 보여줄 수 있는 나만의 가치는 무엇인가요?

나만의 연대기 쓰기

#연사 #긍정 #정리 #자기 역사화

일본에서는 기업이나 개인이 한 해를 돌아보며 '연사年史'를 쓰는 문화가 있습니다. 한 해의 자기 역사를 공식적으로 기록하는 것이지요. 우리도 흩어진 기록과 기억을 모아 올 한 해에 대한 '나만의 연대기'를 써보는 건 어떨까요?

방법은 어렵지 않습니다. 지난 1년의 다이어리나 기록을 펼쳐놓고, 월별로 정리해보는 겁니다. 월마다 있었던 '최고의 사건'은 무엇이었는지, 그리고 일, 관계, 성장, 향유 등 삶의 주요 영역에서 스스로를 어떻게 평가하는지 간단하게 적어보는 것이지요.

이 과정은 단순히 과거를 정리하는 것을 넘어섭니다. 나의 성공과 실패, 기쁨과 슬픔을 하나의 이야기로 엮으며, 긍정적인 서사로 나의 한 해를 재해석하는 '자기 역사화' 작업입니다. 이 연대기를 통해 우리는 지난 한 해에서 귀한 통찰을 얻고, 다가올 새로운 해를 더 지혜롭게 맞이할 힘을 얻게 될 것입니다.

· **나를 위한 오늘의 질문** ·
나만의 연대기를 쓴다면 첫 문장과 마지막 문장은 어떻게 쓰고 싶나요?

니체의 영원 회귀처럼

#니체 #영원 회귀 #최선 #선택 #태도의 전환

철학자 니체는 우리에게 무서운 질문 하나를 던졌습니다. 바로 '영원 회귀' 사상이지요. "만약 당신이 살아온 이 삶 전체가, 아주 작은 부분까지도 똑같이, 무한히 반복된다면 당신은 어떻게 하겠는가?"라는 질문입니다.

이 질문은 미래의 천국이나 과거의 후회에 기대지 않고, 오직 '지금 이 순간'의 무게와 가치를 온전히 긍정하고 사랑할 수 있는지를 묻는 강력한 사상적 실험입니다. 만약 나의 하루가 영원히 반복된다고 상상해보세요. 우리는 사소한 불평이나 무의미한 시간 낭비를 쉽게 할 수 없을 겁니다.

매 순간을 살아갈 때, "이 순간이 영원히 반복되어도 좋을 만큼 나는 최선을 다해 살고 있는가?"라고 스스로에게 질문해보세요. 이 질문을 마음에 품는 것만으로도 우리의 선택은 달라집니다. 삶의 모든 순간을 피하지 않고 온전히 긍정하려는 태도, 그것이 바로 영원 회귀가 우리에게 주는 가장 위대한 가르침입니다.

• 나를 위한 오늘의 질문 •
나는 어떤 일에 최선을 다하고 있나요?

DAY 363

삶의 모든 계절을 사랑하기

#인생의 계절 #성찰 #받아들임

우리 인생에도 자연처럼 네 가지 계절이 있습니다. 새로운 가능성으로 가득한 성장의 '봄', 뜨거운 열정으로 성과를 내는 '여름', 노력의 결실을 거두는 풍요로운 '가을', 그리고 모든 것을 멈추고 안으로 침잠하는 휴식의 '겨울'이 있지요.

우리는 종종 성장과 성취의 계절인 봄과 여름만을 좋은 것으로 여기고, 침체와 고난처럼 느껴지는 겨울을 부정하거나 빨리 지나가기만을 바랍니다. 하지만 겨울의 혹독한 추위와 깊은 성찰 없이는, 새로운 생명을 틔울 봄의 에너지를 결코 준비할 수 없습니다.

삶의 오르막과 내리막, 기쁨과 슬픔, 성공과 실패 모두가 나의 온전한 일부임을 받아들이는 지혜가 필요해요. 삶의 모든 계절은 저마다의 고유한 의미와 선물을 품고 있습니다. 지금 겨울의 한복판에 서있다면, 새로운 봄을 준비하는 소중한 시간임을 믿고 그 계절을 온전히 사랑해주시길 바랍니다.

· 나를 위한 오늘의 질문 ·
지금 내 삶은 어떤 계절인가요?

죽음을 생각하며 현재를 살기

#메멘토 모리 #죽음 #삶 #현재

고대 철학자들로부터 이어져온 '메멘토 모리 Memento Mori', 즉 '죽음을 기억하라'는 격언은 삶을 대하는 우리의 태도를 근본적으로 바꾸는 힘이 있습니다. 예일 대학 셸리 케이건 교수의 '죽음'에 대한 강의가 최고의 명강의가 된 이유도, 죽음이라는 끝을 통해 역설적으로 '삶'의 의미를 가장 선명하게 보여주었기 때문이지요.

죽음은 삶의 끝이 아니라, 유한하고 소중한 삶의 가장 중요한 전제 조건입니다. 이 유한성을 직시할 때, 우리는 비로소 사소한 것에 대한 집착에서 벗어나 진정으로 중요한 것에 집중하게 됩니다.

죽음을 생각하는 세 가지 실천법이 있습니다.

첫째, 잠들기 전 '오늘이 나의 마지막 날이었다면 만족할 수 있는가?' 자문해보기.

둘째, 소중한 사람에게 미루지 않고 지금 사랑과 감사를 표현하기.

셋째, 타인의 시선을 의식하지 않고 나의 내면이 원하는 일을 하루에 하나씩 해보기.

죽음의 인식은 우리를 두렵게 하는 것이 아니라, 진실한 태도로 현재를 살게 하는 지혜입니다.

· 나를 위한 오늘의 질문 ·
그동안 미뤄둔 사랑이나 감사를 누구에게, 어떻게 표현할 수 있을까요?

다시, 첫 번째 페이지

#완주 #성찰 #기약 #새출발

매일의 생각과 기록이 얼마나 중요한지, 우리는 지난 365일 동안 함께 확인해왔습니다. 이 꾸준한 실천 인문학을 완주한 자신에게 따뜻한 축배를 건네보는 건 어떨까요? 그리고 한 해 동안 수고한 나를 위해 의미 있는 연말 선물을 해보시길 바랍니다.

그 선물은 올 한 해의 성장을 상징하는 만년필 한 자루일 수도 있고, 내년의 새로운 배움을 위한 강의 수강권일 수도 있어요. 이처럼 물질적이면서도 정신적인 가치를 담은 선물로, 지난 시간을 구체적으로 기념하고 다가올 시간을 기약하는 겁니다.

365일의 마지막 날은 끝이 아니라, 새로운 365페이지짜리 책의 서문과 같습니다. 지난 책에서 무엇을 배웠는지 돌아보고, 그 지혜를 가지고 다음 책의 첫 문장을 어떻게 시작할지 고요히 구상하는 시간이지요. 어제의 이야기가 어땠든, 우리에게는 언제나 새로운 첫 페이지를 시작할 힘과 희망이 있습니다.

・ 나를 위한 오늘의 질문 ・
새로운 365페이지 책의 첫 문장을 어떻게 시작하고 싶나요?

원 페이지 인문학

1판 1쇄 발행 2024년 12월 11일
개정 1판 1쇄 발행 2025년 12월 10일
개정 1판 2쇄 발행 2025년 12월 23일

지은이 김익한
펴낸이 김영곤
펴낸곳 ㈜북이십일 21세기북스

TF팀 팀장 김종민
기획편집 한이슬 **마케팅** 정성은 김지선
편집 신대리라 **디자인** 김희림
영업팀 정지은 한충희 장철용 강경남 황성진 김도연 이민재
제작팀 이영민 권경민

출판등록 2000년 5월 6일 제1406-2003-061호
주소 (10881) 경기도 파주시 회동길 201(문발동)
대표전화 031-955-2100 **팩스** 031-955-2151 **이메일** book21@book21.co.kr

ⓒ 김익한, 2025
ISBN 979-11-7357-648-5 (03190)

㈜북이십일 경계를 허무는 콘텐츠 리더

21세기북스 채널에서 도서 정보와 다양한 영상자료, 이벤트를 만나세요!
페이스북 facebook.com/jiinpill21   포스트 post.naver.com/21c_editors
인스타그램 instagram.com/jiinpill21   홈페이지 www.book21.com
유튜브 youtube.com/book21pub

- 책값은 뒤표지에 있습니다.
- 이 책 내용의 일부 또는 전부를 재사용하려면 반드시 ㈜북이십일의 동의를 얻어야 합니다.
- 잘못 만들어진 책은 구입하신 서점에서 교환해드립니다.

후회 없는 삶을 위한 지침서
법의학자 유성호의 유언 노트

살아갈 날들을 위해 죽음을 마주하고
기록하는 시간

유성호 지음 | 값 19,900원 | 252쪽

오늘의 시민을 위한 칸트 입문 강독
칸트 수업

칸트를 삶으로 불러오는 가장 친절한 안내서

김선욱 지음 | 값 19,900원 | 276쪽

인간의 행복은 어디서 오는가
행복의 기원

뇌 속에 설계된 행복의 진실
진화생물학으로 추적하는 인간 행복의 기원

서은국 지음 | 값 22,000원 | 236쪽

나를 바꾸는 심리학의 지혜
프레임

오해와 편견으로 가득 찬 세상에서
후회하지 않고 현명하게 사는 법

최인철 지음 | 값 22,000원 | 308쪽